本书为中国社会科学院大学校级卓越学者支持项目“新时代背景下女性劳动者权益保护研究”（项目编号：校20180012）的研究成果。

生理性别差异的承认与社会性别歧视的消除

The Recognition of Sex Differences and the Elimination of Gender Discrimination

Legal Protection of Female Workers' Rights and Interests

女性劳动者权益法律保护

周宝妹 著

图书在版编目(CIP)数据

女性劳动者权益法律保护：生理性别差异的承认与社会性别歧视的消除 / 周宝妹著. —北京：北京大学出版社，2021. 8

ISBN 978-7-301-32492-9

Ⅰ. ①女… Ⅱ. ①周… Ⅲ. ①妇女劳动保护—劳动法—研究—中国 Ⅳ. ①D922. 544

中国版本图书馆 CIP 数据核字（2021）第 183465 号

书　　名　女性劳动者权益法律保护——生理性别差异的承认与社会性别歧视的消除
NÜXING LAODONGZHE QUANYI FALÜ BAOHU——SHENGLI XINGBIE CHAYI DE CHENGREN YU SHEHUI XINGBIE QISHI DE XIAOCHU

著作责任者　周宝妹　著

责任编辑　焦春玲

标准书号　ISBN 978-7-301-32492-9

出版发行　北京大学出版社

地　　址　北京市海淀区成府路 205 号　100871

网　　址　http://www. pup. cn　http://www. yandayuanzhao. com

电子信箱　yandayuanzhao@ 163. com

新浪微博　@ 北京大学出版社　@ 北大出版社燕大元照法律图书

电　　话　邮购部 010-62752015　发行部 010-62750672
编辑部 010-62117788

印 刷 者　三河市北燕印装有限公司

经 销 者　新华书店
965 毫米×1300 毫米　16 开本　20. 25 印张　233 千字
2021 年 8 月第 1 版　2021 年 8 月第 1 次印刷

定　　价　59. 00 元

序言

促进和实现女性就业平等,保护女性劳动者权益是劳动法的核心内容之一。以"成年男性"劳动者为基础形成的劳动法理念和体系对于保护女性劳动者就业权利存在不足。现代劳动立法不仅要承认男女生理性别差异,还要消除因社会性别而产生的歧视。我国女性劳动者面对的社会现实是:

一方面,性别平等已经写入法律,男女享有平等的法律地位,男女平等原则为社会普遍认可和接受。在劳动领域,法律不仅规定女性享有与男性平等的就业机会和就业权利,还规定女性劳动者权益保护的特殊内容。

另一方面,很多法律规定的内容仅停留在"纸面"上,关于性别平等和保护女性劳动者权益的法律法规并没有完全得到贯彻执行,法律承认和保护的女性就业和职业权利实际上被消减,甚至一些保护女性权益的立法和政策反而成为女性就业的障碍。作为上层建筑的法律,应当反映社会需求,规范和引导社会公众的行为。就业性别平等和保护女性劳动者权益的立法,必须从文本走向实践。劳动法应当改变将女性视为需要保护的弱势群体,"为平等而平等""为保护而保护"的立法理念,从而使法律具有真正的可行性。

本书从承认生理性别差异和消除社会性别歧视的角度切入，审视和考察劳动法保护女性劳动者权益的基础理论与女性劳动者保护立法的形成和发展状况，探讨生育保障、家庭责任承担和工作场所性骚扰等法律制度的重构和完善。

绪论

无论是纵观人类社会的历史发展,还是横向考察当代人类社会实况,性别歧视的存在可以说是“古今中外,概莫能外”。人类历史上曾长期存在的尊崇女性地位的“母系氏族”社会被以男性为中心的“父系氏族”社会取代后,“男权”一直主导着人类社会。近代以来,很多国家和地区将男女平等写入法律,性别平等在世界范围内取得了显著进步。但是,男性相对于女性仍然普遍具有优势社会地位,歧视女性的社会现象在世界范围内仍广泛存在,并深深根植于人们的观念之中。在我国,封建社会长期形成的男女“内外有别”以及“夫为妻纲”[①]和“三从四德”[②]等思想观念不仅为当时的社会所推崇,而且作为“历史遗存”在现代社会仍然存在或变相存在,并在某些时候从隐性的思想观念走向社会现

---

① “夫为妻纲”出自儒家提出的“三纲五常”。三纲五常,泛指封建礼教所提倡的伦理道德标准。三纲指君为臣纲、父为子纲、夫为妻纲;五常指仁、义、礼、智、信。参见商务印书馆辞书研究中心编:《新华成语词典》(第2版),商务印书馆2015年版,第686页。

② “三从四德”为封建礼教束缚妇女的道德标准。《仪礼·丧服》:“妇人有三从之义,无专用之道,故未嫁从父,既嫁从夫,夫死从子”;《周礼·天官·九嫔》:“妇德、妇言、妇容、妇功,各帅其属”。参见商务印书馆辞书研究中心编:《新华成语词典》(第2版),商务印书馆2015年版,第685—686页。

实。[1] 人类社会要实现真正的性别平等[2],女性不再受到歧视,依然任重道远。[3]

---

① 参见凌峰:《"女德班"可以休矣》,载 http://epaper.legaldaily.com.cn/fzrb/content/20200731/Articel01006GN.htm,访问日期:2020 年 8 月 30 日。

② 随着人类社会对性别理解的发展,性别认同也逐渐从男女两性扩展至涵盖和包括男女两性之外其他性与性别认同的少数群体。由此性别平等也就不再局限于男女平等,而是包括两性性别平等、少数性别认同人群的平等在内的所有与性别相关的平等。在国际上,联合国认为,基于《世界人权宣言》的国际人权法及随后商定的各国际人权条约早已确立了各国保护男女同性恋、双性恋和跨性别者人权的法律义务,所有人,无论其性别、性别取向和性别认同,均享有国际人权法在生命权,人身安全权和隐私权,免受酷刑、任意逮捕和监禁的权利,不受歧视的权利,言论、结社与和平集会权利等方面所提供的各项保护;禁止基于性倾向和性别认同的歧视是各国保护男女同性恋、双性恋和跨性别者人权的核心法律义务之一。参见《与基于性倾向和性别认同的歧视作斗争》,载 https://www.ohchr.org/ch/Issues/Discrimination/Pages/LGBT.aspx,访问日期:2020 年 7 月 30 日。联合国人权理事会在 2011 年、2014 年先后通过《人权、性取向和性别认同》,对世界各国及地区因个人性取向和性别认同而施加的暴力和歧视表示严重关切(参见联合国人权理事会第十七届会议决议《人权、性取向和性别认同》,载 https://undocs.org/zh/A/HRC/RES/17/19,访问日期:2020 年 7 月 30 日;联合国人权理事会第二十七届会议决议《人权、性取向和性别认同》,载 https://undocs.org/zh/A/HRC/RES/27/32,访问日期:2020 年 7 月 30 日)。一些国家通过了保护性少数群体的法律规定。2020 年 6 月,美国最高法院裁定,同性恋和跨性别者雇员将受到法律保护,用人单位不得歧视这一性少数群体;明确了美国 1964 年《民权法案》中禁止基于性别歧视的内容,同样适用于性少数群体。"若雇主仅仅因为雇员是同性恋或跨性别者就予以辞退,这一行为将违反法律。"大法官尼尔・戈萨奇在裁决意见中写道(参见陈思众:《美国最高法历史性裁定,用人单位不得歧视性少数群体雇员》,载 https://new.qq.com/rain/a/20200616A09NY000,访问日期:2020 年 7 月 30 日)。我国相关规定中已经有关于变性人的内容[参见 2008 年公安部治安管理局《关于公民手术变性后变更户口登记性别项目有关问题的批复》;原国家卫生计生委办公厅发布的《性别重置技术管理规范(2017 版)》]。司法实践中也已经出现将"性别歧视"拓展到男女两性性别之外的案例[参见北京当当网信息技术有限公司与高践宇劳动合同纠纷上诉案,北京市第二中级人民法院(2019)京 02 民终 11084 号民事判决书]。但是不可否认,性别仍然主要指两性性别,性别平等也主要指男女两性的平等。本书中的性别平等,如无特殊说明,指男女性别平等。

③ 根据世界经济论坛《2019 年全球性别差距报告》的测算,彻底消除性别差距所需的时间为 99.5 年。

一、基于性别平等的女性劳动者权益保护

（一）女性劳动者权益保护的性别认知：性别差异与性别平等

劳动领域中性别不平等，来源于性别本身的自然差异，但是这种差异并非构成就业性别歧视的全部原因。在自然性别差异之外，性别歧视在现代社会生活中更多体现为"社会性别"的歧视，"男主外，女主内"的社会观念为女性就业制造了各种障碍。甚至有研究认为："随着大量女性走出家门，参加各种各样的社会分工，性别的自然分工这一历史条件在今天已经失去了生命力。"[①]现代劳动法对女性劳动者权益的保护不仅要体现男女生理差异，更要回应消除社会性别歧视的需求。

生育是女性的特殊生理机能，家务劳动承担是女性社会性别的刻板印象。如果说生育是生理性别差异给女性就业带来的消极影响，那么家务劳动承担则是社会性别差异对女性就业的阻碍。在法律和政策的规定中，劳动领域的性别平等首先表现为赋予女性平等的就业机会和就业地位，即生理性别差异不构成就业中的区别对待，女性不因性别本身被排除在劳动领域之外。但是这种形式上的同等对待忽略了基于社会、经济、历史、文化等因素长期形成的就业中对女性社会性别的歧视。面对传统"以成年男性"为劳动者形象建立起来的劳动领域规则体系和就业市场状况，仅有形式上的就业平等是不足够的。为实现性别就业实质平等，法律中有关女性劳动者权益保护的内容具有非常重要的地位。在一定程度上，女性劳动者权益保护这一命题的提出，就是

---

① 周安平：《性别与法律——性别平等的法律进路》，法律出版社2007年版，第247页。

在法律明确女性劳动者平等就业机会的前提下，对劳动领域仍然广泛存在的男女不平等现象的直接回应。

女性劳动者权益的特殊保护是为了实现性别实质平等而采取的有力措施。为满足女性的生理需求和保护女性身心健康，国际劳工组织通过的国际劳工标准和很多国家的法律中都有基于女性性别的特殊劳动保护规定，如有关女性禁忌从事的劳动岗位和女性生理期保护的规则等。同时，为回应社会性别平等的需求，分担家庭责任，平衡工作与家庭的关系也逐渐成为女性劳动者权益保护立法的重要内容。这些因生理性别或社会性别差异作出的特殊规定，是一种对女性的“差别对待”，但这种“差别对待”并非“性别歧视”。[①] 当然，随着社会经济的发展和女性社会地位的变化，对女性特殊规定的内容应当进行定期审查、修订或废止。

（二）作为性别平等组成部分的就业性别平等

性别平等体现在政治、经济、社会等各个方面，各个领域的性别平等相辅相成，既互相促进，也相互掣肘。[②] 就业性别平等是性别平等的重要组成部分。在一般意义上，就业领域性别平等有利

---

① 1979年联合国《消除对妇女一切形式歧视公约》第4条规定“缔约各国为加速实现男女事实上的平等而采取的暂行特别措施，不得视为本公约所指的歧视”，“缔约各国为保护母姓而采取的特别措施，包括本公约所列各项措施，不得视为歧视”。

② 1979年联合国《消除对妇女一切形式歧视公约》将“对妇女的歧视”定义为“基于性别而作的任何区别、排斥或限制，其影响或其目的均足以妨碍或否认妇女不论已婚未婚在男女平等的基础上认识、享有或行使在政治、经济、社会、文化、公民或任何其他方面的人权和基本自由”，承认“如果不考虑妇女生活的经济、社会和文化环境，那么对公民及政治权利的保障将是不完整的；行使公民和政治权利对于充分享有经济、社会和文化权利至关重要”。参见〔美〕玛莎·A. 弗里曼、〔英〕克莉丝蒂娜·钦金、〔德〕贝亚特·鲁道夫主编：《〈消除对妇女一切形式歧视公约〉评注（上）》，戴瑞君译，社会科学文献出版社2020年版，第15页。

于实现经济性别平等,从而提升女性在政治、经济、社会和家庭生活中的地位,促进性别平等的整体实现;其他领域性别平等也会促进就业性别平等。同样,作为就业性别平等的反面,就业领域的性别歧视也并非孤立存在,同样与包括家庭生活在内的社会其他领域的性别歧视紧密联系,相互影响,相互加剧:就业性别歧视会直接导致女性的经济地位低下,对男性形成经济依赖,从而削弱在其他领域的平等地位;其他领域的性别歧视也会导致或加剧就业领域的性别歧视,甚至形成对女性的"经济剥削"。以就业与家庭关系为例,女性因承担更多的家庭责任而对其就业造成困难,以家庭为基础的家庭责任分配不平等加剧了以市场为基础的就业性别不平等;而女性在就业领域所遭遇的歧视,又会导致其经济地位低于男性,从而在家庭中处于劣势。促进就业领域的性别平等,女性参与社会劳动有了经济收入,降低了其在家庭中对配偶的经济依赖程度,有利于提高女性在家庭中的地位,实现家庭生活中的男女平等,促进家庭责任的合理分配,从而使女性能够更好地走出家门,实现就业;反之,女性家庭责任的承担在一定程度上影响了女性就业的实现,女性无法实现充分就业使得其对配偶的依赖性提高,进一步加剧家庭中地位的不平等。而家庭作为社会的基层组织,女性在家庭中的地位既是女性在社会生活中地位的折射,也是女性在社会生活中地位的体现渠道,如果无法做到家庭中的平等,家庭之外其他社会领域中的平等也无从谈起。

二、就业的范围:法律规定的限制和突破

(一)法律对就业范围的规定

就业和劳动就业两个概念具有紧密的联系,很多时候可以通用,即就业通常指劳动就业,而劳动就业亦可简称为就业。但是

从我国相关法律制度和法律规定出发,就业和劳动就业的内涵和外延并不完全一致,存在的差别不能被忽视。在广义上,就业是指自然人从事社会劳动并取得报酬或收入。[①] 需要指出的是,只有合法的社会劳动才能被法律所承认和保护。因此,就业通常也就是指合法就业,虽然非法从事劳动亦可能带来报酬或收入,但是因为违法性,这种就业依法应当被取缔,从业者则要承担相应的法律责任,甚至被依法追究刑事责任。劳动就业通常是指劳动法所调整的就业,即具有劳动能力的劳动者在法定劳动年龄内从事有一定劳动报酬的合法职业,劳动者与用人单位之间形成劳动关系。此时,就业和劳动就业两者之间的差异主要体现在"劳动法调整"这一条件限制上。在国家机关工作并有公务员编制的人员,是国家机关的公务员;在事业单位工作并有事业单位工作人员编制的人员,参照公务员管理。以上两类人员不属于劳动法调整范围。将劳动就业限定为劳动法所调整的就业时,虽然以上两类人员实现了就业,从事合法的社会劳动并取得收入,但不属于劳动就业。

一般情况下,无论是就业还是劳动就业,通常是指在一个"单位"从事劳动,这个单位可以是国家机关、事业单位、经济组织或其他社会组织,即"他雇"劳动。随之而来的问题是,"自雇"是否属于就业?比如个体工商户的户主从事的劳动是否属于就业?《劳动法》中"用人单位"的规定将劳动就业限定在了"他雇"的范畴;而《就业促进法》又将"自主创业"规定为促进就业的一个途径。由此,从法律规定的角度,广义的就业,包含了自己从事劳动和在他人指挥下从事劳动。按照现行法律的规定,就业可以分为《就业促进法》上的就业、《劳动法》上的就业和《公务员法》所调

---

① 我国就业人员的统计指标即是从这一角度定义就业范围的。

整的就业。《就业促进法》和《劳动法》所调整的就业的区别在于,《就业促进法》所规定的就业包括《劳动法》所调整的建立劳动关系的就业和自主就业;《劳动法》和《公务员法》所调整的就业的区别在于,就业人员是否有编制。

根据《劳动法》《劳动合同法》等相关法律规定,用人单位包括各类企业、个体经济组织、律师事务所、会计师事务所、民办非企业单位和基金会;国家机关和事业单位在与劳动者建立劳动关系时也取得了用人单位的资格。列举式的用人单位立法模式,使得劳动者在尚未被法律纳入用人单位的新兴社会组织中从事劳动是否属于就业存在不确定性。同时,用人单位的"组织性"要求排除了"被自然人雇佣"的"就业"可能性。由于排除了"被自然人雇佣",家庭雇佣的家政服务人员在1995年劳动部《关于贯彻执行〈中华人民共和国劳动法〉若干问题的意见》中被明确排除在《劳动法》的适用范围之外。① 但是随着家政服务行业的发展,出现了员工制的家政服务公司,被国家政策所承认并大力推广。与员工制家政服务公司签订劳动合同的家政服务人员成为《劳动法》和《劳动合同法》调整的主体范围。② 但是,即使家政服务人员和家政服务公司之间建立劳动关系,签订劳动合同,现行法律

---

① 劳动部《关于贯彻执行〈中华人民共和国劳动法〉若干问题的意见》第4条规定:"公务员和比照实行公务员制度的事业组织和社会团体的工作人员,以及农村劳动者(乡镇企业职工和进城务工、经商的农民除外)、现役军人和家庭保姆等不适用劳动法。"劳动部办公厅《关于〈中华人民共和国劳动法〉若干条文的说明》第2条明确规定了"本法的适用范围除了公务员和比照实行公务员制度的事业组织和社会团体的工作人员,以及农业劳动者、现役军人和家庭保姆等"。

② 参见2010年国务院办公厅《关于发展家庭服务业的指导意见》,2019年国务院办公厅《关于促进家政服务业提质扩容的意见》,《上海市家政服务条例》(上海市第十五届人民代表大会常务委员会第十六次会议于2019年12月19日通过,2020年5月1日起实施)。

规定适用于家政服务人员仍然存在障碍。由于家政服务人员被派到家庭中从事劳动，劳动法中规定的劳动标准是否适用、如何适用于家庭，在相应的法律规定中并不明确。[①] 而现行法律规定中家政服务人员“员工制”与“非员工制”身份的二分法，也带来了新的不平等：家政服务人员均在家庭中从事实际的家政劳动，由于签约对方是家政服务公司还是家庭的差异，而归属于不同的法律进行调整，家庭雇佣的家政服务人员无法纳入劳动法的保护范围，只能适用民事法律规定。

（二）就业状态与就业过程

就业既是自然人从事社会劳动并取得报酬或收入的一个状态，也是一个过程。作为状态，就业是指劳动者与用人单位建立劳动关系或人事关系或自雇从事劳动的一种状态。从过程角度理解，就业是贯穿寻找工作、进行工作和退出工作的过程，也即就业准备、就业实现和就业退出。暂且不考虑意外因素，按照人口平均预期寿命，就业贯穿于自然人达到最低就业年龄和达到退休年龄退出劳动领域的人生历程。自然人在达到法定最低就业年龄后进入劳动力市场，进行工作；在达到法定退休年龄之后退出劳动力市场，领取养老保险待遇。自然人在置身于劳动力市场的过程中，可能先后与不同的用人单位建立劳动关系，亦可能在某段时间内处于失业状态。法律应当对这个过程中的女性劳动者权益提供保护。

我国劳动法更关注建立劳动关系期间的权利义务安排和相

---

① 家政服务公司将家政服务人员派到家庭中劳动，在形式上与《劳动合同法》中规定的劳务派遣非常相似，但是《劳动合同法》将劳务派遣规定为“企业用工的补充形式”，规定的是“单位”之间的派遣。适用于“用工单位”的法律规定并不必然适用于家庭。

应的工资、工时、劳动安全等劳动标准，对于劳动者就业权利的维护主要体现在劳动关系存续的过程中，对建立劳动关系的准备阶段关注甚少。劳动关系的准备阶段，即劳动者进入劳动力市场求职和用人单位招聘的法律规则虽然在《就业促进法》中体现，但其内容却更多地体现了政府促进就业的责任；劳动者求职过程中的权利保护内容在一定程度上缺乏可操作性。考察劳动法的具体制度和具体规则，会发现一方面，《就业促进法》规定了劳动者的就业权，特别是平等就业的权利，但是该法对于劳动者权利和用人单位义务的规定主要集中在求职和招聘过程中，由于此时劳动者和用人单位之间尚未建立劳动关系，因此《劳动法》中关于劳动关系双方的权利义务和程序规则并不适用于此时的劳动者和用人单位。劳动者在求职过程中遭遇歧视，从而失去工作机会，其维权的法律依据并不是《劳动法》中关于劳动者权利保护的规定。[①] 另一方面，虽然相关法律中规定了劳动者享有平等就业的权利，但是对于劳动关系建立后的平等就业权利的保护规定并不清晰，因此在劳动关系建立之后，即使劳动者以就业歧视为由要求用人单位承担法律责任，法院也认可就业歧视的存在，但案件仍然转化为对劳动合同（劳动关系）的处理，法院并没有对就业歧视作出裁决。[②] 法律的疏漏在一定程度上造成了劳动者在整个就业过程中平等就业权利保护的困境。

---

① 参见广东省广州市中级人民法院（2016）粤 01 民终 10790 号民事判决书；浙江省杭州市中级人民法院（2015）浙杭民终字第 101 号民事判决书；湖南省安乡县人民法院（2014）安民初字第 331 号民事判决书。

② 参见福建省福州市中级人民法院（2019）闽 01 民终 2420 号民事判决书；北京市怀柔区人民法院（2019）京 0116 民初 119 号民事判决书；北京市第三中级人民法院（2014）三中民终字第 02380 号民事判决书；江西省南昌市中级人民法院（2019）赣 01 民终 1248 号民事判决书。

（三）就业含义的再思考

何为就业？从应然的角度，所有获取收入或报酬的社会活动都能够视为就业。在现代法治社会，就业有着合法的大前提，因此，就业有了“合法”的前提条件。显然法律对就业的影响和限制不止于此。在很大程度上，就业含义与法律规定本身紧密联系。长期以来，我国公务员法和劳动法是两个不同的体系，在“就业”方面并行不悖。而劳动就业中“劳动”一词的使用则使得劳动就业成为劳动法的专有名词，将就业等同于劳动就业，进而等同于劳动法所调整的劳动就业，从这一逻辑理解，就业和劳动就业概念的内涵和外延被大大缩减。同时，劳动法条文又进一步从就业人员的条件、用人单位的构成等方面限定了劳动就业的范围，从而使劳动就业的含义更为狭窄。

法律具有时代的印迹。法律不仅需要体现当前社会生活的需求，也具有引导作用。社会生活的调整需要法律整体发挥作用，过于强调不同部门法之间的差异，将复杂的社会生活和社会关系单一化、类型化之后分别划入不同部门法的领域既可能造成相互之间的交叉，也可以产生覆盖范围的遗漏。由于我国劳动法调整范围的选择，仅从现行法律规定出发讨论性别就业平等具有非常明显的局限性。必须明确的是，有关就业，即使劳动法中没有明确规定，也并不意味着从业人员权益没有法律保护，对于就业中出现的性别歧视问题，不同法律都发挥着各自的作用。个人雇佣虽然被排除在劳动关系之外，某些社会组织虽然尚没有取得劳动法规定的用人单位资格，但是民事法律中并不缺乏相应的条款；求职过程中的劳动者权益受损，亦可以通过民事侵权途径得到保护。[1] 但同时也需要承认的是,劳动者遭受性别就业歧视寻求法律保护时,劳动法和民法存在着差异,从劳动者权益保护周延的角度,弥合因法律规定不同而给劳动者权益保护造成的差异是法律协调过程中应当考虑的。

虽然女性劳动者权益的保护性规定更多地体现在劳动法律之中,但是女性就业应当从广义上阐释,女性就业不止建立劳动关系一途。女性劳动者,可以和用人单位建立劳动关系,也可以成为国家机关的公务员和事业单位的工作人员;而非全日制就业、提供家政服务等也是女性就业的重要途径。因此,女性劳动者权益保护应当是对所有女性从业者的保护,就业性别平等应当从广义的就业角度去理解。[2]

三、女性劳动者权益保护的时代背景

女性劳动者所面临的社会现实是:一方面,性别平等已经写入我国法律,女性拥有了与男性平等的法律地位,享有了与男性平等的权利;包括男性在内的社会公众均普遍认可男女平等这一社会秩序准则。另一方面,法律的遵守和执行仍然存在障碍,法律并没有完全得到贯彻执行,因此得到法律承认和保护的女性就业和职业权利因受到各种影响被消减。

---

① 我国《就业促进法》中明确规定,这种情形可以向法院起诉。2018 年 12 月最高人民法院在《民事案件案由规定》"一般人格权纠纷"项下增加了"平等就业权纠纷",该规定于 2019 年 1 月 1 日实施。

② 本书以劳动法为研究基础,但在具体的论述中并不局限于作为部门法的劳动法本身,当然更不局限于我国现行的劳动法律制度和劳动法律条文。

(一)科学技术的发展

第四次工业革命已经到来。[①] 2013 年德国学者提出的“工业 4.0”观点在汉诺威工业博览会上成为热议话题。2016 年达沃斯世界经济论坛上,“第四次工业革命”也成为核心议题。按照世界经济论坛创始人兼执行主席克劳斯·施瓦布的定义,第四次工业革命的主要特征是各项技术的融合,以移动互联网、云技术、大数据、新能源、机器人及人工智能技术为代表,并将日益消除物理世界、数字世界和生物世界之间的界限。[②]

第一次工业革命带来的机械化大生产是现代劳动关系产生

---

① 早在 20 世纪 80 年代就有美国学者提出了包括微电子学、通信、遗传学分支、激光技术、机器人和新合成材料等新技术的“第四次工业革命”或“第三次浪潮”的观点(参见奔骥:《关于“第四次工业革命”或“第三次浪潮”的学术动向》,载《内蒙古社会科学》1984 年第 1 期;〔美〕华·惠·罗斯托、杜敏:《第五次大周期高涨与第四次工业革命》,载《国际经济评论》1984 年第 8 期)。这一学术观点和思潮也引起我国学者的重视并进行了相关研究。但在 20 世纪 90 年代,我国学者对此的相关研究陷入了沉寂。进入 21 世纪,第四次工业革命重新进入我国学者的研究视野,并逐渐引起新一轮关注,成为研究的热点。关于第四次工业革命的内容,学者们看法不一。2010 年我国有学者撰文认为,世界正在开始以“绿色发展”作为核心的第四次工业革命(参见胡鞍钢:《世界正在开始第四次工业革命》,载《经济研究参考》2010 年第 18 期)。同年,日本学者藤原洋出版了《第四次工业革命》(中文译本于 2015 年由东方出版社出版)一书,认为第四次工业革命是信息技术支撑的可持续发展的产业革命(参见蒋丰:《日本版“工业 4.0”的首倡者——访日本〈第四次工业革命〉作者藤原洋》,载《IT 经理世界》2016 年第 6 期)。德国学者认为,第四次工业革命(工业 4.0)的目标是工厂的智能化,让网络技术进入制造业(参见张海平:《关于“第四次工业革命”的探讨》,载《流体传动与控制》2014 年第 2 期;〔德〕克劳斯·施瓦布:《第四次工业革命》,世界经济论坛北京代表处、李菁译,中信出版集团 2016 年版)。虽然学者们的观点不完全相同,但是数字技术(大数据、云计算、人工智能等)作为这次技术革命的核心得到普遍认可。

② 参见刘栋:《世界经济论坛聚焦“第四次工业革命”》,载《中国经济周刊》2016 年第 Z1 期。

的社会背景,随后每一次工业革命都对就业产生影响,第四次工业革命也不例外。在达沃斯世界经济论坛的开幕致辞中,施瓦布强调:即将迎来的这场技术革命将彻底改变我们的生活、工作和社交方式。无论从其规模、影响范围还是复杂性来看,这场转型都将和人类以往的任何一次工业革命截然不同。可见,第四次工业革命已经、正在或即将给劳动领域带来巨大冲击,甚至在一定程度上可能重塑劳动力市场和劳动关系。

科学技术的发展对就业而言是一柄双刃剑。科学技术的进步可以使工人从繁重的劳动中解脱出来,自动化和机器人、人工智能的发展可以减少工作压力和伤害,对劳动者有利。但科技的发展也给劳动者带来新的伤害或使已经存在的伤害以新的形式出现,如通过通信途径发生的性骚扰行为;自动化,特别是人工智能、机器人的产生会替代人的劳动,导致某些劳动岗位的减少或消失。[①] 当然技术的发展也会带来新的工作岗位。科学技术的发展拓宽了女性的就业途径,机械化大生产塑造了成年男性为原型的劳动者群体,信息技术具有明显的中性化色彩,它使男女之间基于生理差异的性别分工变得不再重要。女性的体力劣势在信息社会得以规避。[②] 但是同时,女性比例更高的零售和白领文员等岗位最容易受到自动化影响,女性就业途径也面临限缩。[③] 新

---

① 据牛津大学的两位研究员卡尔·贝尼迪克特·弗雷(Carl Benedikt Frey)和迈克尔·A. 奥斯博恩(Michael A. Osborne)估计,由于数字化和自动化,美国有47%的工作岗位岌岌可危。参见〔澳〕尼古拉斯·戴维斯:《五个维度理解第四次工业革命》,载《中国企业家》2015年第24期。

② 参见《人类发展报告2019:超越收入,超越平均,超越当下:21世纪人类发展的不平等》,载 http://hdr.undp.org/sites/default/files/hdr_2019_cn.pdf,访问日期:2020年8月30日。

③ 参见《世界经济论坛:2020年全球性别差距报告》,载 http://www.199it.com/archives/982488.html,访问日期:2020年8月30日。

的岗位的出现增加了女性就业的可能性;但是新的就业途径也可能造成新的职业隔离,数字行业,特别是计算机软件开发、人工智能和机器人行业的高端从业者多为男性;有研究显示,在大多数新兴行业,女性比例普遍偏低。这种差距在“云计算”类职业中表现得最为明显,只有12%的专业人士是女性;在“工程”(15%)和“数据和人工智能”(26%)等相关职业中的情况也不容乐观。这不仅仅是因为女性的相关技能可能低于男性,有统计数据表明,即使女性具备相关且所需的技能组合,她们也未必能获得同等的就业机会。以数据科学领域为例,虽然拥有相关技能的女性占比31%,但拥有相关职位的女性占比仅为25%。同样,虽然数字专家的技能方面没有性别差距,但拥有相关职位的女性仅占41%。[①] 商品零售和服务行业网络平台的兴起带来了物流和快递行业的繁荣,但是物流和快递行业的从业者仍然以男性为主,这些都加剧了就业领域的性别不平等。

工业4.0的智能时代产生发展了更为多样的新型劳动形态,支配性的从属劳动向自主劳动、网络劳动、创新劳动方向演进[②],灵活就业更为突出和普遍,必然对包括女性在内的所有劳动者权益保护产生影响。面对因科技发展带来的就业模式变化,因产业调整带来的“结构性失业潮”,盲目敌视科技本身或产生“科技恐慌”均不可取,如何通过制度和规则的设计,帮助那些就业领域的弱势群体提升职业技能,寻求新的就业机会,并提供更完备的就业和失业保障才应当是合理的应对措施。

① 参见《世界经济论坛:2020年全球性别差距报告》,载http://www.199it.com/archives/982488.html,访问日期:2020年8月30日。

② 参见田思路:《工业4.0时代的从属劳动论》,载《法学评论》2019年第1期。

（二）生育政策的变化

虽然我国法律规定了不因生育歧视女性就业，并对女性劳动者生育规定了诸多保护性内容，但是在社会生活中，女性就业仍然受到生育的负面影响。“大量研究表明，生育对女性职业发展、劳动报酬和劳动参与程度均有负面影响。比较生育各环节对就业各层面的主要影响发现，因怀孕而失去工作的比例最高，分娩对个人收入影响最大”，因替代效应，“育婴对就业的影响虽相对较少”[①]，但生育期间女性劳动者中断劳动关系也会影响收入和可能的职位升迁。

进入21世纪10年代，我国的生育政策发生了重大变化，2011年开始实行二孩政策，2021年6月26日发布的中共中央、国务院《关于优化生育政策促进人口长期均衡发展的决定》，就优化生育政策，实施一对夫妻可以生育三个子女政策作出规定。[②] 这一生

---

① 杨慧：《全面二孩政策下生育对城镇女性就业的影响机理研究》，载《人口与经济》2017年第4期。

② 从1978年党的十一届三中全会把计划生育上升为基本国策，实行独生子女计划生育政策开始，在此后的三十年间，中国家庭，特别是城镇家庭中独生子女成为“标配”。2011年起，我国计划生育政策开始逐步调整，开始实行“双独二孩”政策，即父母双方均为独生子女的家庭可以生育二孩；2013年11月十八届三中全会中共中央《关于全面深化改革若干重大问题的决定》中确定“坚持计划生育的基本国策，启动实施一方是独生子女的夫妇可生育两个孩子的政策”；2013年12月28日，第十二届全国人民代表大会常务委员会第六次会议通过全国人民代表大会常务委员会《关于调整完善生育政策的决议》，在强调坚持计划生育的基本国策前提下，同意启动实施一方是独生子女的夫妇可生育两个孩子的政策。同年12月30日，中共中央、国务院印发《关于调整完善生育政策的意见》，开始具体实施“单独二孩”政策。2015年12月27日第十二届全国人民代表大会常务委员会第十八次会议通过全国人民代表大会常务委员会《关于修改〈中华人民共和国人口与计划生育法〉的决定》，规定“国家提倡一对夫妻生育两个子女”，标志着我国“全面二孩”的生育政策有了法律依据。2021年“三孩政策”提出后，《人口与计划生育法》进行了相应修改（载https://weibo.com/1699432410/KuiglvQdI? type=comment#_rnd1629445256904，访问日期：2021年8月20日）。

育政策的重大转变更是对育龄女性就业产生深刻影响，就业领域本就存在的“女性歧视”现象有逐步加重的趋势。有研究显示，生育二孩妇女等就业发生比仅是生育一孩妇女的 89.0%。[①] 从 2011 年二孩政策实施至今，二孩生育率并没有显著提高，生育对女性就业的影响是其中一个重要原因。根据相关调查，生育是用人单位不愿雇用女性的首要原因，有些用人单位为避免孕产期用工成本增加，在招聘时“限男性”或“男性优先”；有些单位甚至不愿意招聘已婚已育、可能生育二孩的求职妇女。有些单位在妇女怀孕、生育时，减少其职业培训和晋升机会，限制其职业发展；也有些在女性怀孕时，不是劝诱流产，就是通过各种方式迫使怀孕女性辞职。此外，对于部分因生育中断工作时间较长的妇女，其职业培训需求得不到满足，返回劳动力市场时难以再就业。[②] 有研究指出，全面二孩政策实施后，以营利为目的的企业更不愿意招聘可能申请两次产假的女性职工，更多的女性求职者受到就业歧视，女性在招聘市场上被“秒拒”的现象明显增加。[③] 虽然三孩政策刚刚开始，但是从二孩政策实施的情况来看，三孩政策对女性就业的影响可能更为严峻。

（三）社会支持机制的缺乏

缺乏社会提供的家庭照顾服务在很大程度上限制了女性的

---

① 参见宋健、周宇香：《中国已婚妇女生育状况对就业的影响——兼论经济支持和照顾支持的调节作用》，载《妇女研究论丛》2015 年第 4 期。

② 参见杨慧：《“全面两孩”政策下促进妇女平等就业的路径探讨》，载《妇女研究论丛》2016 年第 2 期。

③ 参见黄桂霞：《完善生育保障制度，推动女性劳动权平等》，载刘亚玫、杜洁主编：《新发展理念下的妇女发展与性别平等》，社会科学文献出版社 2018 年版，第 100—113 页。

就业机会。通常情况下,女性在照顾家庭上花费的时间大大超过男性。[①] 即使家政服务业和外卖行业的发展在一定程度上减少了家务劳动,但生育政策的变化和老龄化的到来产生的家庭照顾事务有所增加。参差不齐的家政服务人员素质、品质不佳的社会托管机构和让人堪忧的外卖食品质量等因素,使得老幼照顾仍然主要由家庭成员承担。在"男主外,女主内"社会观念和缺乏家庭责任分担强制机制的双重影响下,这种家庭成员的承担仍然主要表现为由家庭成员中的女性承担,女性在此期间可能会不得不放弃外出就业而转归家庭,这不仅导致在照顾期间女性职业生涯的中断,若干年后当女性准备回归就业领域时,由于叠加了年龄因素,女性就业更为困难。

我国法律中没有育儿假或父母假的规定,托幼机构接收幼儿的年龄普遍在 3 岁以后,在女性劳动者(母亲)产假结束到幼儿入托之间存在两年多的时间差。此期间的幼儿照顾主要由家庭承担,即使儿童入托入园[②],由于儿童在园(托幼园所)和上小学之后的在校时间与父母工作时间之间存在冲突,此时社会公共照顾机制更为缺乏,此期间儿童照顾仍然对女性就业产生影响,女性转归家庭的情况在儿童入托入学后仍会持续。[③] 如果说儿童照顾尚有祖辈可以"替代",社会托老机构的不足产生的老人照顾责任对女性就业的影响更为直接。根据民政部的统计数据,截至 2019

① 有数据显示,女性在照顾家庭和义务服务上花费的时间至少比男性多出一倍。参见《世界经济论坛:2020 年全球性别差距报告》,载 http://www.199it.com/archives/982488.html,访问日期:2020 年 8 月 30 日。

② 《2019 年全国教育事业发展统计公报》的数据显示,我国 2019 年儿童学前教育毛入园率为 83.4%。

③ 在"中小学生减负"的教育政策之下,中小学的放学时间普遍早于学生家长的下班时间,此期间存在接送和照顾的需求,特别是对于低龄小学生的家长而言。

年年底,全国各类养老机构和设施有 20.4 万个,养老床位合计 775.0 万张,同期全国 60 周岁以上老年人 25388 万人,其中 65 周岁及以上老年人 17603 万人,每千名老年人拥有的养老床位仅为 30.5 张。[①]

家庭之外对照顾责任分担的社会支持系统中,用人单位的支持也是一个可备的选项。但是在我国市场经济体制劳动用工制度的建立和完善过程中,用人单位,特别是企业全面退出了对劳动者子女照顾的支持体系。计划经济时代企业提供的托幼机构作为“企业办社会”,是社会主义市场经济体制下企业改革的重要内容之一,随着改革的深入,企业向职工提供的托幼服务全面萎缩,最终消失不见。近年来虽然有政策鼓励用人单位在工作场所为职工提供福利性婴幼儿照护服务,开办托幼机构[②],但是由于缺乏法定设立条件、政策激励措施和明确的权利义务界定,用人单位如何提供托幼服务,从政策建议走向实践尚有很长的路要走。[③]

---

① 参见《2019 年民政事业发展统计公报》,载 http://images3.mca.gov.cn/www2017/file/202009/1601261242921.pdf,访问日期:2020 年 12 月 31 日。

② 参见 2019 年 4 月 17 日国务院办公厅印发的《关于促进 3 岁以下婴幼儿照护服务发展的指导意见》。

③ 参见王蔚、陆梓华:《企事业单位举办幼儿园或遇诸多掣肘》,载 http://shanghai.xinmin.cn/msrx/2016/03/09/29633707.html,访问日期:2020 年 12 月 30 日。

第一章 女性劳动者权益保护的基础理论

通过历史考察,可以发现女性劳动者权益保护理论基础经历了一系列的发展变化:从女性的生理弱势的特殊保护向实现就业平等的转变;从女性的“性别保护”向母性保护(母职保护),并进而发展为家庭责任合理分担的转变;从外在的“父爱关怀”下的“特护保护”向从女性自身需求出发的“差别对待”的转变;等等。而这一系列的转变在本质上体现为对女性就业实质平等和结果平等的追求,在给予女性与男性平等劳动权利和就业机会的同时,承认自然性别差异,通过特殊的保护性立法来消除社会性别歧视。

一、社会性别主流化理论:提出和发展

社会性别主流化是指决策机构在作出决策的过程中纳入社会性别意识或社会性别观念,全面地衡量决策对性别平等的影响,消除和避免性别歧视的产生。社会性别主流化在法学中则体现为立法机构在制定法律的过程中,应当全面衡量立法对性别平等的影响,消除和避免性别歧视。鉴于两性在社会中的实际地

位,法律中的社会性别主流化更是一种"女性性别主流化",即在法律起草、制定和实施的过程中,要充分考虑对女性权益的影响,避免和消除对女性的歧视。社会性别主流化不仅是立法、执法和司法的性别平等指导理论,更是实现性别平等的法律措施和手段。

(一)社会性别主流化的含义

1. 社会性别的含义①

社会中的两性区别,不仅是生理差异,更来源于社会对于两性的角色定位。因此,性别不仅是生理性别,也是社会性别。生理性别,是生物学上概念,即生物性别,其是自然的、天生的。在生物性别之外,人类社会对性别的认知具有社会属性,男性阳刚、女性阴柔等社会公众对性别的印象不仅来源于自然生理性别的差异,更多的是社会印象,是社会对性别的再认知和再创造,因此,社会性别概念产生,并逐渐被接受和广泛使用。所谓社会性别,是指"人们认识到的基于男女生理差别之上的、实际存在的社会性差异和社会关系,它不是先天存在的,而是社会文化及其制度造就或建构的"②。

将性别区分为生理性别和社会性别,在很大程度上要归结于

---

① 中文词汇没有"语法性别",即中文词汇没有阴性、阳性、中性之分。因此中文中的性别含义可以分别从自然性别和社会性别理解,或者说,性别概念已经包括了社会性别的含义。在英文中,自然性别和社会性别分别为"sex"和"gender",前者表示自然生理的性别,后者表示社会角色,与之相对应,"sex"中的两性为"male"和"female",而"man"和"woman"则与"gender"对应。在语言相互转化的过程中,概念的含义会有一些偏差,如《北京宣言》和《行动纲要》的英文版本中,性别平等使用的是"gender equality",而中文版本按照中文习惯表示为"性别平等"而不是"社会性别平等"。

② 刘伯红:《社会性别主流化的概念和特点》,载《现代妇女》2011年第1期。

女性主义思潮的影响。女性主义者认为“性别是以生理性别为基础的社会建构，个人生而为男为女，并没有天生的性别认同，他们是在成长过程中获得性别认同的，在经过社会的建构之后才成长为男人和女人”，“虽然生理性别是天生的，但是社会性别既非内在的，也非固定的，而是与社会交互影响的产物”[①]，“社会性别可以理解为一个(已经)在生理性别上分化了的身体所承担的意义”[②]，即社会性别建构论[③]。著名女性主义学者波伏娃在《第二性Ⅱ》中指出：女性不是天生的，而是社会建构的结果，是整个文明设计的产物，“女人不是天生的，而是后天形成的。任何生理的、心理的、经济的命运都界定不了女人在社会内部具有的形象”[④]；另一位女性主义者罗宾在《女性交易：性“政治经济学”笔记》一文中认为，社会干预在塑造性别规范中具有重要作用，所有的社会都存在生理性别和社会性别体系，其中，人类生理的原始

---

① 李银河：《总序：性、性别与社会建构论》，载〔美〕朱迪斯·巴特勒：《性别麻烦：女性主义与身份的颠覆》，宋素风译，上海三联书店2009年版，第1页。

② 〔美〕朱迪斯·巴特勒：《性别麻烦：女性主义与身份的颠覆》，宋素风译，上海三联书店2009年版，第13页。

③ 社会性别建构论可以分为三种理论：①性别的文化建构论，性别建构的差异存在于文化与文化之间，以及某一文化之内。性别的文化建构是指，在不同的文化和社会中，性别的概念和行为规范会按照当时当地的习俗被建构起来。②社会角色理论，男女的心理区别来源于社会角色不同，由于劳动分工不同，女性更多在家庭里活动，男性更多在社会上活动。社会分工的起因部分来自身体的区别，主要包括女人的生育和哺乳的需要，身高和体力大小的区别等，但是更多地决定于社会习俗对性别角色的规定。③心理分析理论，虽然两性具有极为不同的心理本质，但是这种本质不是天生的，而是后天获得的，是特殊的文化环境造成的。参见李银河：《总序：性、性别与社会建构论》，载〔美〕朱迪斯·巴特勒：《性别麻烦：女性主义与身份的颠覆》，宋素风译，上海三联书店2009年版，第1—2页。

④ 〔法〕西蒙娜·德·波伏瓦：《第二性Ⅱ》，郑克鲁译，上海译文出版社2011年版，第9页。

物质被人类的社会干预所塑造。[①] 也有女性主义学者指出,生理性别本身也是被建构的,生理性别是一种通过操演而演绎出来的意义(因此不是“生来如此”)。当生理性别从其自然化的内在和表面解放后,它可以成为展现对性别化的意义进行戏拟增衍以及颠覆游戏的一个场域。[②] 虽然女性主义思想或女性主义思潮具有多样性,在发展过程中形成不同的派别,并且各个派别之间观点不同甚至会相互否定,但是反抗对女性的压迫,争取女性解放和两性平等,消除性别歧视是所有女性主义理论观点的内核[③],其对性别概念的深入探讨,生理性别和社会性别的区分不仅丰富了性别的理论内涵,而且对深刻理解两性平等和消除性别歧视具有重要意义。

在当代,从生理性别(或称为自然性别、生物性别)和社会性别区分来阐释男女的性别差异已经为社会认可,在承认男女生理性别差异的基础上,男女两性在社会中所形成的“社会性别”差异也已经为社会所广泛接受。生理性别是基于男女生物差异形成的性别区分,社会性别则体现为男性和女性全体所特有的行为方式和社会角色特征,是人们对男女群体的观念和看法。社会生活中人们对男性和女性的社会角色认知虽然有两性自然生理的差异因素,但这种性别差异更多地来源于社会观念的塑造。社会对于男女的角色认知受到文化、历史和观念等社会因素的影响,人类生活中不断强化的男女社会角色差异,如“男主外,女主内”“男

---

① 转引自李银河:《总序:性、性别与社会建构论》,载〔美〕朱迪斯·巴特勒:《性别麻烦:女性主义与身份的颠覆》,宋素凤译,上海三联书店 2009 年版。

② 参见〔美〕朱迪斯·巴特勒:《性别麻烦:女性主义与身份的颠覆》,宋素凤译,上海三联书店 2009 年版,第 10、46—47 页。

③ 参见〔美〕罗斯玛丽·帕特南·童:《女性主义思潮导论》,艾晓明等译,华中师范大学出版社 2002 年版,第 1—12 页。

人坚强,女人温柔”等性别观念来自“社会塑造”而不是生理差异。社会性别在社会中被固化和强化,成为一种社会期待、规范和评价。生理差别在一定程度上导致了社会性别的差距,而由此形成的社会规范和观念进一步放大或夸大生理性别的差异,以证明社会对女性的不平等待遇是正当的。[①] 因此,实现两性社会平等的障碍来自“社会”而不是“自然”,承认男女在生理性别上的不同,消除社会性别的刻板印象,对于实现两性在就业中的实质平等同样重要。

2. 社会性别主流化的定义

社会性别主流化是国际妇女运动的产物。在1985年第三次世界妇女大会上,“社会性别主流化”被作为一种观点提出,此次大会的最后文件《到2000年提高妇女地位内罗毕前瞻性战略》中指出:“妇女应参加确定发展目标和方式,参加制定战略和执行战略的措施”,“这将包括旨在增进妇女自主权的特别措施,使妇女在与男子平等的基础上参加发展进程的主流或旨在将妇女充分纳入整个发展工作的其他措施”。[②] 1995年第四次世界妇女大会通过的《行动纲要》将性别主流化确定为促进社会性别平等的全球战略,要求各国政府“以性别观点分析各项政策和方案,包括涉及宏观经济稳定、结构调整、外债问题、税收、投资、就业、市场和经济中所有有关部门的政策和方案,分析其对贫穷、不平等尤其是对妇女的影响;评估这些政策和方案对家庭福祉和情况的影响,并酌情调整这些政策和方案,以促进更为公平地分配生产资料、财富、机会、收入和服务”。

---

① 参见刘伯红:《社会性别主流化的概念和特点》,载《现代妇女》2011年第1期。

② 参见联合国《到2000年提高妇女地位内罗毕前瞻性战略》第111段,转引自李英桃、王海媚:《性别平等的可持续发展》,社会科学文献出版社2016年版,第168—169页。

1997年6月,联合国经济及社会理事会(以下简称“经社理事会”)给社会性别主流化进行了定义:“所谓社会性别主流化是指在各个领域和各个层面上评估所有有计划的行动(包括立法、政策、方案)对男女双方的不同含义。作为一种策略方法,它使男女双方的关注和经验成为设计、实施、监督和评判政治、经济和社会领域所有政策方案的有机组成部分,从而使男女双方受益均等,不再有不平等发生。纳入主流的最终目标是实现男女平等”,“当男女有一方处在极其不利的位置时,主流化就会成为有性别区分的活动和平等权利行动。有性别区分的干预对象可以全部是女性,或男女都有,或全部是男性,使他们有能力参与发展活动,并从中获益。这只是必要的临时措施,来消除过去性别歧视所带来的直接和间接的影响”①。这一定义被广泛援引,成为理解社会性别主流化含义的“范本”。

从经社理事会的定义可以看出,社会性别主流化是作为实现社会性别平等的手段和措施提出的。“只有通过这样一种基本的社会结构及其机构调整,妇女才可以得到充分授权并得到其应有的在社会生活的各个方面与男人平等的伙伴地位。”②作为一种策略方法,社会性别主流化不再将“性别平等”仅仅限于提高妇女的参与度和将妇女权益保护作为单独存在的政策和措施选择,而是要在国家治理的立法、政策各个层面和社会领域的各个组成部分中全面引入性别视角,将性别视角和性别意识纳入整体战略,从

---

① 《社会性别主流化》,载 https://www.un.org/chinese/esa/women/mainstreaming.htm,访问日期:2020年12月31日。

② 联合国妇女地位司在审查第四次妇女问题世界会议时的评论,载 https://www.un.org/zh/globalissues/women/,访问日期:2020年12月31日。

而"改变不平等的体制结构,使之对男女双方都平等和公正"①。"社会性别主流化以实现社会公正和可持续发展为目标,以基本人权框架为基础,以消除性别歧视、实现性别平等为目的,重视社会性别角色分工和社会性别机制对社会、经济、政治、文化以及人们观念与行为的影响和作用,注重通过改革制度、法律、政策消除性别歧视,把妇女赋权作为实现性别平等的中心,强调男女共同参与和受益。"②

联合国妇女发展基金(UNIFEM)指出,"社会性别主流化"包括两个方面:一是"妇女主流化"(mainstreaming women),就是把妇女纳入主流的制度,使两性在各政策范畴的参与得以平等,让妇女所关心的议题、需要及意见在主流制度中得到关注。"妇女主流化"着重女性的参与及设立有效的机制以确保妇女有参与的空间和权利。二是"社会性别观点主流化"(mainstreaming gender),就是去评估所有政策及发展项目对两性不同的影响,来了解男女在决策及社会资源运用方面的差别,把社会性别观点纳入制定(包括设计、发展、推行、监察和评估)政策的过程。社会性别观点主流化着重提升决策者及执行者的社会性别觉醒意识和把社会性别观点带入主流的有关治理技术。③

(二)社会性别主流化的理论观点分析

社会性别主流化的进程、作用评估和继续推进是国际社会中

---

① 《社会性别主流化》,载 https://www.un.org/chinese/esa/women/mainstreaming.htm,访问日期:2020 年 12 月 31 日。

② 加拿大国际开发署:《加拿大国际开发署性别平等政策》,转引自刘伯红:《社会性别主流化的概念和特点》,载《现代妇女》2011 年第 1 期。

③ 参见 Corner, Lorraine, Capacity Building for Gender Mainstreaming, New York: UNIFEM East and South East Asia, 2001,转引自刘春燕、杨罗观翠:《社会性别主流化:香港推动社会性别平等的经验及启示》,载《妇女研究论丛》2007 年第 1 期。

近年的理论研究重点内容。从公共政策工具的研究视角看社会性别主流化的学者强调,国家行政和项目干预部门要将社会性别主流化措施落到实处;从社会变革角度评估社会性别主流化的学者强调妇女运动的回归,主张通过赋权妇女的项目和措施从根本上改变妇女地位。而融合不同框架和手段,多措并举,以最大限度推进性别平等近年来为越来越多的学者所主张。[①]

除对社会性别主流化的国际发展进行研究之外,我国学者还关注我国社会性别主流化的推进和实现。相关研究成果多在阐述社会性别主流化内涵的基础上,结合我国国情考察法律制定修改和政策颁布实施中社会性别主流化的贯彻与推进和相应措施的落实与效果,根据我国实际情况提出对策建议。有学者认为,国家治理现代化的政治生态与主题意蕴为推进社会性别主流化提供了新契机,将推进社会性别主流化置入国家治理现代化宏图中进行战略思考,并辅以社会性别预算这一治理工具,从而积极稳妥地推进社会性别主流化。[②] 在社会性别预算之外,建立和完善公共政策的社会性别评估体系、推动妇联的组织变革、加强社会力量的正向宣传和国际交流均有助于推动我国社会性别主流化进程。[③] 在立法中贯彻社会性别主流化也是学者们关注的议题。传统的婚姻家庭法、劳动法等部门法学一直关注社会性别主

---

① 参见杜洁:《国际有关社会性别主流化的理论观点述评——基于〈超越社会性别主流化〉专辑的讨论》,载《妇女研究论丛》2013年第6期。

② 参见汪超:《推进社会性别主流化:国家治理、耦合逻辑与政府工具》,载《理论导刊》2016年第7期。关于社会性别预算的研究还可参见马蔡琛、季仲赟:《推进社会性别预算的路径选择与保障机制——基于社会性别主流化视角的考察》,载《学术交流》2009年第10期;闫东玲:《浅论社会性别主流化与社会性别预算》,载《妇女研究论丛》2007年第1期。

③ 参见张再生、强馨元:《社会性别主流化进程中的公共政策困境与对策研究》,载《天津大学学报(社会科学版)》2015年第5期。

流化的研究。[1] 除此之外,也有学者将社会性别主流化拓展到环境法领域,认为对社会性别关系的关注可以推动环境法从自主性法到以价值与目的为取向、强调参与、更高层次的回应性法的转化。[2]

(三)社会性别主流化的贯彻实施

1. 国际社会的贯彻实施

在联合国及其所属机构的各种决议、报告等官方文件中,社会性别主流化被广泛贯彻,社会性别主流化观念也逐渐被纳入世界各国的本国立法和国家政策规划制定中。2000 年 9 月联合国千年首脑会议确立了包括"促进性别平等并赋予妇女权利"在内的千年发展目标,会议通过的《联合国千年宣言》中声明,"必须保障男女享有平等的权利和机会",认为"促进性别平等和赋予妇女权能"是战胜贫穷、饥饿和疾病及刺激真正可持续发展的有效途径。在千年发展目标确定完成的 2015 年,联合国发布了《千年发展目标 2015 年报告》。该报告总结了全球性别平等取得的成绩,但是同时也指出性别平等远远没有实现,女性在获取工作、经济资产以及参与私人和公共决策方面仍受到歧视,在劳动力市场上依然处于不利地位。2015 年,联合国大会通过《变革我们的世界:2030 年可持续发展议程》,将"实现性别平等,增强所有妇女

---

① 参见罗杰:《社会性别主流化理念与我国反家暴立法》,载《河北法学》2012 年第 1 期;张伟:《社会性别主流化视角下的家政工社会与法律保护分析》,载《河北法学》2010 年第 8 期;王薇:《中国婚姻家庭法之社会性别主流化》,载《中共成都市委党校学报》2010 年第 1 期;李斌、韩廉、王红燕:《社会性别主流化:中国妇女就业立法新阶段》,载《江西师范大学学报(哲学社会科学版)》2007 年第 2 期。

② 参见王欢欢:《环境法治的社会性别主流化研究——从环境法的自主性谈起》,载《武汉大学学报(哲学社会科学版)》2012 年第 4 期。

和儿童的权能”作为可持续发展的17个目标之一，强调在执行该议程过程中，必须有系统地顾及性别平等因素，增强妇女经济权能，特别是让所有人都有体面的工作。

2. 社会性别主流化在我国的实施

随着1995年第四次世界妇女大会在北京的召开，社会性别主流化也逐渐为我国公众所熟悉。作为最早承诺社会性别主流化的国家之一，我国在国家政策制定、立法和公共管理中，社会性别主流化均得到了贯彻实施；性别统计制度、法规政策性别平等评估机制等体现性别视角和性别意识的社会制度逐步确立和完善。作为联合国的创始会员国和常任理事国，我国在2016年《落实2030年可持续发展议程中方立场文件》中承诺“坚持以人为本，消除机会不平等、分配不平等和体制不平等，让发展成果更多、更公平惠及全体人民”；“促进性别平等，推动妇女全面发展，切实加强妇女、未成年人、残疾人等社会群体权益保护”。[①] 2016年我国发布了《中国落实2030年可持续发展议程国别方案》。[②]

(1)中国妇女发展纲要对社会性别主流化的贯彻实施

1995年以来，我国连续颁布三个周期的中国妇女发展纲要，提出不同时期妇女事业发展的目标任务。《中国妇女发展纲要(1995—2000年)》中提出“促进我国妇女的进步和发展，是各级政府、各有关部门、各社会团体和全国人民的共同任务”；《中国

① 《落实2030年可持续发展议程中方立场文件》，载http://infogate.fmprc.gov.cn/web/ziliao_674904/zt_674979/dnzt_674981/qtzt/2030kcxfzyc_686343/t1357699.shtml，访问日期：2020年8月30日。

② 《中国落实2030年可持续发展议程国别方案》，载http://infogate.fmprc.gov.cn/web/ziliao_674904/zt_674979/dnzt_674981/qtzt/2030kcxfzyc_686343/P020161012715836816237.pdf，访问日期：2020年8月30日。

妇女发展纲要(2001—2010年)》中"将社会性别意识纳入法律体系和公共政策,促进两性和谐发展,促进妇女与社会同步发展"确定为妇女发展的总体目标;《中国妇女发展纲要(2011—2020年)》在重述上述总体目标的同时,增加了"促进妇女全面发展"的目标要求。

(2)性别平等成为我国的基本国策

基本国策应是基本国情决定的某类具有全局性、长期性、战略性意义的问题的系统对策,反映了国家在解决此类问题上的国家意志,具有高层次、长时效、广范围、跨部门等特点,在整个政策体系中应处于最高层次,应规定、制约和引导一般的具体政策的制定和实施,并为相关领域的政策协调提供上位依据。从长期性、稳定性和"依法行政"的要求出发,基本国策应当法定。[①]

男女平等作为基本国策的提法最早出现于1995年时任中国国家主席的江泽民在第四次世界妇女大会欢迎仪式上的讲话中。[②] 2001年国务院颁布的《中国妇女发展纲要(2001—2010年)》第一次在国家的政策文件中规定"贯彻男女平等的基本国策,推动妇女充分参与经济和社会发展,使男女平等在政治、经济、文化、社会和家庭生活等领域进一步得到实现"。2012年11月,中国共产党第十八次全国代表大会将男女平等作为基本国策写入报告:"坚持男女平等基本国策,保障妇女儿童合法权益。"为履行我国政府在第四次世界妇女大会上对国际社会的承诺,推进我国妇女权益的保障工作,《妇女权益保障法》在2005年的修正

---

① 参见苏杨、尹德挺:《我国基本国策的实施机制:面临问题及政策建议》,载《改革》2008年第2期。

② "我们十分重视妇女的发展与进步,把男女平等作为促进我国社会发展的一项基本国策。"参见《江泽民在联合国第四次世界妇女大会欢迎仪式上的讲话》,载https://www.womenvoice.cn/html/report/20051277-1.htm,访问日期:2020年8月30日。

中将男女平等作为基本国策以法律形式固定下来,该法第2条第2款规定:“实行男女平等是国家的基本国策……”[①]我国《宪法》中虽然没有明确规定男女平等为基本国策,但是第48条规定了男女平等的内容:“中华人民共和国妇女在政治的、经济的、文化的、社会的和家庭的生活等各方面享有同男子平等的权利。国家保护妇女的权利和利益……”

作为基本国策,男女平等是促进妇女与经济社会同步发展、男女两性平等发展、妇女自身全面发展的一项带有长远性和根本性的总政策,其核心要义是重视和发挥妇女在经济社会发展中的主体地位和作用,推动妇女与经济社会同步发展;在承认男女现实差异的前提下倡导男女两性权利、机会和结果的平等,依法保障妇女合法权益;从法律、政策和社会实践各方面消除对妇女一切形式歧视,构建以男女平等为核心的先进性别文化;将性别平等意识纳入决策主流,切实在出台法律、制定政策、编制规划、部署工作时充分考虑两性的现实差异和妇女的特殊利益。[②]

---

① “1995年联合国第四次世界妇女大会上,我国政府对国际社会郑重承诺:‘把男女平等作为促进我国社会发展的一项基本国策。’这一承诺已经写入《中国妇女发展纲要(2001—2010年)》。为了履行我国政府对国际社会对承诺,维护我国在保障妇女权益方面负责任大国的国际形象,同时考虑到这一承诺不仅有利于全面推进我国妇女权益的保障工作,而且也已经赢得国际社会的普遍赞同,有必要在这次修改《妇女权益保障法》时将其以法律的形式固定下来。”曹康泰:《关于〈中华人民共和国妇女权益保障法修正案(草案)〉的说明——2005年6月26日在第十届全国人民代表大会常务委员会第十六次会议上》,载《中华人民共和国全国人民代表大会常务委员会公报》2005年第6期。

② 参见《平等 发展 共享:新中国70年妇女事业的发展与进步(全文)》,载http://www.humanrights.cn/html/wxzl/2/5/2019/0919/45559.html,访问日期:2020年8月30日。

二、法律中的性别平等:形式平等和实质平等

人生而平等是一种法律假设,是基于对“人,生而不平等”进行的改造,是需要通过法律实现的人类社会理想。尽管《世界人权宣言》中宣誓“人人生而自由,在尊严和权利上一律平等”,但是在实际情况中,人仍然生而不平等,只是在现代社会,当人们认识到人事实上的不平等后,法律逐渐从“将人作为自由行动的立法者、平等的法律人格即权利能力者抽象地加以把握的时代,转变为坦率地承认人在各方面的不平等及其后果所产生的某种人享有富者的自由而另一种人遭受穷人、弱者的不自由。根据社会的经济的地位以及职业的差异把握更加具体的人对弱者加以保护的时代”[①]。

(一)平等的法律含义

平等可以从不同角度不同层面进行解读。卢梭将人类的不平等归结为两种:一种是自然的或生理上的不平等,是基于自然,因年龄、健康、体力以及智慧或心灵的性质不同而产生的;另一种是精神上的或政治上的不平等,因为它是起因于一种协议,由于人们的同意而设定的,或者至少是它的存在为大家所认可。[②] 按照卢梭对不平等的分类,男女生理性别的差异属于“自然不平等”,在人类社会的繁衍发展中,生理性别的差异逐渐演化为两性社会分工的不同,进而形成了两性经济、政治上的不平等,人

---

① 〔日〕星野英一:《私法中的人——以民法财产法为中心》,王闯译,载梁慧星主编:《民商法论丛》(第8卷),法律出版社1997年版,第186页。

② 参见〔法〕卢梭:《论人类不平等的起源和基础》,李常山译,商务印书馆1962年版,第70页。

类社会逐渐为男性所主宰,从男性的角度出发,对女性进行排斥。这种社会性别差异是“精神上或政治上的不平等”。现代法律中的平等应当对卢梭所述的“两种不平等”都有所回应,承认“生理不平等”,修正“实在法中不符合自然法的不平等”。在亚里士多德看来,所谓平等有两类:一类为数量相等,另一类为比值相等。“数量相等”的意义是你所得的相同事物在数目和容量上与他人所得者相等;“比值相等”的意义是根据各人的真价值,按比例分配与之相衡称的事物。[①] 即相同/类似的事物以相同方式对待;不同的事物以不同方式对待。在法学中,前者对应形式平等,后者则体现为实质平等。

法律上的平等,首先表现为形式平等。“法律是对所有的人同样适用”的无差别对待,不因性别、种族民族、宗教信仰等不同而有所差异,但是这种平等忽略了不同群体在社会中实际所处的地位和面临的社会状况,“表面上看似中性的规定和标准,将使(属于特定性别、种族或信仰等的)个人处于与他人相比特别不利的地位”[②]。性别形式平等表现为不因女性和男性之间存在的性别不同给予差别待遇,即男性享有的权利,女性同样应当享有。但是形式平等舍去了人们在现实生活中的各种差异,从而不可避免地导致了现实的不平等状况,加剧了社会的两极分化。[③] 在以“男性”为主体形象产生的社会结构和法律规则中,女性的参照物

---

① 参见〔古希腊〕亚里士多德:《政治学》,吴寿彭译,商务印书馆 1965 年版,第 238—239 页。

② Ronald Craig, Lisa Stearns:《歧视概念的演变和发展》,李薇薇译,载李薇薇、Lisa Stearns 主编:《禁止就业歧视:国际标准和国内实践》,法律出版社 2006 年版,第 27 页。

③ 参见韩大元、林来梵、郑贤君:《宪法学专题研究》,中国人民大学出版社 2004 年版,第 300 页。

为“男性”,形式性别平等否定了性别的社会差异。因此,在实行“无差别对待”之前,首先应该承认人是有差别的,然后通过对有差别的权利主体按照一定的比例给予有差别的权利内容,以达到没有差别的平等结果,即实质平等。法律中实质平等的规则,源于亚里士多德不同情况区别对待的平等理念,认为任何导致不平等结果的政策或实践都应受到挑战,不管该结果源于相同对待还是区别对待,即使该政策或实践本身是中性的。实质平等不仅是对形式平等的矫正和补充,而且是平等的最终目标和价值所在。在性别平等中,实质平等关注的是社会生活中男女的差异,特别是与男性比较,女性所处的弱势地位。

机会平等是平等概念的又一种解读,其以“公平竞争理念”为前提,指出在利用社会提供的机会时,人人应当处于相同的位置,强调人人有平等的机会,不论其性别如何。机会平等既包括形式上的机会平等,也包括实质上的机会平等。形式上的机会平等在法律上表现为法律给予所有人同等的选择机会,是法律面前人人平等原则的表现之一,即“对受影响的群体的参与不存在形式的法律障碍”。与形式上的机会平等不同,实质上的机会平等关注获取机会本身的平等性,“相同待遇和不存在形式上的障碍往往并不能使遭受歧视者真正有机会去利用这些参与机会,因此,为确保他们实际上能利用机会,有必要采取专门措施”[①]。也就是说,作为实质平等的机会平等追求起点平等。机会平等观提倡者认为,形式平等会进一步加深歧视,结果平等则矫枉过正。因此,保障个体享有平等的机会才能克服制度性歧视的弊病,在实现机会平等后,再基于他们的个人素质而非性别特征,给予相

---

① 〔美〕玛莎·A. 弗里曼、〔英〕克莉丝蒂娜·钦金、〔德〕贝亚特·鲁道夫主编:《〈消除对妇女一切形式歧视公约〉评注(上)》,戴瑞君译,社会科学文献出版社 2020 年版,第 73 页。

应的待遇。[①]

实质平等通常表现为结果平等。由于主体之间存在差异,因此结果平等比形式平等更能体现平等的实质要求。实质平等的概念假定社会中不同群体的参与程度或对特定利益或机会的分配水平是适当的、合乎比例的。但是结果平等是否对性别平等具有普遍意义也受到了质疑。有学者指出,如果将结果平等解读为侧重于关注个体受到的影响,那么结果平等的目标不是实现结果平等,而是为个体提供救济;反之,如果结果平等侧重集体承受的结果,那么结果平等的目标只适用于某个群体因相关特征而被拒之门外的情形,忽视了结果形成的模式;当结果平等被解读为女性或其他少数群体在某个行业领域的分布情况应反映出他们在劳动力人口或者全部人口中所占的比例时,某个群体比例偏低的事实即为存在歧视,那么结果平等则不着眼于废除歧视性标准,而是偏袒在某个行业领域比例偏低的群体,其核心不是平等,而是比例性、公平或平衡。但是确定“起点”的标准可能本身就加深了现有的歧视范式。[②]

在对性别平等的研究中,在形式平等、机会平等和结果平等之外,有学者提出了“变革性平等”的概念。“平等作为一种变革,其目标不是性别中立的未来,而是一个社会性别得到适当考虑的未来。未来不是简单地允许妇女进入男性定义的世界。相反,妇女的平等包括对社会的重构,因此不再由男性来定义。变革要求重新分配权力和资源,并改变使压迫妇女永久化的制度结构”,“这表明,平等作为一种变革不仅要求去除障碍,还需要能够

---

① 参见〔南非〕桑德拉·弗里德曼:《反歧视法》,杨雅云译,中国法制出版社2019年版,第16—17页。

② 参见〔南非〕桑德拉·弗里德曼:《反歧视法》,杨雅云译,中国法制出版社2019年版,第13—15页。

带来变化的积极措施”。[①] 也有学者提出了实质平等的“四维平等观”,即平等应被视为一个多维概念,追求四个重叠交织的目标:第一,再分配维度,即打破外团体因为其身份而遭受的弱势循环;第二,承认维度,即促进对人的尊严和价值的尊重,从而消除某个群体因为其身份而背负的污名,遭受的刻板印象、耻辱和暴力;第三,变革维度,即包容差异,致力于实现结构性变革,而非以牺牲平等为代价机械地追求一致性;第四,参与维度,即促进社会中所有人在社会和政治领域的全面参与。[②]

(二)歧视的法律含义

平等和歧视是一体两面。虽然歧视在广义上可以理解为差别对待,在现代法律上,歧视通常指不合理差别对待,这种不合理对待为法律所禁止。根据对平等和非歧视的一般性理解,拥有平等地位的个人应得到平等的对待。如无正当理由,对地位平等的两个人给予不平等的对待就构成了歧视。[③] 此种歧视为直接歧视,即一个人在与他人处于同等的可比较的情况下,受到不公平的待遇。在直接歧视中,因性别、种族、信仰、残疾等个人无法改变的特征而作出任意的区别对待,歧视的故意和公然表现出的偏见昭然若揭,毫无掩饰。立足于相似之人应获同等对待的原则,直接歧视认定在很大程度上依赖于能否找到合适的参照对

---

① 转引自〔美〕玛莎·A. 弗里曼、〔英〕克莉丝蒂娜·钦金、〔德〕贝亚特·鲁道夫主编:《〈消除对妇女一切形式歧视公约〉评注(上)》,戴瑞君译,社会科学文献出版社 2020 年版,第 72 页。

② 参见〔南非〕桑德拉·弗里德曼:《反歧视法》,杨雅云译,中国法制出版社 2019 年版,第 23—30 页。

③ 参见〔芬〕凯塔琳娜·佛罗斯特尔:《实质平等和非歧视法》,中国—欧盟人权网络秘书处译,载《环球法律评论》2005 年第 1 期。

象。在性别歧视中,因无法找到男性参照对象,英国法院认为,由于男性不可能怀孕,所以女性因怀孕而受到的亏待不属于反性别歧视法的适用范围;美国法院的态度与英国类似。后来,各国法院考虑到怀孕和生病都对雇员的工作能力有所影响,因此将怀孕女性的参照对象选定为生病的男性。但是,在此种情况下,虽然女性可以通过生病的男性这一参照对象主张因怀孕遭受的亏待为性别歧视,但是不仅怀孕因此被打上“不健康”的烙印,而且比照“生病”的处理方式只考虑怀孕对雇员工作的影响,忽视了女员工休产假的社会原因,未能充分反映怀孕的“性别歧视”因素。因此欧美一些国家的立法和司法对直接歧视概念的界定尝试摆脱参照对象的桎梏。鉴于只有女性才会怀孕,因此怀孕歧视本身就是性别歧视,并不需要“参照对象”。2010 年英国《平等法》将怀孕和生育本身视为受保护的特征,而不再要求参照对象。①

与直接歧视相反,间接歧视则是处于不同境况的人被同等地对待,由此导致对某一特殊群体的不公平与不利。② 虽然间接歧视概念的表述方式不尽相同,但都具备三个要素:平等对待;尽管表面上实施了平等对待,但实际上导致了不平等的后果,如果这种平等对待具备合理理由,相应的不平等结果则可能被正当化。③ 在间接歧视中,某项规定、标准或做法看似中立和平等,实际上却将某人或某类人置于极其不利的地位。④ 其挑战那些在某

---

① 参见〔南非〕桑德拉·弗里德曼:《反歧视法》,杨雅云译,中国法制出版社 2019 年版,第 156—167 页。

② 参见 Ronald Craig, Lisa Stearns:《歧视概念的演变和发展》,李薇薇译,载李薇薇、Lisa Stearns 主编:《禁止就业歧视:国际标准和国内实践》,法律出版社 2006 年版,第 31 页。

③ 参见〔南非〕桑德拉·弗里德曼:《反歧视法》,杨雅云译,中国法制出版社 2019 年版,第 168 页。

④ 参见陈静熔:《间接歧视的悖论及其破解》,载《法学家》2007 年第 3 期。

一社会被认为是自然而然的、普遍接受的传统规则和实践,这些规则和实践从表面上看是中性的,对每个人普遍适用、没有明显偏见和敌意,但它们却产生了加重或排斥弱势群体的不利后果。① 性别平等虽然有男女两性平等的基本含义,但性别平等更体现为以男性为参照项的女性和男性平等,性别中立的社会实践在实质上歧视女性,直接歧视概念在处理差别待遇的性别中立标准问题时可能没有效果。间接歧视概念则可以解决这一问题。② 间接歧视概念的提出对于性别平等具有非常重要的意义③,特别是有利于扭转女性因照顾孩子而在职场上的劣势地位④。

(三)平等:法律原则和法律权利

按照通说,宪法上的平等既是一项原则,也是一项权利。⑤ 作为原则,平等属于总则性人权,是适用于人权各范畴的一般性原则,是对应各种人权的基准,广泛适用于各层面,是一种价值理念;作为基本权利,平等权指人的人格价值都是平等的,在法律面前不得因性别、宗教、种族、阶级、党派等不同而受到差别待遇,任

---

① 参见李薇薇:《反歧视法原理》,法律出版社 2012 年版,第 65—72 页。

② 参见〔芬〕凯塔琳娜·佛罗斯特尔:《实质平等和非歧视法》,中国—欧盟人权网络秘书处译,载《环球法律评论》2005 年第 1 期。

③ 国际上间接歧视的概念就是在性别歧视领域内产生和发展起来的。参见陈霞明:《平等权与间接歧视》,载《武汉科技大学学报(社会科学版)》2006 年第 1 期。

④ 参见〔南非〕桑德拉·弗里德曼:《反歧视法》,杨雅云译,中国法制出版社 2019 年版,第 171 页。

⑤ 宪法学界对平等的性质有三种观点:一是否定说,认为平等是宪法上的一项原则而不是具体的权利;二是肯定说,认为平等是一项基本权利,与生命权、自由权、财产权等其他权利具有同等的价值;三是通说,认为平等既是宪法上的一个原则,也是一项基本权利。参见张千帆主编:《宪法学》,法律出版社 2004 年版,第 245 页。

何人不得享有特权,或特别地受到不利益待遇。[1]

宪法之外的法律法规虽然对“法律面前人人平等”的具体规定有所不同,但是平等作为法律原则和法律权利在整个法律体系中被确立。作为平等的组成部分或种类,性别平等既是一项法律原则,也是一项法律权利。对于女性,性别平等在法律上首先表现为“赋权”,即在法律上承认女性与男性具有平等的权利。在此基础上,基于女性在社会中受到的各种不公正待遇和限制,特别是相对于男性所处的劣势社会地位规定特殊法律规则,从而实现性别实质平等。我国宪法和法律不仅规定了性别平等的一般原则,为保障性别的实质平等,还颁布《妇女权益保障法》等专门保护女性的法律规定。就业性别平等和保护女性劳动者的就业权也成为宪法的内容。为实现就业领域的性别平等,法律承认女性与男性具有平等的就业权利,并为保障女性平等就业权利的实现而进行特别规定。

(四)法律适用平等和立法平等

“法律面前人人平等”通常被理解为法律适用的平等,但平等的法律含义不仅包括适用法律平等,也包括立法平等。立法者在规范法律事实及法律后果的抉择上,要遵循宪法保障的平等原则,须进行理智或合理的考量,根据事物的本质,既禁止恣意又符

---

① 参见谢瑞智:《宪法新论》,文笙书局1999年版,转引自张晓明、朱霞:《论平等的法治含义——以就业平等权为例》,载《华南理工大学学报(社会科学版)》2008年第1期。也有学者认为,平等不是一项权利,把平等当作权利来加以对待,这在某种程度上是对平等的贬损。平等作为一种法律上的价值,有利于法律朝着人文、人道的方向迈进;平等作为一项原则,能够通过其原则的指导地位,约束法律对人的不公正。参见胡玉鸿:《平等概念的法理思考》,载《求是学刊》2008年第3期。

合比例原则,来进行区别或相同之对待。[①] 为实现性别平等,法律上承认或规定女性享有同男性一样的法律权利,同时结合女性在社会中相较于男性的弱势地位给予特殊规定,以达到两性在法律上的实质平等。但是这种以平等和特殊相结合的立法,仍然可能走向性别平等的反面。这是由于法律制定者本身可能受到"男权思想"的影响,特别是当立法者中男性居多时,法律规定本身可能已经被"男权思想"所渗透,男女平等的法律原则和法律权利可能体现为"以男性经验及需求为出发点的客观平等原则和法律制度"[②],从而构成"制度歧视"[③]。比如在劳动标准是以"成年男性"为劳动者模版的前提下,即使法律赋予女性平等的就业和升职机会,但是女性要在"男性劳动标准"下从事劳动,对女性而言仍然是一种不平等。

制度歧视并不是与直接歧视和间接歧视并列的歧视概念。表现为"制度歧视"的立法可能表现为直接歧视,如通过立法直接体现性别差异,片面强调"女性弱势"需要保护,从而为女性平等的实现造成新的障碍;也可能表现为间接歧视,立法可能表面上平等对待男性和女性,但是看似中立的立法忽视性别差异,在实际上导致间接歧视女性;两者均不利于性别实质平等的实现。因此,"挑战以男性经验及需求为出发点的'客观'平等原则与法律

---

① 参见张晓明、朱霞:《论平等的法治含义——以就业平等权为例》,载《华南理工大学学报(社会科学版)》2008 年第 1 期。

② Catharine A. Mackinnon, Toward a Feminist Theory of the State, pp. 244-246, 1989,转引自《"麦金农的平等理论:跨国与跨学科观点的对话"研讨会记录》,载《月旦法学杂志》2013 年第 10 期。

③ 刘伯红:《社会性别主流化的概念和特点》,载《现代妇女》2011 年第 1 期。

制度"[①],在立法中引入性别视角和性别平等观念至关重要。

(五)女性权益特殊保护立法的正当性分析

性别差异不构成区别对待的法律规定迈出了性别平等的第一步,但是基于社会、经济、历史、文化等因素,长期形成的"男女有别"使得女性在社会中处于弱势地位。虽然女性保护立法在一定程度上可能表现为对男性的"性别歧视",但是为实现性别的实质平等和结果平等,提高女性社会地位的特殊制度和措施安排具有正当性。

理论上,女性就业的保护立法或政策是基于女性在就业中弱势地位的"纠偏行动"或"特别措施"。由于立法或政策偏袒或优待了女性劳动者,因此对女性的特殊规定在一定程度上构成对男性劳动者的"逆向歧视"或"反向歧视"。对女性劳动者实行特殊保护显然有违形式平等,"但从实质平等观的角度来看,对弱势群体的有意偏袒很可能被视为实现平等的一种手段,并没有侵犯平等权"[②],"令人遗憾的社会现实是,正是女性而不是男性遭受着性别歧视带来的多重劣势","一旦承认这一点,如果认可使男性受到不平等对待的逆向歧视措施在道义上无异于使女性遭受打击的歧视行为这一形式平等观,平等原则真正的社会意义显然就会被架空"。[③]

---

① Catharine A. Mackinnon, Toward a Feminist Theory of the State, pp. 244-246, 1989,转引自《"麦金农的平等理论:跨国与跨学科观点的对话"研讨会记录》,载《月旦法学杂志》2013 年第 10 期。

② 〔南非〕桑德拉·弗里德曼:《反歧视法》,杨雅云译,中国法制出版社 2019 年版,第 220 页。

③ 〔南非〕桑德拉·弗里德曼:《反歧视法》,杨雅云译,中国法制出版社 2019 年版,第 223 页。

欧盟法认为，纠偏行动是非歧视原则适用中的例外情形，其是平等原则的减损，而不是实现实质平等的一种手段，应当受到严格限制。早期的欧盟反性别歧视法已经规定了有必要打破形式平等的禁锢，采取有利于女性的措施，从而实现事实上的平等。1976年的《平等待遇指令》即规定平等待遇原则的落实不得妨碍促进男女机会平等的措施，尤其是消除现有的不平等现象，促进女性与男性享有平等机会的措施。《里斯本条约》中规定"为确保实践中男女在职业生活中完全平等，平等待遇原则不应影响某一成员国维持或采取提供特殊优惠的措施，以便为未获充分尊重的性别从事某项职业活动提供便利，或者防止其在职业生活中处于劣势或对此劣势给予补偿"。2006年《平等待遇重订指令》规定"成员国可以维持或采取《阿姆斯特丹条约》第141条第4款项下的措施，以确保实践中男女在职业生活中完全平等"[①]。

在联合国《消除对妇女一切形式歧视公约》中，女性特殊保护的内容作为"特别措施"，不属于公约中所规定的歧视范围。该公约第4条规定，"缔约各国为加速实现男女事实上的平等而采取的暂行特别措施，不得视为本公约所指的歧视"，"缔约各国为保护母性而采取的特别措施，包括本公约所列各项措施，不得视为歧视"。当然对于特殊规定内容的规定需要用发展的视角，随着社会经济的发展和女性社会地位的变化，应当进行定期的审查、修订或废止。

（六）性别平等视角下的生育保护立法：女性的生育专属和男性的养育分担

1. 生育与性别

生育对于女性就业有着深刻的影响，在一定程度上，就业性

---

① 〔南非〕桑德拉·弗里德曼：《反歧视法》，杨雅云译，中国法制出版社2019年版，第224、228—229页。

别歧视均与生育相关。即使从概念上可以将生理性别和社会性别区分,但在现实中,人们对于性别的认识并不能清晰、完全地区分生理性别和社会性别,即社会现实中性别的认知是生理性别和社会性别的结合体,男女性别的差异既体现为生理差异,也体现为社会差异,并且两者之间相互影响。生育对女性就业的影响即集中体现了生理性别和社会性别之间深刻的相互影响。女性的生育机能来源于女性生理性别,随之而来的因生育产生的母职照顾则不仅是生理性别的体现,更是社会建构。基于母职照顾的合理性而对女性特殊保护立法的理论依据则可能建立在社会性别的刻板印象之上。在“母爱伟大”“育儿神圣”的光环之下,女性劳动者面临工作和家庭选择时会受到社会和家庭的双重压力,即使法律规定女性享有与男性平等的就业机会和就业权利,其仍然会选择“放弃”就业权利,回归家庭。对于个体而言,无论选择就业还是家庭,这种选择如果是女性个人的自主决定,无所谓好与坏;对于女性群体而言,当这一群体成员普遍倾向选择“放弃”时,则有必要审视法律本身的合理性。

2. 生育和女性保护立法

生育一直是阻碍女性劳动者就业的重要因素,构成就业领域女性歧视的主要内容。在承认女性有权参与社会劳动的社会经济背景下,法律对性别就业平等的确认,仅表现为赋予女性劳动者平等的就业机会是不足够的,法律也应对女性劳动者因生育所产生的“弱势地位”给予回应。由于生育是女性的独特生理机能,生育保护根本上仍然是基于女性特殊生理需要而对女性的保护,因此强调“生育”保护而不是“性别”保护仍然具有性别保护立法(女性保护立法)的痕迹。但是,“为实现事实上的平等,规定妇女在生育中的角色,并为妇女这一角色的特殊需求提供必需的特别措施,是合法和必要的"[1]。

从保护生育角度为女性提供特殊保护,不仅有追求性别实质平等的合理性基础,也在一定程度上避免了基于性别本身对女性保护形成的差别待遇而产生的"性别歧视"。生育保护,保护的是"生育",而非"女性",因为"生育的生理方面需要专门的保健、工作场所的特定权利以及额外的营养,而这些对未怀孕的人(包括男人和女人)来说是不需要的。妇女本身在生命的大部分时间里是没有怀孕或产后需求的",因此保护生育的生理方面的措施"是为女性的特殊阶段提供便利的措施"。[2]

联合国《消除对妇女一切形式歧视公约》在消除基于性别对妇女的歧视的同时,对于生育,允许缔约国采取特别措施进行保护。《消除对妇女一切形式歧视公约》不同条款中生育概念的范畴不同。根据该公约的规定,缔约各国为保护母职而采取的特别措施,包括其所列各项措施,不得视为歧视。根据联合国消除对妇女歧视委员会关于该公约内容的法理解读,其所规定的作为特别措施存在的"母性保护"中,母性主要指的是"妇女由其生理决定的与生殖功能相关的长期不变的需要和经历:生育治疗、怀孕、生产、产后生理表现及哺乳",是对女性生理性别需求的承认和保护。

3. 养育与性别平等

女性独有的生殖机能,体现两性的生理性别差异,但养育孩子不仅是母亲的义务。将生育从"生理性别"的怀孕、分娩和产后

---

① 〔美〕玛莎·A. 弗里曼、〔英〕克莉丝蒂娜·钦金、〔德〕贝亚特·鲁道夫主编:《〈消除对妇女一切形式歧视公约〉评注(上)》,戴瑞君译,社会科学文献出版社 2020 年版,第 180—181 页。

② 〔美〕玛莎·A. 弗里曼、〔英〕克莉丝蒂娜·钦金、〔德〕贝亚特·鲁道夫主编:《〈消除对妇女一切形式歧视公约〉评注(上)》,戴瑞君译,社会科学文献出版社 2020 年版,第 180—181 页。

恢复等特殊需求向母性养育的扩展中,生育具有了“社会性别”的色彩,为女性提供生育保护就隐含了性别歧视的因素,并可能进一步强化女性等性别刻板印象,造成对女性更加不利的社会局面。“生殖是新生命的造成,抚育是生活的供养”,因此,养育是父母的共同责任。“人类的抚育是双系的,这是说父母共同向孩子的抚育负责,在家庭中父母是并重的。”[①]而在社会生活中,将育儿作为“母职”,在正面宣扬母职的重要性和母亲在孩子成长中的重要和不可代替的责任时,通过广泛提倡和赞美“母职”,将生育从生理性别差异的“怀孕分娩”扩张到养育子女,将“育儿责任”等同于“母亲责任”,母亲成为家庭养育的主要甚至是唯一的责任者,母亲作为家庭教育的“掌权者”进入“专业化”母职阶段[②],甚至在教育减负、升学压力下形成的教育市场化背景下,母职更是从生活物质养育和家庭教育扩张到“学习教育”,母亲成为教育“经纪人”[③],“为了孩子牺牲自我发展、全心全意投入育儿的全职太太”,“强调做母亲是自主的选择,应该勇于承担责任,抱怨是没有风度的表现”。[④] “丧偶式育儿”社会现象的出现,揭示了家庭生活中“父职”缺位和“全能母亲”的冲突。儿童养育过于强调母职重责,固化了传统性别角色的话语陷阱——一些性别偏见与刻

---

① 费孝通:《乡土中国 生育制度 乡土重建》,商务印书馆2011年版,第149、293页。

② 参见安超:《科学浪潮与养育焦虑:家庭教育的母职中心化和儿童的命运》,载《少年儿童研究》2020年第3期。有研究在分析了中国流行育儿杂志中关于“母职”的话语内容,发现社会舆论正在建构一种理想的母亲形象:遵循育儿专家的指导、花费高昂、以家庭和孩子为重。参见陶艳兰:《流行育儿杂志中的母职再现》,载《妇女研究论丛》2015年第3期。

③ 参见杨可:《母职的经纪人化——教育市场化背景下的母职变迁》,载《妇女研究论丛》2018年第2期。

④ 金一虹:《社会转型中的中国工作母亲》,载《学海》2013年第2期。

板印象被伪装在一个看似中立客观却强制的表示背后。[①]

在这种社会背景下,审视法律中关于"生育"保护的规定,应当警醒相关规定对社会观念的影响,避免因"生育"保护给女性带来的消极后果。在"生育"的掩饰下将生育从怀孕分娩扩张到育儿,这样的立法,不仅损害女性权益,也会对男性权益产生消极影响:一方面,假设母亲天然应该是孩子的照顾者,从而将照顾孩子和母亲责任等同,意味着无论母亲的个人追求为何,都应当将母职工作视为首要职责,包括父亲在内的其他主体,都不能替代母亲首要照顾者的地位,从而束缚女性追求其他社会角色,也限制了包括父亲在内的其他社会主体在儿童照顾工作中的作用,固化传统的社会性别分工;另一方面,其贬低了女性照顾工作的价值,认为照顾工作是女性的天性,对照顾本身不能给予足够的社会承认,从而使女性陷入更为弱势的地位。[②] 因此,引入社会性别视角,在生育保护的法律规定中,应当区分生理性别的"生育"和社会性别的"育儿",将生育保护作为女性保护内容,而育儿则是父母的共同责任。

基于父母在家庭中和在养育子女方面所负任务的社会意义,"养育子女是男女和整个社会的共同责任",为了"实现男女充分的平等需要同时改变男子和妇女在社会上和家庭中的传统任务"[③],联合国《消除对妇女一切形式歧视公约》除从母性角度规定了女性怀孕分娩和产后恢复等特殊保护措施之外,还指出育儿是父母的共同责任。一方面,该公约承认"母性的社会意义",明

---

① 参见郭戈:《"丧偶式育儿"话语中的母职困境与性别焦虑》,载《北京社会科学》2019年第10期。

② 参见金舒衡:《社会福利和母职赋权——基于OECD国家的福利模式分类研究》,载《社会保障评论》2018年第3期。

③ 联合国《消除对妇女一切形式歧视公约》前言。

确“母性保护的特殊措施”包括母亲养育的内容，鼓励妇女整合工作和家庭的特别措施，例如在儿童照顾项目中优先考虑为女职工的子女提供场所，或者为妇女参加额外的课程培训项目发放特殊家庭补贴。这些措施增加了子女年龄较小的妇女参加工作的机会，提升了她们的潜力，可以正当使用。另一方面，该公约“确认教养子女是父母的共同责任”（第5条），要求缔约国应采取措施“鼓励提供必要的辅助性社会服务，特别是通过促进建立和发展托儿设施系统，使父母得以兼顾家庭义务和工作责任并参加公共事务”（第11条），“在有关子女的事务上，作为父母亲有相同的权利和义务”（第16条），从而将妇女的生育保护内容从“生”和“育”两个方面作出区分，以促进和实现性别平等，消除对女性的性别歧视。

在平等就业和保护生育之外，国际劳工组织1981年通过了《有家庭责任的男女工人机会和待遇平等公约》和《有家庭责任的男女工人机会和待遇平等建议书》，要求成员国通过立法让男性承担家庭责任，促进实现就业领域的性别平等。国际劳工标准从向女性劳动者提供生育保护转向为父母共同分担育儿照顾责任、平衡家庭和工作提供保障，体现了就业性别平等立法的新理念。

三、妇女人权和妇女赋权理论

（一）妇女人权的概念分析

1. 人权的含义

人权的含义众说纷纭，可以从政治、经济、社会、文化和法律等不同角度进行解读，不同学科对人权含义的概括也存在区别。“人权的原意是指某种价值观念或道德观念，因而它是一种道德意义上的权利和义务。道德是人们关于善恶、是非、正义与否等的观念、原则、规范。人权就是人们从这些价值、道德观念出发而认为作为个人或群体的人在社会关系中应当有的权利和应当履行的义务。”[1]在道德约束之外，人权也应当是为法律所承认和保护的权利。人权是人们在平等的基础上，依靠法治手段，为实现人的全面自由解放而拥有的利益需要和民主要求。自由是人权的核心要素，表明人权发展的终极理想和目标；平等是人权的形式要件，是争取人权、实现自由的基础；利益是人权的经济内容，利益的合理分配和权力化是推动人权发展的经济根源和动力；民主是人权的政治内核和实现形式，保证人权发展的正确防线；法治是实现人权的保障措施和外部条件。[2]

作为法律权利，人权“是建立在一定社会经济基础之上的而为宪法所确认的公民基本权利和自由”[3]，基本人权在宪法上具有自由权利的特性，人权的实现则需要宪法和法律措施的保护。“人权保障都是由国内法上所确立的具有相互关系和相互作用的宪法和法律权利构成的，其中，所有自然人都一律平等享有的普遍人权居于人权保障的最核心位置。在此基础上人权保障的内涵还在主体性和保障程序以及保障水准方面扩展到宪法所规定的公民的基本权利，宪法所规定的其他形式的宪法权利，行政法上根据一定法定条件设定的行政法上的权利，基于普遍人权和公民的基本权利的要求所产生的法律上的民事权利以及保障各种形式的人权都能够获得有效实现的体现在不同的诉讼程序中的诉权，将宪法所规定的各项权利具体化的其他性质的由立法机关制定的法律所规定的权

---

① 中国社会科学院法学研究所编：《当代人权》，中国社会科学出版社1992年版，第17页，转引自陈驰：《人权概念的法哲学思考》，载《四川师范大学学报（哲学社会科学版）》1999年第2期。

② 参见陈驰：《人权概念的法哲学思考》，载《四川师范大学学报（哲学社会科学版）》1999年第2期。

③ 胡锦光、韩大元：《当代人权保障制度》，中国政法大学出版社1993年版，第3页。

利等。"[①]人权"以法律形式(不论是实体法还是程序法)确认、保护和实现人民大众的基本权利作为目标,更不得妨碍和侵犯人民大众的权利,否则,便不具有合法性"[②]。

联合国《世界人权宣言》《公民权利和政治权利国际公约》和《经济、社会及文化权利国际公约》共同构成了国际人权宪章。根据前述宣言和两个公约的规定,经济、社会及文化权利与公民权利和政治权利应当同时得到承认。[③] 国际人权法将人权发展分为三个阶段,即"三代人权"的观点被较为广泛地接受。早期西方人权的概念突出强调"天赋人权",是"自然法"中的应然权利,首先表现为自由权和生命权,表现为公民权利和政治权利等"消极权利",即第一代人权;经济、社会及文化权利是第二代人权,是"积极权利",1966 年制定的《经济、社会及文化权利国际公约》将经济、社会及文化权利确定为人权的重要组成部分;和平权、集体人权和发展权则属于第三代人权。[④] 随着网络技术、信息技术和人工智能技术的发展,联合国在相关文件中将与互联网相关的权利

---

① 莫纪宏、李岩:《人权概念的制度分析》,载《法学杂志》2005 年第 1 期。

② 关今华、李佳:《人权概念复杂性探析》,载《法律科学(西北政法学院学报)》2007 年第 1 期。

③ 《公民权利和政治权利国际公约》中确认,只有在创造了使人人可以享有其公民和政治权利,正如享有其经济、社会、文化权利一样的条件的情况下,才能实现自由人类享有公民及政治自由和免于恐惧和匮乏的自由的理想;《经济、社会及文化权利国际公约》中确认,唯有创造环境,使人人除享有公民及政治权利而外,并得享受经济社会文化权利,始可实现自由人类享受无所恐惧不虞匮乏之理想。

④ 参见沈宗灵、黄枏森主编:《西方人权学说(下)》,四川人民出版社 1994 年版,第 282 页;叶敏、袁旭阳:《"第三代人权"理论特质浅析》,载《中山大学学报(社会科学版)》1999 年第 4 期;喻权域:《世界人权约法与当前的人权论争》,载《时事报告》1994 年第 12 期。

纳入人权范畴,有学者认为,“数字人权”是“第四代人权”。[1]

人的社会性是人权的主导元素,但以人的自然性为前提;人的自然性也受社会性的影响而有所发展变化。因而应当强调人权的自然性和社会性的统一。[2] 从人的社会性的角度理解人权,为人权找到了一个新的社会基础,也为人民争取人权设置了一个更为现实的范围和界限。对于人的形象的建构是和一定的社会背景直接关联的。对人的形象的理解总是以某种普遍性为基础的,但是这种普遍性是建立在不同的社会背景和社会关系的图景之上的。[3] 1991 年我国发表第一本《中国的人权状况》白皮书明确提出生存权是中国人民长期争取的首要人权,没有生存权,其他一切人权均无从谈起。1995 年《中国人权事业的进展》白皮书,提出“将人民的生存权、发展权摆在首位”。《国家人权行动计划(2012—2015 年)》将各项人权作为相互依存、不可分割的有机整体,促进经济、社会、文化权利与公民权利、政治权利的协调发展。2004 年第十届全国人大第二次会议通过的《宪法修正案》首次将“人权”概念引入宪法,明确规定“国家尊重和保障人权”。我国还同时提出对特定群体的人权予以特殊保护。[4]

---

① 参见马长山:《智慧社会背景下的“第四代人权”及其保障》,载《中国法学》2019 年第 5 期。除数字人权之外,我国也有学者提出了“和谐权”“生态权”等第四代人权的观点。参见徐显明:《和谐权:人权观的新发展》,载《人民日报海外版》2006 年 11 月 17 日;邱本:《论人权的代际划分》,载《辽宁大学学报(哲学社会科学版)》2017 年第 3 期;邱本:《论和谐权的基础》,载《社会科学家》2017 年第 1 期;邱本、翟渊明:《论和谐权的内容和意义》,载《温州大学学报(社会科学版)》2016 年第 4 期;邱本:《人权的新分类和新概括》,载《社会科学家》2015 年第 12 期;莫纪宏:《生物安全法催生第四代人权观》,载《瞭望》2020 年第 9 期。

② 参见郭道晖:《人权的本性与价值位阶》,载《政法论坛》2004 年第 2 期。

③ 参见叶传星:《人权概念的理论分歧解析》,载《法学家》2005 年第 6 期。。

④ 参见常健、殷浩哲:《人权概念的不断丰富和发展——兼论〈世界人权宣言〉的历史意义和中国对人权事业的重要贡献》,载《红旗文稿》2018 年第 22 期。

2. 妇女人权概念的提出及其重要意义

所谓妇女人权,是指妇女作为人所享有或者应当享有的自由、平等和生存发展的权利,是妇女基于固有的人的资格和身份所应当享有的权利。妇女人权是普遍人权的重要组成部分。作为与生俱来的权利,人权不因性别存在差异。但是,人权又是“一定时代作为人所应当具有的,以人的自然属性为基础,社会属性为本质的人的权利”[①]。从人权的社会历史发展过程来看,人权本质上不是“天上”掉下来的自然权利,而是处于弱势的一方同位于强势方“斗争”或“诉求”取得胜利的结果,对弱势者权利和自由的尊重和保障,才能体现人权的本质。[②] 从表面看,“妇女人权”一词似乎自相矛盾或同语反复,因为妇女也是“人”;但从本质上说,女性人权的突出和强调是因为在普遍人权中,更多的是以男性为中心的权利叙事,女性人权被悄然置换或者忽略。千百年来的历史和实践都表明,女性的地位和权利一直处于近乎空白的状态,国家立法、社会制度对男女地位、权利的设置严重失衡,在家庭生活领域,女性总是被侮辱和被损害的对象。因此,妇女人权的提出,蕴藏着巨大的价值意义[③],国际人权概念中的两种不同理论观点各自否定了某些人权,但均不否认人权。[④]

男性和女性存在的生理性别差异是自然选择,本质上没有强弱和优劣之分。“男强女弱”是社会建构中形成的“社会性别”差

---

① 罗玉中、万其刚:《人权与法制》,北京大学出版社 2001 年版,第 6 页。

② 参见关今华、李佳:《人权概念复杂性探析》,载《法律科学(西北政法学院学报)》2007 年第 1 期。

③ 参见陈爱武:《新中国 70 年妇女人权保障之回顾与展望》,载《法律科学(西北政法大学学报)》2019 年第 5 期。

④ 参见黄金荣:《人权膨胀趋势下的人权概念重构——一种国际人权法的视角》,载《浙江社会科学》2018 年第 10 期。

异，是社会观念对性别的塑造，更明确地说，是"男权社会"对性别的塑造。在封建社会，女性成为男性的附属，在社会生活中没有与男性同等的地位。虽然在现代社会，在绝大多数的国家和地区，女性在法律上享有与男性相同的权利，但从历史上分析，女性与男性具有平等的法律地位、享有同等的法律权利是一个缓慢发展、充满斗争的过程。很多在今天看来显而易见的女性权利，是经过长期斗争争取来的。① 在人权概念提出的初始阶段，人权是男性的权利，女性并不被作为享有人权的主体，即使在联合国《世界人权宣言》的起草过程中，草案文本中权利持有人都是男人(men)而不是人(human being)。② 人权作为所有人的权利，就必须摆脱这种性别歧视。

---

① 无论是《独立宣言》还是法国的《人权和公民权利宣言》中的人权均指"男性的人权"，不包括女性在内。女性和一部分男性为争取妇女和男性享有同样的权利斗争了几个世纪，直到第二次世界大战结束后，妇女权利才在国际社会获得了确认和发展。参见朱晓慧：《当代中国国家治理中的妇女权利保障》，载《人权》2019 年第 5 期；陈爱武：《新中国 70 年妇女人权保障之回顾与展望》，载《法律科学(西北政法大学学报)》2019 年第 5 期。

② 最终通过的《世界人权宣言》接受了当时联合国女性代表们的意见，用"human being"代替"men"。1947 年担任联合国妇女地位委员会主席的丹麦的博迪尔·贝格特鲁普主张《世界人权宣言》将统称的"所有人"("all")或"人人"("everyone")而不是男性指称的"所有人"("all men")作为权利持有人。汉萨·梅塔(Hansa Mehta)作为 1947—1948 年间联合国人权委员会的女性代表，主张在《世界人权宣言》第 1 条中将男性指称的"人人('men')生而自由……一律平等"改为统称的"人人('human being')生而自由……一律平等"。1947 年人权委员会妇女地位委员会的报告员，白俄罗斯苏维埃社会主义共和国的叶夫多基娅·乌拉洛娃主张妇女同工同酬。1948 年妇女地位委员会主席，法国的玛丽-埃莱娜·勒福舍主张在《世界人权宣言》第 2 条中提及不基于性别的歧视问题。1948 年印度驻大会第三委员会的代表拉克什米·梅农强烈主张在《世界人权宣言》中重申不得基于性别进行歧视，并在序言中提到"男女平等权利"。参见《影响〈世界人权宣言〉的女性们》，载 https://www.un.org/zh/observances/human-rights-day/women-who-shaped-the-universal-declaration，访问日期：2020 年 8 月 30 日。

在国际上,联合国1993年《维也纳宣言和行动纲领》中首次提出"妇女和女童的人权是普遍性人权当中不可剥夺和不可分割的一个组成部分",并认为"一切人权均为普遍、不可分割、相互依存、相互联系";1994年开罗国际人口与发展会议通过的行动纲领认为"促进性别平等和公平、赋予妇女权利、消除各类针对妇女的暴力行为以及确保妇女能够控制子女的生育是人口与发展相关方案的基石"。1995年《北京宣言》再次呼吁"妇女权利即人权";"妇女并没有要求任何特权,没有要求得到任何特许、特权或福利。妇女所期望的是国际社会能够承认她们也是人类大家庭的一员,与男性拥有同等的权利。她们所呼吁的是结束几个世纪以来其无法平等享有人权的普遍的性别歧视。妇女权利被承认是普遍人权不可剥夺、必不可少和不可分割的一部分"①。

我国早在1949年9月中国人民政治协商会议第一届全体会议通过的具有临时宪法性质的《中国人民政治协商会议共同纲领》第6条就规定"中华人民共和国废除束缚妇女的封建制度。妇女在政治的、经济的、文化教育的、社会的生活各方面,均有与男子平等的权利,实行男女婚姻自由"。中华人民共和国成立后,1950年颁布的《婚姻法》规定了保护女性权利的内容。1954年《宪法》中即规定"妇女有同男子平等的选举权和被选举权","中华人民共和国妇女在政治的、经济的、文化的、社会的和

① 米歇尔·巴切莱特:《纪念〈北京宣言〉和〈行动纲要〉通过25周年、加快履行〈北京宣言〉和〈行动纲要〉相关承诺的高级别小组讨论》,载https://www.ohchr.org/CH/NewsEvents/Pages/DisplayNews.aspx?NewsID=25607&LangID=C,访问日期:2020年8月30日。

家庭的生活各方面享有同男子平等的权利”。根据1982年《宪法》[①]第34、48条的规定，中华人民共和国年满十八周岁的公民，不分性别都有选举权和被选举权；中华人民共和国妇女在政治的、经济的、文化的、社会的和家庭的生活等各方面享有同男子平等的权利；国家保护妇女的权利和利益，实行男女同工同酬，培养和选拔妇女干部。1992年我国通过了《妇女权益保障法》[②]，规定妇女在政治的、经济的、文化的、社会的和家庭的生活等各方面享有同男子平等的权利。实行男女平等是国家的基本国策。国家采取必要措施，逐步完善保障妇女权益的各项制度，消除对妇女一切形式的歧视。国家保护妇女依法享有的特殊权益，禁止歧视、虐待、遗弃、残害妇女。“妇女的权利是人权的论断”经由1995年在北京召开的第四次世界妇女大会而传播开来。

（二）性别平等和妇女人权

性别平等是一项基本人权，也是充分发挥人类潜力、推动可持续发展并最终实现和平社会的重要环节。按照女性主义中的

---

① 1982年12月4日第五届全国人民代表大会第五次会议通过，1982年12月4日全国人民代表大会公告公布施行。1988年4月12日第七届全国人民代表大会第一次会议通过的《中华人民共和国宪法修正案》、1993年3月29日第八届全国人民代表大会第一次会议通过的《中华人民共和国宪法修正案》、1999年3月15日第九届全国人民代表大会第二次会议通过的《中华人民共和国宪法修正案》、2004年3月14日第十届全国人民代表大会第二次会议通过的《中华人民共和国宪法修正案》和2018年3月11日第十三届全国人民代表大会第一次会议通过的《中华人民共和国宪法修正案》对1982年《宪法》进行了修正。

② 1992年4月3日第七届全国人民代表大会第五次会议通过，根据2005年8月28日第十届全国人民代表大会常务委员会第十七次会议《关于修改〈中华人民共和国妇女权益保障法〉的决定》第一次修正；根据2018年10月26日第十三届全国人民代表大会常务委员会第六次会议《关于修改〈中华人民共和国野生动物保护法〉等十五部法律的决定》第二次修正。

支配论观点，男女平等应当是一种新的以性别差异为基础，把男女平等看成在承认个体独特性的前提下，女性与男性的具体的平等，女性争取的不是“平等”权，而是自主权。自主意味着一种根据自己的意愿、愿望来选择是接受某些规范还是拒绝它们，它所强调的是一种创造规范的权利。[①] 性别平等不仅是女性的追求目标，男性应当和女性一起“努力实现性别平等，拥抱健康的、相互尊重的关系”[②]。

不歧视与男女平等是国际人权法的核心原则。性别平等是人权的论断在联合国人权国际公约和相关文件中不断被重申。《联合国宪章》声明“重申基本人权，人格尊严与价值，以及男女与大小各国平等权利之信念”。《世界人权宣言》和《公民权利和政治权利国际公约》《经济、社会及文化权利国际公约》均规定人人享有的各项人权不因性别而有任何区别。联合国《消除对妇女一切形式歧视公约》规定，“对妇女的歧视”一词指基于性别而作的任何区别、排斥或限制其影响或其目的均足以妨碍或否认妇女（不论已婚未婚）在男女平等的基础上认识、享有或行使在政治、经济、社会、文化、公民或任何其他方面的人权和基本自由。

《消除对妇女一切形式歧视公约》要求成员国应将男女平等原则列入本国宪法或其他法律，以法律或其他适当方法保证实现这项原则，并通过立法或其他措施，禁止对女性的一切歧视。对于性别平等的规定，该公约超越了《世界人权宣言》和《公民权利和政治权利国际公约》《经济、社会及文化权利国际公约》等人权公约和相关文件中已有的“法律面前人人平等”和“法律给予平等

---

① 参见岳世平：《女权主义性别平等观的差异论与支配论之争》，载《兰州学刊》2006 年第 12 期。

② 《性别平等：为何重要》，载 https://www.un.org/sustainabledevelopment/zh/wp-content/uploads/sites/6/2016/10/Chinese_Why_it_Matters_5.pdf，访问日期：2020 年 8 月 30 日。

保护”的内容,要求完全的实质平等,或妇女事实上充分享有其权利。《消除对妇女一切形式歧视公约》要求成员国制定、通过和执行国家法律框架必须采用全面的基于权利的方针,全面述及所有国家义务,包括:①尊重权利,废除和消除直接或间接歧视妇女的法律或其他国家行动;②保护权利,尽职行事,确保国家或非国家行为方都不侵犯妇女权利并确保就侵犯行为提供补救;③实现权利,确保法律和配套政策包含全面措施,保证这些法律和政策得到有意义的执行并对增强妇女权能产生影响。《消除对妇女一切形式歧视公约》规定的国家义务范围要求采取积极措施,在法律和法律适用中消除男权主义观念和成见,在这些观念和成见形成的环境中,对妇女的歧视得到容忍,成为常态。《消除对妇女一切形式歧视公约》要求采取多管齐下的战略推动社会变革,而不仅仅是采取孤立行动,增加妇女利用现有制度的机会。作为发展良好做法的一个重要步骤,各国有义务建立强有力的法律基础设施,支持妇女在法律上和事实上的平等。《消除对妇女一切形式歧视公约》特别规定了临时特别措施,为实行矫正歧视的积极措施打开了道路,通过法律手段建立平等。《消除对妇女一切形式歧视公约》第 4 条规定:“1.缔约各国为加速实现男女事实上的平等而采取的暂行特别措施,不得视为本公约所指的歧视,亦不得因此导致维持不平等或分别的标准;这些措施应在男女机会和待遇平等的目的达到之后,停止采用。2.缔约各国为保护母性而采取的特别措施,包括本公约所列各项措施,不得视为歧视。”在关于男女权利平等问题的 2000 年《第 28 号一般性意见:第三条(男女权利平等)》中,人权事务委员会解释说,缔约国不仅必须消除平等障碍,而且还必须履行采取积极措施以确保平等的义务,该意见第 5 条明确指出“缔约国应保证传统、历史、宗教或文化态度不被用作借口,侵犯妇女在法律面前平等的权利和平等享受所有《公约》(指《消除对妇女一切形式歧视公约》——笔者注)权利的权利”。

权利平等的法律规定是通向性别平等道路上重要的第一步,但法律仅规定男女享有同样的权利对于为妇女提供一个与男性相同的生存条件还是不够的。妇女依然受到了来自社会、经济、文化等方面的结构性歧视,由于这种结构性歧视的存在,使得妇女在今天的公共和经济生活中所处地位依然远逊于男性。① 因此,作为人权的性别平等既应赋予女性平等的法律地位,无差别保护两性人权,也应当对女性实行特殊的保护,实现性别的结果平等。

(三)作为妇女人权的工作权

1. 工作权的含义:国际和我国的比较分析

在人权中,工作权属于经济权的内容,属于第二代人权。《世界人权宣言》中规定,人人有权工作,自由选择职业、享受公正和合适的工作条件并享受免于失业的保障;人人有同工同酬的权利,不受任何歧视;每一个工作的人,有权享受公正和合适的报酬,保证使他本人和家属有符合人的尊严的生活条件,必要时并辅以其他方式的社会保障;人人有为维护其利益而组织和参加工会的权利;人人有享有休息和闲暇的权利,包括工作时间有合理限制和定期带薪休假的权利。《经济、社会及文化权利国际公约》中对工作权的规定秉承了《世界人权宣言》的精神,在规定缔约国承认包括人人应有机会凭其自由选择和接受的工作谋生的一般工作权的同时,规定人人有权享受公正和良好的工作条件、组织

① 参见〔德〕多丽丝·柯尼希:《妇女权利是人权还是其他权利——〈联合国消除对妇女一切形式歧视公约〉(CEDAW)》,载南京大学—哥廷根大学中德法学研究所编:《中德法学论坛》(第4辑),南京大学出版2006年版,第116页。

工会的权利和参加其所选择工会的权利等与工作权有关的集体劳动权利、合理的休息休假权利和社会保障权利。从以上内容可以发现,国际人权法中的工作权,指有权工作(rightto work)。

国际公约的施行有赖于公约成员国国内立法保障。我国作为《经济、社会及文化权利国际公约》的成员国,应当通过国内立法保障公约规定的工作权的实现。

我国法律规定中除使用“工作权”的概念外,还同时存在与上述国际人权法中的“工作权”或“有权工作”的含义相同或类似的“劳动权”和“就业权”概念。“工作权”或“劳动权”“就业权”有时会出现在同一部法律规定之中,但概念之间的区别和联系并没有在法律规定中予以明确。在比较研究或研究中引用国际公约所使用的中文翻译时,“劳动权”“就业权”和“工作权”经常混用,并没有特别区分,因此,有必要对公约中的“工作权”和我国法学语境中的相关概念进行辨析。

在我国的法学语境中,宪法和劳动法中都规定了“劳动权”。从宪法和劳动法两者之间的关系来定性劳动权,一般认为宪法是规定劳动权的基本法律,这是宪法作为基本法律所决定的,作为宪法权利的劳动权还需要通过劳动法加以具体化。“如果说公民享有‘劳动权利’乃是一种宪法权利的话,那么,劳动权则是劳动法对公民作为劳动者在劳资关系领域中享有的特定权利的具体规定”,“劳动法上的劳动权则是公民在享有宪法上劳动权利的前提下所产生的特定权利,是劳动法对公民所享有的宪法权利的具体化和制度化”[①];“如果说公民享有劳动权乃是一种宪法权利的话,那么,劳动权则是劳动法对公民作为劳动者在劳资关系领域中享有的特定权利的具体规定。宪法是规定和保障劳动权的基

① 秦国荣:《劳动权的权利属性及其内涵》,载《环球法律评论》2010 年第 1 期。

本法律,但公民的劳动基本权利必须通过劳动法加以具体化,才能保障实现”[1]。虽然宪法学界和劳动法学界都承认宪法学上的劳动权和劳动法学中的劳动权含义并不等同,但不可否认,宪法学界对劳动权的界定受到了劳动法学定义的影响[2],通常也会从劳动能力、就业机会和劳动报酬入手,认为“宪法视域下的劳动权是指宪法规定的有关取得和选择工作的权利及获取劳动报酬的权利”[3]或“劳动权是具有劳动能力的公民获得有保障的工作并按照劳动的数量和质量取得报酬的权利”[4]。有研究直接借用了劳动法中劳动权利的分类划分宪法中的劳动权。[5]

在规定劳动权时,《宪法》条文中分别出现了劳动和就业的概念,“中华人民共和国公民有劳动的权利和义务”,“国家通过各种途径,创造劳动就业条件,加强劳动保护,改善劳动条件”,“国家对就业前的公民进行必要的劳动就业训练”。在将劳动解读为“劳动就业”,即需要存在一个“单位”,劳动者向该单位提供劳动的同时,宪法中的“劳动”含义还可以从广义上理解。

有研究认为宪法意义上的劳动可以界定为一种人们创造物质财富、精神财富或者秩序、公平、安全等公共价值,以及提供其他有价值的社会服务的活动。由此将宪法中“劳动”的外延从“就

---

① 谢振东:《劳动权的人权属性研究》,载《南京航空航天大学学报(社会科学版)》2012 年第 3 期。

② 参见王德志:《论我国宪法劳动权的理论建构》,载《中国法学》2014 年第3 期。

③ 项贤国:《宪法视阈下的劳动权及其法律保障机制研究》,载《中国劳动关系学院学报》2013 年第 3 期。

④ 金福海、杨飞:《宪法劳动权之重新解释》,载《山西大学学报(哲学社会科学版)》2002 年第 3 期。

⑤ 劳动权分为个体劳动权和集体劳动权,个体劳动权即工作权,集体劳动权是劳动基本权。参见王锴:《论我国宪法上的劳动权与劳动义务》,载《法学家》2008 年第 4 期。

业”扩张到“营业”,即宪法中的“劳动”既包括雇佣劳动关系下的契约性和从属性劳动,也包括个体经营活动或者农民在自己承包土地上的生产活动。因此,宪法劳动权不仅表现为就业权,即进行从属性劳动的权利,又发展出营业自由,即独立性和主动性劳动的选择自由。随着劳动的形式由“就业”扩展到“营业”,职业选择的内容由就业选择扩展到营业选择,劳动权的内容也随之由“就业权”扩展到“营业自由”,认为“营业”不仅就是劳动的一种形式,解决了创业者本人的就业问题,而且营业的发展还带动着另一种劳动形式,即“就业”的发展。因此在宪法理论层面,也需要把营业自由纳入宪法劳动权的保障范围,大力破除为非公有经济发展设置的种种禁区,为营业自由的发展提供更加广阔的空间。[①] 这种观点将“劳动”与“劳动就业”区分,突破劳动法中“劳动关系”对劳动权的限制具有积极意义。但是如何区分“营业权”和“劳动权”,特别是区分提供劳动获取报酬和投资收入之间的关系,在现有的以“就业”为基础的“劳动权”法律保护体系下,如何对“营业性的劳动权利”进行保护需要深入研究。由于宪法中公民的社会保障权利,因此,有研究认为,在社会主义市场经济条件下,劳动权应解释为“有劳动能力和劳动愿望的公民自谋职业不成时可要求国家提供劳动就业机会,如不可能时国家应提供其基本生活保障的权利”[②]。

从劳动法角度界定劳动权,有研究认为,劳动权与工作权同

① 参见王德志:《论我国宪法劳动权的理论建构》,载《中国法学》2014 年第3 期。

② 金福海、杨飞:《宪法劳动权之重新解释》,载《山西大学学报(哲学社会科学版)》2002 年第 3 期。

义,包括就业权,或以就业权为核心。[①] 而此时的就业权往往是指劳动者以获取劳动报酬为目的依法享有的平等就业和选择职业的权利,范围涉及职业获得权、自由择业权和平等就业权。[②] 从我国现行劳动法律规定出发,在劳动法范围内讨论劳动权,无论是认为劳动权等同于工作权,包括就业权;还是从狭义理解劳动权并认为劳动权等同于就业权,均受到法律所调整的"劳动关系"范围的限制:劳动权、工作权和就业权限定在与用人单位建立劳动关系的劳动者所享有。

从上述分析可知,在我国,无论是宪法还是劳动法中的"劳动权""工作权"还是就业权,其含义和外延都与国际公约中的"工作权"存在差异。在广义解读"劳动"后,我国宪法中的"劳动权"包括了"自由营业权",显然超出了《世界人权宣言》和《经济、社会及文化权利国际公约》中建立和存续"雇佣关系"的工作权。国际劳工组织认为,作为一个被世界各国广泛使用的法律概念,雇佣关系是指一名被称为"雇员"的个人和与该"雇员"在一定条件下为其工作并获得报酬的一名"雇主"之间的关系;雇佣关系一直是并将继续是工人(worker)赖以在劳动法和社会保障领域获得与就业相关的权利和利益的主要载体。而我国劳动法中的劳动关系虽然与国际劳工组织所述的"雇佣关系"大体相当,但是受到我国劳动法所调整的"劳动关系"范围的限制,工作权的主体范围要小于国际公约的范围。一方面,根据单位的性质和劳动者身份,我国劳动者和单位之

① 参见李炳安:《公民劳动权初论》,载《湖北师范学院学报(哲学社会科学版)》2004 年第 1 期;许建宇:《劳动权的位阶与权利(力)冲突》,载《浙江大学学报(人文社会科学版)》2005 年第 1 期。

② 参见叶静漪、魏倩:《〈经济、社会和文化权利公约〉与劳动权的保护》,载《北京大学学报(哲学社会科学版)》2004 年第 2 期;谢宝富、刘庆志:《比较视阈下的劳动权谱系》,载《国家行政学院学报》2009 年第 3 期。

间的关系分别受公务员法和劳动法调整。受公务员法调整的国家机关工作人员是具有公务员编制的人员;国家机关和事业单位内有事业单位编制的人员依法参照公务员管理或按照国家关于事业单位工作人员的专门规定享有相应的权利,履行相应的义务。在国家机关和事业单位从业的具有编制的人员,仍然是劳动者。在国家机关、事业单位工作也属于"就业",具有宪法所规定的"劳动权",具体规定这种劳动权的则是公务员法或有关事业单位工作人员的专门规定。国际劳工标准和国际人权公约中"有权工作"或"工作权"的主体包括政府雇员和非营利性社会组织的雇员,其在特殊规定之外,受到"雇佣关系"一般法律的调整。另一方面,即使将工作权限定为我国劳动法所调整的劳动关系中的劳动者所有,其主体范围也仍然具有局限性。我国现行劳动法律规定以传统的标准劳动关系为模版,无法囊括因劳动力市场变化所产生的新型就业模式所形成的劳动者和单位之间的关系。因网络形成的远程就业、经济依附型就业、三角雇佣等新型就业关系中的劳动者,其劳动权利在现行劳动法中并没有作出明确的规定。在认识到"劳动力市场的深刻变化,导致产生的新型的关系并不总是符合雇佣关系的条件要求,使越来越多的劳动者就业身份变得不明确。雇佣关系的法律范围和工作关系的现实不再完全一致,导致应该被劳动和就业法律保护的劳动者没有受到事实上或法律上的保护"①的情况下,国际劳工组织在标准雇佣关系之外,持续关注"非正规经济"中的就业和"三角雇佣""隐蔽雇佣",并先后通过国际劳工公约或建议书对这些通过灵活用工模式就业的劳动者权益给予保护,即承认了以上劳动者的"工作权"。

---

① 2006年第九十五届国际劳工大会报告五:《雇佣关系》,载 https://www.ilo.org/public/english/standards/relm/ilc/ilc95/pdf/rep-v-1.pdf,访问日期:2020年12月30日。

2. 妇女工作权的承认与保护

根据《世界人权宣言》《社会、经济及文化权利国际公约》和《消除对妇女一切形式歧视公约》的规定，劳动领域内妇女人权是以工作权为基础和核心的一组权利。作为妇女人权的工作权，首先表现为平等的工作权。在性别平等原则的指导下，国际人权立法中均明确男女享有平等的工作权。《世界人权宣言》第23条规定"人人有权工作、自由选择职业、享受公正和合适的工作条件并享受免于失业的保障"，"人人有同工同酬的权利，不受任何歧视"。《经济、社会及文化权利国际公约》要求公约缔约国"确认人人有工作之权利，包括人人应有机会凭本人自由选择或接受之工作谋生之权利"；《消除对妇女一切形式歧视公约》规定缔约国应采取一切适当措施，消除在就业方面对妇女的歧视，以保证她们在男女平等基础上享有相同的权利。为追求性别实质平等，承认女性在劳动领域的弱势地位，国际人权法在规定工作权性别平等之外，还对妇女的工作权作出进一步明确或特殊规定。《经济、社会及文化权利国际公约》特别要求缔约国要保证男女相同的工作条件、同工同酬和同等的职业升迁机会；有工作的妇女在分娩期间享有带薪休假或有适当社会保障福利金的休假的权利。《消除对妇女一切形式歧视公约》明确规定妇女不因结婚或生育而受工作歧视，具体包括：①禁止以怀孕或产假为理由予以解雇，以及以婚姻状况为理由予以解雇的歧视，违反规定者得受处分；②实施带薪产假或具有同等社会福利的产假，不丧失原有工作、年资或社会津贴；③鼓励提供必要的辅助性社会服务，特别是通过促进建立和发展托儿设施系统，使父母得以兼顾家庭义务和工作责任并参与公共事务；④对于怀孕期间从事确实有害于健康的工作的妇女，给予特别保护。上述国际人权法中关于妇女工作权的保护内容在我国法律规定中均有体现。我国《劳动法》《劳动合同法》和《就业促进法》中均规定了就业性别平等和女性劳动者保护的内容。为保护女性劳动者的劳动权益,促进女性劳动者就业,除上述法律规定之外,国务院还发布了女性劳动者劳动保护的特别规定。[①]

在女性劳动者平等劳动权利和生育保护之外,立法还应当特别关注劳动力市场的发展变化,特别是灵活就业给工作权(劳动权)带来的冲击。作为劳动者,女性就业途径同样随着劳动力市场变化,并且相比于男性,在劳动力市场通过非标准劳动关系从业的女性人数更多。新型就业形式的出现对基于劳动关系所建立的劳动保护法律框架的根本挑战在于:是通过改变劳动关系构成条件,将所有就业形式下的关系纳入劳动关系的法律保护范围,还是对就业形式进行区分,对标准劳动关系之外的就业形式下的劳动者建立特定的劳动权利保护规则,这种规则参照劳动关系内的劳动者保护标准,但又与之不完全相同。但无论最终立法采用以上哪种形式,或是在以上两种选择之外建立另外的调整模式,劳动权利平等和对女性劳动权益保护的特殊规定均不能局限在现行法律规定的劳动关系范围之内,法律应当对新型用工模式下妇女劳动权的保护作出回应。

(四)法律赋权:妇女人权保护的过程和目标

1. 赋权的概念解读

(1)社会学视域中的赋权

自美国学者所罗门(Solomon)1976年提出赋权理论以来,赋权理论逐渐成为国际社会通行的社会工作理论与方法。所罗门

---

① 1988年国务院即发布了《女职工劳动保护规定》;1990年劳动部发布了《女职工禁忌劳动范围的规定》。2012年国务院发布了《女职工劳动保护特别规定》(《女职工劳动保护规定》随之失效),在对女职工禁忌劳动范围进行完善的基础上,将《女职工禁忌从事的劳动范围》作为《女职工劳动保护特别规定》的附录。

定义的“赋权”是指社会工作者与当事人一起参与的一种活动,活动的目的旨在减少被“标签化”为弱势群体的物权感。但社会学界对“赋权”的概念多有争议,主要分歧在于赋权是一种主观心理状态还是一种可以测量的客观存在。有学者认为,赋权是对生活控制的参与、动机以及个人对控制功效的感知,强调控制效能的内心感知是赋权定义的核心组成部分。与此不同,有学者认为,个人对自尊、成就与权力的主观感知必须要结合对资源的权力与控制才能判断其所蕴含的意义。作为一种行动性概念,学者们则认为“赋权”是一个过程,是个人、组织或团体获得控制生活能力的一种机制。从总体上看,赋权不只是获得社会福利的权利,还包括激发当事人改变不利社会地位的内在动力,修复缺损了的社会功能,然后通过社会政策扶助,使得当事人具有控制生活能力的信念并重新回归社会生活。① 从以上赋权的概念可以发现,赋权是对“弱势群体”赋权。相对于男性,女性也处于弱势地位,因此,女性赋权当然包含在“赋权”理论研究和社会实践之中。

(2)赋权的法学阐释

相较于社会学对“赋权”理论和“女性赋权”的关注,“赋权”并没有引起法学界的重视,尽管有学者从赋权角度探讨女性权益的法律保护,但是法学领域女性赋权的研究仍然欠缺。作为反对歧视、实现平等的一种机制,赋权本身包括法律赋权,无论是被赋权的群体或个人对权利的自身认可,还是确保这种实现平等的外在社会政策措施和机制得到顺利开展,抑或所有社会成员承认这种赋权过程的合理性和正当性,被赋权的群体和个人的权益最终得到实现都不可避免地需要法律的认可和实施,需要这种强制性

---

① 参见孙奎立:《“赋权”理论及其本土化社会工作实践制约因素分析》,载《东岳论丛》2015年第8期。

的社会规则保驾护航。

作为外来词汇，中文的“赋权”一词来自英文的“empowerment”。对于赋权的法律含义，学者们有不同的理解，总结起来可分为三种情况：“赋予权力”“赋予权利”或“赋予权力和赋予权利”。尽管观点不同，但学者们一般认为，国家和政府有“赋权责任”，即国家通过立法的形式为特定群体增权，政府则通过政策提升弱势群体的能力。[①] 从 empower/empowerment 的英文原意来看，“赋权”既包括“权力”也包括“权利”。[②] 因此，法律赋权包括“赋予权力”和“赋予权利”，前者体现为通过立法授权给国家机关或社会组织[③]，后者则主要是授权给某些社会群体或个人[④]。

---

① 参见王义：《“赋权增能”：社会组织成长路径的逻辑解析》，载《行政论坛》2016 年第 6 期；钟裕民：《公民问责权及其实现——以增权理论为视角》，载《广东行政学院学报》2011 年第 4 期；赵海林、金钊：《充权：弱势群体社会支持的新视角——基于青少年社区矫正的研究》，载《山东社会科学》2006 年第 2 期；孙奎立：《“赋权”理论及其本土化社会工作实践制约因素分析》，载《东岳论丛》2015 年第 8 期。

② “Power”在英语中既有操纵（control）的含义，也有能力（ability）的含义。“操纵”的含义是指一种控制、影响或操纵人或事的能力（the ability to control people or things）或者是统治权、政权（politicalcontrol of a country or an area）；能力的含义则是指人的能力、机会[（in people）the ability or opportunity to do things]或某种能力（a particular ability of the body or mind）或体力、智力（all the abilities of a person's body or mind）。“Empower”则是授权（to give sb.the power or authority to do sth.）或者增加某人的自主权（to give sb.more control over their own life or the situation they are in）；“Empowerment”的含义为“让个人掌握自己的命运”（the empowerment of the individual）。参见《牛津高阶英汉双解词典》（第 9 版），商务印书馆 2018 年版，第 696、1659—1660 页。

③ 参见许俊伦：《论赋权立法与授权立法》，载《法律科学（西北政法学院学报）》1992 年第 6 期；金怡：《“限权”与“赋权”——从警察检查公民住所谈起》，载《北京人民警察学院学报》2009 年第 2 期；魏虹：《赋权与规制：我国检察机关撤回起诉制度之构建》，载《法律科学（西北政法大学学报）》2011 年第 6 期。

④ 参见郭道晖：《对行政许可是“赋权”行为的质疑——关于享有与行使权利的一点法理思考》，载《法学》1997 年第 11 期；徐强胜：《赋权型的现代企业法》，载《河南省政法管理干部学院学报》2007 年第 4 期。

"法律赋权"是"赋权"不可缺少的内在组成部分,2001 年亚洲开发银行在《法律赋权:促进善治与减贫》的报告中指出,法律赋权作为一个过程,它主要通过教育和行动的结合来促进弱势群体运用法律以增强对自己生活控制的能力。作为一个目标,法律赋权强调弱势群体运用法律增强了对自己生活控制后的实际成就。两者间的区别是重要的,因为即使目标尚未实现,法律赋权的过程仍然可以继续。2008 年联合国对穷人法律赋能委员会在其名为《让法律为每一个人服务》的报告中,将法律赋权定义为"法律赋权是使穷人受到保护并运用法律来推动其在国家和市场中的权利和利益的过程。它包括穷人实现其全部权利、通过公众支持、自身努力以及支持者和更广泛的网络来获取机会"。运用建立在国家和相关背景基础上的方式,在国家和地方上进行法律赋权。可见,法律赋权是"以法律为工具,以权利促进为基本工作领域,以广泛参与为主要特征的、面向弱势群体和边缘人群的法律制定和实施工作"①。

2. 女性赋权概念的提出和理论发展

20 世纪 80 年代女性赋权或妇女赋权概念在国际上出现,1994 年国际人口与发展大会正式提出。② 1995 年第四次世界妇女大会通过的《行动纲要》特别明确"赋予所有妇女权利"。联合国《妇女和赋权:参与和决策》中认为,因为平等要求的不见成效,以及第三世界女权主义的著作和民间组织的活动,兴起了"赋权妇女"这一新的观念。赋权妇女,实际上是一个过程,而不是一个可以给予的东西。赋权妇女,可以看作是几个内在相关的和互相增援的因素

① 甘霆浩:《法律赋权:理论、经验及其中国可能》,载《学术探索》2017 年第 10 期。

② 女性赋权,women empowerment,我国有学者将其翻译为"女性增权",参见李强、许松:《走向增权的妇女发展——西方妇女增权理论研究述评》,载《南京人口管理干部学院学报》2010 年第 3 期。

持续过程[①],是女性能支配自己的生活,制定自己的生活议程,获得技能,建立信心,解决问题,能够自立;它不仅是集体的、社会的、政治的过程,而且还是个人的过程,其他人不能给女性赋权,只有女性才能给自己赋权,代表自己进行选择和发言[②]。从国际经验来看,女性赋权是解决女性从属地位、社会性别不平等现象的有效方法。在社会性别主流化的社会背景下,女性赋权不仅需要国家法律和政策的认可,更需要过程的保障,实现对特定目标和结果的追求,女性在关乎其人生重大事务上应当并能够进行自主决策和实施,这不仅需要女性享有权利,更需要这种权利实际实现,即机会平等(有机会参与制度资源)、有资格和能力参与(有权利并有实现权利的能力)和最终目标的实现(性别平等、权益维护)。[③]

3. 女性赋权的法律阐释

女性赋权,在法律层面,首先表现为法律规定国家机关和社会组织对促进性别平等、保护女性权益权力的承认和认可,即通过立法规定国家机关和社会组织保护女性权益、实现性别平等的职权与职责;通过立法承认和认可女性平等的法律地位和各项权利[④];其次表现为通过法律体系和法律制度的完善使得性别平等

---

① 参见冯媛:《"赋权"、"权能"或"引爆"——求解"Women Employment"》,载《妇女研究论丛》1996 年第 1 期。

② "在国际劳工组织成员中提高社会性别主流化能力"中国项目组:《提高社会性别主流化能力指导手册》,中国社会出版社 2004 年版,第 11 页。

③ 参见郭夏娟、杨麒君:《平等参与协商与女性赋权:过程与结果》,载《浙江社会科学》2016 年第 9 期。

④ "我们需要制定法律并予以落实,那些赋予妇女平等及其平等享有资源和机会的法律。我们需要废除那些歧视妇女和限制其机会的法律。我们需要全面代表男性和女性的法律。妇女将不仅视为摆设而是能够与男性一道全面和平等参与的角色。我们还需要采取更多努力来解决家中无偿护理工作不均衡的问题,支持男性和父亲与其女性伴侣更加平等地分享工作。"载 https://www.ohchr.org/CH/NewsEvents/Pages/DisplayNews.aspx?NewsID=16195&LangID=C,访问日期:2020 年 8 月 28 日。

得以实现,女性权益得到保护;最后女性赋权需要法律的宣传、教育和培训,让法律规定走向社会现实。

女性赋权的法律含义还可以从女性自身权利的实现和外在支持两个方面分析。女性自身权利的实现是指在法律承认平等社会地位和相应权利后,女性个人充分、全面并实质了解和知晓自身的权利和维权途径,在社会生活中通过自己的行动实现权利,享有平等的机会和结果;外在支持包括国家机关保护女性的职责履行和社会组织对女性个人的帮助,如政府通过制定相应的政策措施促进女性权益保护,社会组织为女性提供包括法律援助在内的各种支持。我国不仅在各级政府设立专门的机构负责女性权益保障,全国和地方各级妇女联合会作为女性群团组织依法取得代表和维护妇女权利的资格和地位,在妇女联合会之外,其他社会组织也是女性赋权的社会支持来源。①

---

① 参见郑广怀、黄全仙:《工伤女工的赋权策略——基于T机构的个案研究》,载《社会工作》2019年第3期;许怡:《社会服务走向赋权还是去权?——赋权视角下对两类劳工服务组织的比较研究》,载《华东理工大学学报(社会科学版)》2014年第1期;吕佳龄:《"偶然"还是"必然"?——从青年劳工维权者的从业路径看草根维权力量的兴起》,载《青年研究》2009年第3期;陈树强:《增权:社会工作理论与实践的新视角》,载《社会学研究》2003年第5期。

第二章
女性劳动者保护立法：制度的形成、发展和反思

给予女性平等的法律地位是形式平等的体现，鉴于女性的弱势地位，法律对女性保护作出特殊规定则是实质平等的要求。尽管具体的法律规定中强调形式平等还是实质平等有所不同，但就整体法律制度而言，现代社会立法不仅应体现形式平等，也应追求实质平等，这是共识。就性别平等立法而言，在赋予女性平等法律地位和法律权利的同时，对女性权益进行特殊保护，在国际和各国国内立法中均被广泛承认。我国女性劳动者权益保护立法可以分为两个部分：一是性别中立或性别平等①的立法。这部

① 性别平等和男女平等的概念在法律规定中均被使用，但是在全国人民代表大会及其常务委员会通过的法律中更多使用男女平等的概念，如《民法典》《村民委员会组织法》《妇女权益保障法》《地方各级人民代表大会和地方各级人民政府组织法》和《劳动法》中均使用的是男女平等而不是性别平等；性别平等在行政法规中使用更为常见。通常情况下，性别平等与男女平等同义，但是严格区分的话，性别平等的内涵和外延比男女平等广泛一些，包括男女两性之外的性少数群体。男女平等概念在立法中最早出现在1950年的《婚姻法》中，“男女权利平等”主要体现在婚姻家庭领域，但是该法中明确规定了“夫妻双方均有选择职业、参加工作和参加社会活动的自由”，在一定程度上体现出就业领域男女平等的要求。

分立法从性别平等出发,对男女均适用,在很多情形下还特别指出赋予女性平等的劳动权利,如《劳动法》中对劳动者权利的规定,当然适用于女性劳动者。《劳动法》中也特别明确,妇女享有与男子平等的就业权利;另外,明确禁止性别歧视法律条文也可以看作这种立法的表现形式,如《劳动法》中明确规定劳动者就业,不因性别而受歧视,“不得以性别为由拒绝录用妇女或者提高对妇女的录用标准”等。二是对女性劳动者的特殊立法。这部分立法是女性劳动者权益保护中受到更为广泛关注的内容,是性别实质平等的立法表现。如《劳动法》中专章规定女职工的特殊保护;国务院发布的专门保护女性劳动者的权利的《女职工劳动保护特别规定》;等等。

一、女性劳动者保护的立法概况:历史与现状

平等保护和特别保护一直贯穿于我国女性劳动者保护立法之中,一方面,法律明确规定男女在就业领域享有平等的权利;另一方面,根据女性劳动者的生理特征,女性劳动者特殊保护的内容在劳动法律中占据重要的地位,甚至在一定程度上,论及女性劳动者保护也主要是指女性劳动者的特殊保护。但显然,女性劳动者保护的内涵和外延要大于女性劳动者特殊保护。在计划经济时期,劳动就业实行的是“统招统分”的计划式用工模式,包括企业在内的用人单位没有用人自主权,进入劳动力市场的新生劳动力由国家统一分配到各用人单位,成为“固定工”。在这一用工模式下,劳动者无法脱离用人单位,用人单位也不能解雇劳动者,通常情况下,双方的关系从劳动者被国家分配到用人单位从

事劳动之日起，直至劳动者生命终止。[①] 在计划经济体制下，企业并非独立经营的市场主体，“统购统销”的计划生产经营模式使得企业自身没有经营成本压力；与此同时，包括企业在内的用人单位多举办了本单位的托儿所、幼儿园，缓解了父母特别是作为母亲的女性劳动者的育儿压力。因此，在计划经济时期，男女就业的不平等现象表现得并不明显，在此期间的女性劳动者保护立法主要涉及怀孕、分娩和女性产后恢复等生育保护的内容。随着计划经济向社会主义市场经济的转型，劳动力市场逐步建立与发展，作为市场竞争主体的企业在拥有了用人自主权的同时，也在人力成本的压力之下开始对劳动者进行选择。国有企业（计划经济下的全民所有制企业）逐步剥离托儿所、幼儿园等社会设施，非国有企业也没有设立这些社会设施的外在和内在动力；劳动力市场中女性劳动者的弱势地位逐步凸显，就业性别平等，用人单位不得因怀孕、生育等原因和女性劳动者解除劳动合同或在招聘中对求职者的性别作出不合理限制等内容在法律规定中出现并逐步完善。

（一）妇女权益保护基本立法

1992 年 4 月 3 日，第七届全国人民代表大会第五次会议通过《妇女权益保障法》。作为妇女权益保障的基本法，该法贯彻男女平等和对妇女权益实行特殊保护的原则，规定妇女在政治的、经济的、文化的、社会的和家庭的生活等方面享有与男子平等权利的同时，明确“国家保护妇女依法享有的特殊权益”，并设立专章专门规定了妇女的劳动权益。具体而言，《妇女权益保障法》一方

---

① 计划经济时期，养老保险等社会保险制度并不存在，劳动者达到退休年龄办理退休后，成为本单位的“退休职工”，从该单位领取退休金。计划经济时期也存在劳动者离开原单位到另一单位工作的情况，其与市场经济条件下的劳动者辞职后，再和其他用人单位建立劳动关系的情形不同，履行的是调转手续。

面规定就业性别平等，要求各单位在录用职工时，除不符合妇女的工种或者岗位外，不得以性别为由拒绝录用妇女或者提高对妇女的录用标准；任何单位不得以结婚、怀孕、产假、哺乳等为由，辞退女职工或者单方解除劳动合同；另一方面规定了就业领域妇女权益的特殊保护内容。根据规定，任何单位均应根据妇女的特点，依法保护妇女在工作和劳动时的安全和健康，不得安排不适合妇女从事的工作和劳动；妇女在经期、孕期、产期、哺乳期受特殊保护。

2005 年《妇女权益保障法》进行修正，在基本保留以上内容的基础上，将“男女平等是国家的基本国策”写入法律，作为履行我国政府在 1995 年联合国第四次妇女大会上对国际社会“把男女平等作为促进我国社会发展的一项基本国策”的承诺，并规定“国家采取必要措施，逐步完善保障妇女权益的各项制度，消除对妇女一切形式的歧视”。在以上修正内容之外，《妇女权益保障法》将第四章标题从“劳动权益”修改为“劳动和社会保障权益”，并对劳动权益保护内容进行了修正和完善，增加了妇女社会保障权益的条文，规定“各单位在录用女职工时，应当依法与其签订劳动（聘用）合同或者服务协议，劳动（聘用）合同或者服务协议中不得规定限制女职工结婚、生育的内容”，“任何单位不得因结婚、怀孕、产假、哺乳等情形，降低女职工的工资”，“各单位在执行国家退休制度时，不得以性别为由歧视妇女”，“国家推行生育保险制度，建立健全与生育相关的其他保障制度”。2018 年《妇女权益保障法》进行第二次修正，以上内容均予以保留。

（二）劳动法律规定的发展变化

劳动法中对女性劳动者权益的保护同样分为两个部分：一是从性别平等出发，防止和消除就业领域对女性的性别歧视；二是针对女性的特殊生理机能，提供特殊保护。不仅《劳动法》《劳动合同法》《就业促进法》等劳动领域的综合性立法中有保护女性权益的条款，国家还对女性劳动者权益保护进行了专门立法。

1951年2月26日，政务院发布的《劳动保险条例》中就规定了女性劳动者生育保障的内容。按照该条例的规定，女工人与女职员生育期间有权休产假，产假期间工资照发，并由劳动保险基金发放生育补助费等生育待遇。1988年7月21日，国务院发布了《女职工劳动保护规定》，尽管其主要内容是对减少和解决女性劳动者在劳动和工作中因生理特点造成的特殊困难的“特殊保护”，但“凡适合妇女从事劳动的单位，不得拒绝招收女职工”的条文内容则充分体现了“男女就业平等”的理念。《女职工劳动保护规定》在规定了女职工经期、孕期、产期和哺乳期的“四期”保护之外，还要求女职工比较多的单位应当按照国家有关规定，以自办或者联办的形式，逐步建立女职工卫生室、孕妇休息室、哺乳室、托儿所、幼儿园等设施，并妥善解决女职工在生理卫生、哺乳、照料婴儿方面的困难。1990年1月18日，劳动部发布了《女职工禁忌劳动范围的规定》，规定了女职工和女职工特殊生理期间（“四期”）禁忌从事的劳动范围。1993年11月26日，卫生部、劳动部、人事部、全国总工会、全国妇联联合颁发《女职工保健工作规定》，规定了女职工和女职工特殊生理期间保护的内容。

1994年7月5日通过的《劳动法》在贯彻性别平等原则、规定妇女享有与男子平等的就业权利的同时，专章规定了女职工特殊保护。《女职工劳动保护规定》中的“四期”保护内容写入了《劳动法》。按照《劳动法》的规定，国家对女职工实行的特殊保护包括对女职工劳动强度进行限制和实行女职工“四期”保护等内容。2009年和2018年《劳动法》的两次修正中，以上内容均没有变化。2000年12月8日，劳动和社会保障部发布《劳动力市场管理规定》，要求用人单位在招用职工时，除国家规定不适合从事的工种或者岗位外,不得以性别为由拒绝录用或者提高录用标准。2007年6月29日通过的《劳动合同法》中规定,女职工在孕期、产期和哺乳期的,用人单位不能无过失性辞退女职工和对女职工经济性裁员。女职工在孕期、产期和哺乳期内劳动合同到期的,劳动合同应当顺延至以上期限结束之时。2007年8月30日颁布的《就业促进法》中同样贯彻了性别就业平等的原则,规定妇女平等就业权利受到国家保障,劳动者就业不因性别而受歧视,国家保障妇女享有与男子平等的劳动权利。用人单位招用人员,除国家规定的不适合妇女的工种或者岗位外,不得以性别为由拒绝录用妇女或者提高对妇女的录用标准;用人单位录用女职工,不得在劳动合同中规定限制女职工结婚、生育的内容;劳动者可以因就业歧视向法院提起诉讼。2007年11月5日劳动和社会保障部发布《就业服务与就业管理规定》中重申了《就业促进法》中关于男女就业平等的内容。2012年4月28日国务院发布了《女职工劳动保护特别规定》,整合、修改和完善了《女职工劳动保护规定》和《女职工禁忌劳动范围的规定》中的相关内容,增加了工作场所性骚扰防治的内容,规定"在劳动场所,用人单位应当预防和制止对女职工的性骚扰"。2020年12月18日人力资源和社会保障部发布《网络招聘服务管理规定》,要求用人单位向人力资源服务机构提供的招聘信息应当合法、真实,不得含有性别歧视性内容。

二、平等与不平等:法定退休年龄性别差异的反思

女性退休年龄标准低于男性,这一法定标准最初是为了保护女性劳动者权益提出的。"在一定历史时期,国家基于经济比较落后和生产力水平不高的客观情况,考虑到两性不同的生理特

点，在政策上对女性进行倾斜。女性早于男性退休，可以从繁重的劳动中解脱出来，一定程度上起到照顾和保护女性的作用。”[①]在计划经济时代，女性退休年龄早于男性并没有对女性就业造成太大的影响，同时无论是劳动者的劳动报酬还是退休后的经济待遇，均通过其所在单位由国家财政负责，退休年龄的性别差异所导致的经济待遇差别也并不明显。在大部分企业为生产型企业，机械化、自动化水平尚处于初级阶段的产业格局对劳动者体力要求较高的社会环境下，相对于男性而言，女性的体力较弱，因此女性早于男性退休能够被广大劳动者所接受。而随着企业用工机制的改革和社会保险制度的建立，女性退休年龄低于男性的弊端逐渐显现，并成为社会关注的焦点问题之一。退休年龄低使得女性劳动者的就业和升职的可能性降低，并且在一定程度上影响到女性劳动者的劳动报酬水平；退休年龄低也意味着养老保险个人账户的缴费年限少，从而影响到女性的退休待遇。随着科技发展和产业调整，大量体力劳动的劳动强度逐步降低，男女体力差异对劳动就业的影响也发生了变化。另外，退休年龄除因性别存在差异之外，在女性劳动者群体内部也有所不同。计划经济体制下的干部和工人身份的差异延续至今，表现为公务员和劳动关系劳动者的身份差异，导致女性劳动者内部退休年龄还存在“身份二元制”。随着群体保护和个体需求的性别平等理论的发展和社会对性别平等观念的变化，以保护女性权益为出发点的退休年龄性别差异，可能造成对女性的“制度性歧视”，其“特殊保护”的现实合理性，需要重新审视。

---

① 张慧强：《对我国男女不同龄退休政策的社会性别分析》，载《中华女子学院学报》2012年第6期。

（一）乱象：女性劳动者退休年龄法律规定的检视

1. 退休年龄法律规定的性别差异

早在20世纪50年代的立法中就明确规定了男女不同的退休年龄。1951年2月26日，政务院通过的《劳动保险条例》中规定，男工人和男职员年满60岁，一般工龄已满25年，本企业工龄已满10年；女工人和女职员年满50岁，一般工龄已满20年，本企业工龄已满10年，由劳动保险基金付给养老补助费，如因该企业工作需要，并经本人同意，继续工作的，在工资之外，每月付给在职养老补助费。井下矿工或低温、高温及从事其他有害身体健康工作的男工人、男职员为年满55岁，女工人与女职员为年满45岁，均得享受养老补助待遇。1955年12月29日，国务院发布《国家机关工作人员退休处理暂行办法》规定，在国家机关工作的男子退休年龄为60岁，女子退休年龄为55岁。1950年代的退休年龄标准的性别差异在后来的立法中得以延续。

目前劳动者退休的年龄标准主要的法律依据是1978年5月24日通过的国务院《关于工人退休、退职的暂行办法》和国务院《关于安置老弱病残干部的暂行办法》。根据这两个办法的规定，企业、事业单位和党政机关、社会团体中的工人，退休年龄标准为：连续工龄满10年的情形下，男年满60周岁，女年满50周岁；从事井下、高空、高温、特别繁重体力劳动或者其他有害身体健康的工作，男年满55周岁，女年满45周岁；党政机关、群众团体、企业、事业单位的干部退休年龄标准是参加工作年限满10年的条件下，男年满60周岁，女年满55周岁。在这一标准之外，我国还先后对特殊情形下退休年龄的延长作出了规定，如1983年9月12日发布的国务院《关于高级专家离休退休若干问题的暂行规定》中所规定的高级专家经有关机关批准，可延长至65周岁或

70 周岁，该规定对于延长的退休年龄标准没有区分性别，统一适用。1983 年 9 月 12 日发布的国务院《关于延长部分骨干教师、医生、科技人员退休年龄的通知》中又作出了性别区分，规定延长后的退休年龄，女性最长不得超过 60 周岁、男性最长不得超过 65 周岁。2015 年 2 月 4 日发布的国务院办公厅《关于院士等杰出高级专家退休年龄问题的通知》中确定的中国科学院院士、中国工程院院士等杰出高级专家等退休年龄没有性别差异，无论男女一般为年满 70 周岁，确因国家重大项目特殊需要，最多可延长至 75 周岁。2015 年 2 月 16 日发布的中共中央组织部、人力资源和社会保障部《关于机关事业单位县处级女干部和具有高级职称的女性专业技术人员退休年龄问题的通知》中规定，党政机关、人民团体中的正、副县处级及相应职务层次的女干部，事业单位中担任党务、行政管理工作的相当于正、副处级的女干部和具有高级职称的女性专业技术人员，年满 60 周岁退休，本人申请的，可以在年满 55 周岁时自愿退休。

2. 女性劳动者退休年龄的身份差异

从上述法律规定可以发现，无论是一般标准还是特殊情形，女性劳动者退休年龄的法定标准不仅整体上早于男性，在女性劳动者内部，还存在身份差异，女职工要早于女干部和女性专业技术人员。即使在近期的关于退休年龄的特殊规定中，某些女性劳动者可以和男性同龄退休，但是这些延长退休年龄的女性劳动者局限在特定群体范围内，仅惠及一定级别的女干部和女性专业技术人员，既没有从根本上解决退休年龄的性别歧视问题，又进一步凸显了女性群体内部的身份歧视。

女性劳动者退休年龄的身份差异在计划经济时期表现为干部和工人/职工的身份差异。在当时的历史环境下，女干部和女职工/女工人的身份差异存在于包括国家机关、事业单位和企业在内的所有用人单位。在现阶段,这种身份的不同所导致的女性群体退休年龄差异,主要体现为两种情形:一是体现为有公务员编制和事业单位工作人员编制的女性劳动者和与国家机关、事业单位签订劳动合同的女性劳动者退休年龄的差异。按照《公务员法》《劳动法》《劳动合同法》和有关事业单位管理的法律规定,我国国家机关和事业单位内部的工作人员分为三种:行政编制内的公务员、参照公务员管理的事业编制工作人员和与国家机关、事业单位签订劳动合同的劳动者。在国家机关和事业单位工作的女性劳动者按照其不同的身份,实行不同的退休年龄标准。二是体现为和企业建立劳动关系的女性劳动者的身份差异。由于劳动合同制度的实行,理论上无论与劳动者建立劳动关系的企业是国有企业还是非国有企业,无论女性劳动者在企业内部具体的工作岗位如何,女性劳动者应当具有同等的法律地位,均是与企业签订劳动合同的劳动者,退休年龄应当统一。但是实际情况却并非如此,企业中的女性劳动者退休年龄仍然具有身份差异。这种差异可称为企业劳动关系的身份差异,具体又可分为两种情形:一是国有企业内部劳动者身份的差异;二是国有企业和非国有企业劳动者身份的差异。

1978 年国家发布前述涉及退休年龄的两个规定时,经济体制改革刚刚起步,当时的国营企业仍然实行的是计划用工制度,劳动者仍然存在干部和工人的身份差异,因此国营企业中的女性劳动者因为身份的不同,退休年龄也不相同。[①] 伴随着国营企业的改革,国营企业开始实行劳动合同制。在部分地区试行的基础上,1983 年 2 月 22 日发布的劳动人事部《关于积极试行劳动合同制的通知》,明确劳动合同制作为打破用工制度的“铁饭碗”“大

---

① 参见 1986 年 7 月 12 日国务院发布的《国营企业招用工人暂行规定》。

锅饭”的改革措施，适用范围包括全民所有制单位和区、县以上集体所有制单位的所有工种（普通工种和技术工种）。[①] 1986 年 7 月 12 日，国务院发布《国营企业实行劳动合同制暂行规定》，在原来计划用工模式下的固定工人之外，国营企业开始招用劳动合同制工人。1992 年 2 月 25 日发布的劳动部《关于扩大试行全员劳动合同制的通知》，劳动合同制试行的企业范围除国营大中型企业和新建国营企业之外，要求其他有条件的企业也要积极试行；企业内部，企业干部、固定工人、劳动合同制工人和其他工人均在试行全员劳动合同制范围之内。虽然该通知中规定试点企业的工人和干部均应与企业签订劳动合同，要打破干部、工人身份的界限，但是干部和工人的身份差异仍然被保留[②]，职工退休按其现工作岗位国家规定的年限和条件执行[③]。1993 年 7 月 5 日，劳动部办公厅转发深圳市《关于企业取消干部、工人身份界限，实行全员劳动合同制若干问题的意见》，供各地和国务院有关部门的劳动人事行政部门参考。深圳市的意见中明确，实行全员合同制企业中的现有所有职工（包括干部、固定工、合同制工、临时工）和新增职工均要打破现有身份界限，和企业签订劳动合同，确立劳动关系。1994 年 5 月 26 日，劳动部办公厅给湖北省劳动厅《关于企业全员劳动合同制职工退休退职问题的复函》中，将 1992 年下发

---

① 这种合同制工人仍是劳动计划内的用工，此时的劳动合同在性质上不同于我国用工模式市场化改革后的劳动合同。

② 劳动部《关于扩大试行全员劳动合同制的通知》（1992 年）规定：试点企业的工人和干部均应与企业签订劳动（聘任）合同，要打破干部、工人身份的界限，做到能上能下，择优聘任。工人可以被聘任为干部，干部落聘也可以当工人。聘任干部要在确定劳动关系的前提下明确岗位职责。被聘任到干部岗位的人员，享受干部岗位（职务）的政治、经济待遇。落聘干部到什么岗位，就享受什么岗位的待遇。

③ 参见劳动部《关于试行全员劳动合同制有关问题处理意见的通知》（1992 年）。

的《关于试行全员合同制有关问题处理意见的通知》中"企业试行全员实行劳动合同制后,职工需要办理退休、退职手续的,按其现工作岗位国家规定的年限和条件执行"解释为"企业实行全员劳动合同制后,职工不再保留原固定身份。如原身份是干部,现到工人岗位工作的,按工人的退休、退职条件执行;原身份是工人,现到管理岗位工作的,按干部的退休、退职条件执行"。

1994年7月5日《劳动法》颁布,规定在中国境内的所有企业和与之形成劳动关系的劳动者适用本法,该法所规定的劳动合同条款应当适用于其调整范围内的所有企业。1994年8月24日发布的劳动部《关于全面实行劳动合同制的通知》,要求各地按照《劳动法》的规定,在全体职工中推行劳动合同制。1994年9月5日劳动部发布的《关于〈劳动法〉若干条文的说明》中,对《劳动法》第2条中的"企业"解释为"从事产品主产、流通或服务性活动等实行独立经济核算的经济单位,包括各种所有制类型的企业,如工厂、农场、公司等"。在1995年8月4日劳动部发布的《关于贯彻执行〈中华人民共和国劳动法〉若干问题的意见》中,明确劳动法规定的用人单位内的全体职工统称为劳动者,在同一用人单位内,各种不同身份界限随之打破,用人单位应该按照劳动法的规定,通过签订劳动合同来明确劳动者的工作内容、岗位等。用人单位全部职工实行劳动合同制度后,职工在用人单位内由转制前的原工人岗位转为原干部(技术)岗位或由原干部(技术)岗位转为原工人岗位,其退休年龄和条件,按现岗位国家规定执行。

回顾劳动合同制度在我国产生和发展的历史过程和《劳动法》对劳动合同的规定可以发现,劳动合同制的实施虽然以打破劳动者身份为目标,但在一定程度上又承认了企业中劳动者身份的差异继续存在,而这种身份差异也导致劳动者退休退职的标准仍然不同,这种不同直接影响到女性劳动者退休年龄标准的确定。对于男性而言,无论岗位如何,退休年龄是统一的,而女性劳动者的退休年龄因岗位不同而不同。从《劳动法》颁布时的社会背景和劳动合同制的推行情况分析,劳动者的身份变化,特指当时国有企业转制改革中劳动者身份的变化,因此相关规定应该具有过渡性,在过渡期后,企业中女性劳动者的退休年龄应当统一。遗憾的是,时至今日,身份不同导致的退休年龄差异仍然存在。

女性劳动者身份的差异在国有企业内部仍然存在。虽然按照相关的企业改革政策,"政企分开"是国有企业的改革方向,完善劳动合同制度,打破职工的"干部"和"工人"身份界限是国有企业改革的重要内容之一[①],但是由"干部"和"工人"身份转化而来的"管理岗"和"工人岗"的岗位管理产生的新"身份"差别不仅被承认,更是被不断强化。2001 年 3 月 13 日,国家经贸委、人事部、劳动保障部联合发布《关于深化国有企业内部人事、劳动、分配制度改革的意见》,奠定了国有企业岗位管理的基调。根据规定,企业虽然取消了行政级别,不再套用国家机关的行政级别,管理人员不再享有国家机关干部的行政级别待遇,传统的"干部"和"工人"之间的界限被打破,但是随之而来的是肯定了"变身份管

---

① 1999 年 9 月 22 日通过的中共中央《关于国有企业改革和发展若干重大问题的决定》中指出,"政企分开"是国有企业改革和发展的指导方针之一,建立和完善现代企业制度,对国有大中型企业实行规范的公司制改革,完善劳动合同制。2000 年 9 月 28 日,国务院办公厅转发经国务院同意国家经贸委起草的《国有大中型企业建立现代企业制度和加强管理的基本规范(试行)》(适用于国有及国有控股大中型工业企业,其他行业的国有及国有控股大中型企业参照执行)中规定,"取消企业行政级别。企业不再套用党政机关的行政级别,也不再比照党政机关干部的行政级别确定企业经营管理者的待遇","全面实行劳动合同制度",依照《劳动法》的规定,"企业与职工通过平等协商签订劳动合同,确定劳动关系","改革人事制度",打破"干部"和"工人"的身份界限。

理为岗位管理”的合理性。在管理岗位工作的人员即为管理人员,即企业内部担任各级行政领导职务的人员、各职能管理机构的工作人员以及各生产经营单位中专职从事管理工作的人员。管理人员之外才是职工,对于职工“规范劳动合同制度”,“企业职工中不再有全民固定工、集体工、合同工等身份界限”。从这一意见对管理岗和工人岗规定的具体内容来看,管理岗和工人岗的劳动者仍然是不同的“身份”,是“干部”和“工人”身份的另一种表现形式。[①] 结合在劳动合同制推动过程中,国务院劳动行政部门关于劳动者退休的态度,女性劳动者管理岗和工人岗的退休年龄按照原“干部”和“工人”的年龄标准实行,在劳动合同制度下,国有企业内部女性劳动者的退休年龄仍然存在身份差别,只不过这种身份差别转化为“管理岗人员”和“职工”,劳动用工制度改革和劳动合同制度推行的目的之一即是实现劳动者的平等,而对于女性劳动者身份的不平等在退休年龄上并没有改变。

与国有企业劳动合同制度建立和发展的过程不同,非国有企业从建立之初就没有固定工,统一实行劳动合同用工制度,企业与招用的劳动者之间建立劳动合同关系[②],不涉及企业内部劳动

---

① 2015年8月24日发布的中共中央、国务院《关于深化国有企业改革的指导意见》中区分了国有企业领导人员、各类管理人员和员工。企业的用工管理“以合同管理为核心、以岗位管理为基础”,“各类管理人员能上能下、员工能进能出”。

② 1988年6月25日国务院发布的《私营企业暂行条例》中规定,私营企业和招用的劳动者之间签订劳动合同。1980年7月26日国务院发布的《中外合资经营企业劳动管理规定》中规定,合营企业职工的雇用、解雇和辞职,生产和工作任务,工资和奖惩,工作时间和假期,劳动保险和生活福利,劳动保护,劳动纪律等事项,通过订立劳动合同加以规定。1986年4月12日通过的《外资企业法》第12条规定:“外资企业雇用中国职工应当依法签定合同,并在合同中订明雇用、解雇、报酬、福利、劳动保护、劳动保险等事项。”1988年4月13日通过的《中外合作经营企业法》第13条规定:“合作企业职工的录用、辞退、报酬、福利、劳动保护、劳动保险等事项,应当依法通过订立合同加以规定。”

者的身份转化问题，国有企业中女性劳动者退休年龄岗位差异的规定并不必然适用于非国有企业[①]。但是非国有企业中的劳动者也是在不同岗位工作，是否需要和国有企业一样确定岗位性质，区分女性劳动者的退休年龄？现行法律并没有明确。因此，女性劳动者退休年龄也存在“国有企业员工”和“非国有企业员工”的身份差异。

随着社会保险制度的建立和完善，当退休年龄成为享受养老保险待遇的条件时，女性劳动者退休年龄标准进一步复杂化。1997 年 7 月 16 日发布的国务院《关于建立统一的企业职工基本养老保险制度的决定》，标志着我国企业职工基本养老保险制度的全面建立，劳动者退休成为享受养老保险待遇的条件。随后，企业职工基本养老保险制度也逐步覆盖了个体工商户和灵活就业人员。2001 年 12 月 22 日劳动和社会保障部发布的《关于完善城镇职工基本养老保险政策有关问题的通知》中规定，城镇个体工商户等自谋职业者以及采取灵活方式就业等人员，可以参加城镇职工养老保险，女性年满 55 周岁时，累计缴费年限满 15 年的，可按规定领取养老金。比照企业女性劳动者的退休年龄标准，那么城镇个体工商户和灵活就业人员中的女性的退休年龄为 55 周岁。年满 55 周岁是企业中“管理岗”女性劳动者的退休年龄，从劳动内容来看，自谋职业者和灵活就业人员更接近于女工人而不是女管理者，该通知中关于领取养老保险金年龄的规定进

---

① 《公司法》对高级管理人员的责权利作出了规定。所谓高级管理人员是指公司的经理、副经理、财务负责人，上市公司董事会秘书和公司章程规定的其他人员。《公司法》适用于包括国有公司在内的所有中国境内的公司，关于高级管理人员的规定自然也对国有公司适用，但是《公司法》中的高级管理人员是否为国有企业中的“管理岗”工作人员，仍存疑惑。与高级管理人员相对应，公司中还有普通（非高级/低级）管理人员，这些管理人员是否为“管理岗”工作人员亦不确定。

一步增加了女性退休年龄的复杂性。退休年龄的性别差异引发的问题逐渐被社会所关注,但是迄今为止,女性劳动者的退休年龄仍然处于“混乱”之中。[①]

由于男女性别差异,以“女性身体机能弱于男性”需要保护为出发点,在退休年龄上区分性别确立标准,直接表现为对女性的歧视;而女性因身份产生的退休年龄差异,是上述出发点的“升华版”,即劳动一线的工人需要更多的体力付出,相对而言,管理岗(干部)对身体条件要求稍弱,因此女性可以从事劳动的时间更长,现行法律和政策中女性劳动者退休年龄的不同虽然以身份差异为表象,在本质上仍然是性别歧视。另外,这种基于身份的退休年龄差异为女性劳动者所独有,一定程度上也造成了女性群体内部的“分裂”。

(二)退休年龄的性别差异对女性劳动者权益的影响

《妇女权益保障法》第 27 条第 2 款规定:“各单位在执行国家退休制度时,不得以性别为由歧视妇女。”这一条文表面上看是关于男女退休平等的规定,但是“执行国家退休制度”的条件限制,表明这仍然是性别区别对待,退休年龄规定存在性别差异。从上文分析可知,退休年龄与终止劳动关系和享受养老保险待遇之间具有紧密的联系。因此,退休年龄的性别差异,更确切地

---

① 司法实践中也出现了因女性退休年龄的岗位差异引发的劳动争议。法院认可了女性退休年龄的岗位差异的相关政策的合法性,认为女性劳动者的退休年龄“应当按照其身份性质确定还是按照申报退休时的岗位性质确定”,而岗位性质的确定属于企业的劳动管理权,“对于职工退休时工作岗位性质属于管理或技术岗位还是操作、生产或服务岗位,已办理内退的情况如何处理等,则要结合企业内部岗位分类管理文件和职工档案等综合认定,属于企业的用工自主管理权范畴”。在一定程度上退休年龄的岗位争议转化为劳动规章制度的合法性判断。参见最高人民法院(2017)最高法行申 8303 号行政裁定书。

说，女性退休年龄早于男性，对女性劳动者的就业和养老保险待遇均产生了消极影响。

1. 退休年龄和劳动关系、养老保险待遇之间的关系

退休年龄的规定产生于计划经济时期。彼时，企业职工养老保险制度尚未确立。劳动者达到退休年龄在本单位办理退休手续，退休后也仍然在本单位领取退休金，退休年龄仅引起劳动者在本单位的身份变化；企业职工养老保险制度建立之后，劳动者退休后和原用人单位之间不再有法律上的劳动合同关系，转而由社会保险经办机构发放养老保险金，退休年龄标准关系到劳动关系的终止和养老保险金的领取，以退休年龄为界限，劳动者和用人单位之间的劳动关系，转为退休劳动者（养老保险金领取者）和养老保险经办机构之间的关系。

根据现行有关退休、劳动合同和养老保险的法律规定，大致可以理出如下的逻辑链：达到退休年龄——办理退休手续——享受养老保险待遇——终止劳动关系。退休年龄是这一逻辑链条中的关键性因素。1994 年《劳动法》从法律上确认了我国劳动合同制和社会保险改革的成果，“固定工”制度成为历史，用人单位和劳动者之间的关系由劳动合同约定，退休成为劳动者依法享受养老保险待遇的法定情形。2007 年《劳动合同法》中将劳动合同终止和享受养老保险待遇联系起来，规定劳动者开始依法享受基本养老保险待遇的，劳动合同终止。[①] 2008 年《劳动合同法实施条例》中规定“劳动者达到法定退休年龄的，劳动合同终止”，与《劳动合同法》的规定不同。《劳动合同法》和《劳动合同法实施条例》的不同规定，在一定程度上揭示了达到退休年龄、享受养老

① 2012 年 12 月 28 日《劳动合同法》进行修正，修正后的《劳动合同法》中该规定内容没有变化。

保险待遇之间的时间差:达到退休年龄不一定能够享受养老保险待遇。

2010 年 10 月 28 日颁布的《社会保险法》将达到退休年龄规定为享受养老保险待遇的条件之一,而没有提及“退出劳动领域”或“劳动合同终止”等条件内容。按照达到退休年龄——办理退休手续——享受养老保险待遇这一时间顺序,《劳动合同法》中将享受养老保险待遇作为劳动合同的终止情形有利于保护劳动者权益,劳动者在劳动关系存续期间领取劳动报酬和劳动关系终止后领取养老保险金在时间上能够“无缝对接”。由于办理退休手续和领取养老保险金之间存在时间差,按照《劳动合同法实施条例》中劳动合同因达到退休年龄而终止,则可能在时间上出现“待遇的真空地带”。2020 年 12 月 29 日公布的最高人民法院《关于审理劳动争议案件适用法律问题的解释(一)》第 32 条第 1 款规定:“用人单位与其招用的已经依法享受养老保险待遇或者领取退休金的人员发生用工争议而提起诉讼的,人民法院应当按劳务关系处理。”对于已达退休年龄的劳动者,“虽然《劳动合同法实施条例》赋予了用人单位在劳动者已达法定退休年龄时享有对劳动关系的终止权,但该终止权的行使,并不意味着用人单位与已达法定退休年龄的员工形成的劳动关系,在劳动者已达法定退休年龄时就自动终止”,“如双方对此发生争议,应是劳动争议纠纷,属于劳动法调整的范围”。[①] 由此,法院对达到退休年龄的劳动者与用人单位之间关系性质的态度回归到《劳动合同法》的规定。

2. 退休年龄:性别歧视、年龄歧视和身份歧视

女性退休年龄早于男性,意味着在其他因素不变的情况

---

① 杜万华、王林清:《〈关于审理劳动争议案件适用法律若干问题的解释(三)〉的理解与适用》,载《人民司法(应用)》2010 年第 19 期。

下，女性的就业年限少于男性，这一退休年龄的差异在女性就业的性别歧视之外，叠加了年龄歧视；不同身份的女性劳动者不同的退休年龄标准，又在性别歧视、年龄歧视之外造成了身份歧视。

女性退休年龄早于男性，对于女性从求职到退休的就业过程均产生了消极影响。由于女性早于男性退休，相应的对于所谓“大龄”或“高龄”劳动者的年龄也有了性别差异。这种区别对待在相关法律文件中也有所表现，如在有关法律或政策确定的就业困难人群年龄线中，男性一般为 50 周岁，女性为 40 周岁，即通常所说的“4050 人员”。[1] 即使女性能够和用人单位建立劳动关系，在劳动关系存续期间，限于女性更早的退休年龄，在同龄的情况下，男性比女性更容易获得晋升，女性劳动者在职务晋升中会

---

[1] 参见国务院《关于进一步加强就业再就业工作的通知》（2005 年 11 月 4 日发布）；劳动和社会保障部《关于贯彻落实〈国务院关于进一步加强就业再就业工作的通知〉的通知》（2005 年 11 月 15 日发布）。《就业促进法》中规定的就业困难人员是指因身体状况、技能水平、家庭因素、失去土地等原因难以实现就业，以及连续失业一定时间仍未能实现就业等人员。就业困难人员的具体范围，由省、自治区、直辖市人民政府根据本行政区域的实际情况规定。多地省级文件中规定的就业困难人员的具体范围中，女性 40 周岁以上，男性 50 周岁以上成为就业困难人员的年龄界限。参见《湖北省就业促进条例》（2020 年修正）；《山东省就业促进条例》（2016 年修正）；《山西省就业促进条例》（2012 年 11 月 29 日发布）；《陕西省就业促进条例》（2019 年修正）；《新疆维吾尔自治区实施〈中华人民共和国就业促进法〉办法》（2011 年 12 月 1 日发布）；《内蒙古自治区就业促进条例》（2011 年 11 月 21 日发布）；《重庆市就业促进条例》（2010 年 3 月 26 日发布）；《海南省实施〈中华人民共和国就业促进法〉办法》（2009 年 11 月 30 日发布）；《广东省实施〈中华人民共和国就业促进法〉办法》（2009 年 11 月 26 日发布）；《河南省就业促进条例》（2009 年 3 月 26 日发布）；《广西壮族自治区就业促进办法》（2009 年 1 月 19 日发布）；《江苏省实施〈中华人民共和国就业促进法〉办法》（2008 年 12 月 31 日发布）。这一就业困难人群年龄线的划分标准直接与退休年龄相关。在劳动力市场上，同等条件下，男性 40 岁并没有年龄的弱势，而女性在这一年龄则被归属为“就业困难人员”。

遭遇歧视。[1] 因退休较早,女性劳动年限缩短,再加之职务晋升受限,从而导致女性劳动报酬水平相对较低,这又直接影响到女性劳动者的退休收入。

女性劳动者内部的退休年龄差别造成了女性劳动者内部的就业不平等。根据现行法律规定,同为女性劳动者,因为与其建立劳动关系的企业性质和岗位不同,退休时间相差 5 年。另外,从前述分析可以得知,退休年龄也是女性劳动者享受职工养老保险待遇的年龄条件,根据现行法律规定,女性从事个体工商户经营或灵活就业人员,享受职工基本养老保险待遇的年龄标准为 55 周岁;享受城乡居民养老保险待遇的年龄标准不分性别,均为 60 周岁。[2] 在享受养老保险待遇的年龄标准上,女性因身份不同存在 5 年或 10 年的差距。享受职工养老保险待遇和城乡居民养老保险待遇的女性年龄标准差异也给女性就业造成了困扰:对于已经达到退休年龄但没有享受职工养老保险待遇的女性,如果允许其与用人单位建立劳动关系,会在女性劳动者内部造成新的不公平。原来和用人单位建立劳动关系的女性劳动者因达到法定退休年龄,劳动关系终止,不仅无法保留原单位的劳动关系,如果被新的用人单位聘用,和新用人单位也无法建立劳动关系;而从未和用人单位建立劳动关系的女性则可以在 50 周岁以后与用人单位建立劳动关系。如果不允许已满 50 周岁但没有享受职工养老保险待遇的女性与用人单位建立劳动关系,而同龄的男性却可以和用人单位建立劳动关系(男性退休年龄为 60 周岁),则有就业性别歧视之嫌。另外,城乡居民养老保险金领取的无性别差

---

[1] 参见刘明辉:《中国退休年龄制度中的悖论》,载《中华女子学院学报》2012 年第 2 期。

[2] 参见国务院《关于建立统一的城乡居民基本养老保险制度的意见》(2014 年 2 月 21 日发布)。

异的年龄标准规定也从一个侧面证实了以保护女性为出发点的退休年龄性别差异的自相矛盾：如果女性退休年龄早于男性是为保护女性劳动者，那么为什么从事农业劳动的女性不能得到保护？

3. 对女性养老保险待遇的影响

与退休年龄性别差异对女性劳动者就业影响相比，退休年龄性别差异对女性劳动者养老保险待遇的影响受到的关注更多。根据《社会保险法》等相关法律法规和规范性文件的规定，我国职工基本养老保险实行社会统筹与个人账户相结合，用人单位按照国家规定的本单位职工工资总额的比例缴纳的社会保险费记入基本养老保险统筹基金，职工个人按照国家规定的本人工资的比例缴纳的基本养老保险费记入个人账户。劳动者在退休后领取的基本养老金由统筹养老金和个人账户养老金组成，统筹账户养老金的支付水平在统筹地区内一致，与劳动者退休前的个人工资数额和劳动年限没有直接联系，只要缴费满 15 年，均可按月领取；个人账户养老金则与退休前的工资水平和缴费年限紧密联系，工资水平高、缴费年限长则个人账户养老金数额多。

由于女性比男性退休年龄低，工作年限少，因此会导致养老保险个人账户的缴费年限少，从而会影响女性退休后的养老保险待遇。[①] 但是女性比男性退休时间早，也意味着女性比男性领取养老保险金的时间长，因此很难确定女性的养老保险整体经济待遇低于男性。通过精算模式测算后，有研究成果表明，“如果考察终生净收益和内含报酬率指标，在现行制度安排下，女性参加基

① 按照现行制度设计，我国基本养老保险是缴费确定型养老金体制。缴费确定型养老保险待遇对缴费年限的依赖性很大，提前退休虽然在短期内可能会获得暂时收益，但从长期来看会导致女性在老年时陷入贫困中。参见孙守纪、计红蕾：《名义账户制下的女性养老金权益——基于性别公平的视角》，载《妇女研究论丛》2017 年第2 期。

本养老保险制度所获得的利益将超过男性。”而“延长女性退休年龄可以提高其养老保险替代率水平,但同时也会降低其参加职工基本养老保险的内含报酬率”,这是因为“我国基本养老保险社会统筹账户的基础养老金计发办法中已经体现了收入再分配的调节机制,再加上退休年龄和预期寿命的影响,导致女性缴费期限短而享受待遇的时间较长,从投资回报的角度来看,收入较低的女性参加职工基本养老保险所获得的收益比男性更大。而从个人账户的情况来看,由于我国个人账户养老基金并未真正实现市场化投资运营,所取得的投资回报率偏低,所以,即使男性比女性的缴费工资高,但是在个人账户养老金方面并未能够体现出太多优势,加上个人账户养老金终身发放,女性领取养老金的时间较长,综合来看,与男性相比,女性个人账户养老金的内含报酬率更高”。[①]

退休年龄对于女性劳动者养老保险待遇的影响非常复杂,即使经过精算,女性养老待遇水平不低于甚至可能高于男性,也不意味着退休年龄女性低于男性具有合理性或有利于保护女性,仅从投资回报率分析养老保险待遇具有很大的局限性,不能仅从某一经济阶段的投资回报率低否认工资水平高低和缴费时间长短所带来的养老保险待遇差异;更不能仅从女性早退休从而领取养老保险金时间长来论证女性退休年龄低的合理性。性别平等意味着不歧视女性,也意味着不歧视男性,如果说因为女性领取养老保险金的时间长于男性,从而养老保险金总额上高于男性,这样的结果并非“性别平等”。男性缴费时间长,领取时间短并且领取的总额少,是对男性劳动者的歧视,法律通过特殊规定保护女

---

① 冉玉红、彭浩然:《中国城镇职工基本养老保险的性别不平等研究》,载《保险研究》2017 年第 6 期。

性是基于女性的社会整体地位低而采取的措施，其目的在于实现男女平等，而不是造成新的不平等。

（三）延迟退休背景下的退休性别平等

退休年龄的确定与各国的人口平均寿命、人口结构、社会保障制度、经济和社会发展状况、历史文化传统等具体国情紧密相关。就世界范围来看，伴随着人口结构的老龄化趋势和生育率的降低，为消除和减少劳动力供给的下降给社会经济发展带来的消极影响，提高退休年龄标准和实行弹性退休制成为欧美等经济发达国家退休立法和政策调整的趋势。[①] 具体到我国，如何看待目前的退休年龄规定和如何完善退休及养老保障制度则需要考虑我国的具体国情。退休年龄的确定和劳动力供给紧密联系，从我国的实际情况分析，人均寿命的增长，加上之前独生子女计划生育制度的实行，我国人口结构已经呈现出老龄化现象，即使人口基数仍然很大，但是劳动力供给的缺口已经显现，提高退休年龄标准是大势所趋。

1. 延迟退休的制度设计

随着老龄化社会的到来，延迟退休也为我国社会广泛关注，延迟退休政策的制定也纳入了国家规划。2014 年 12 月 23 日，国务院《关于统筹推进城乡社会保障体系建设工作情况的报告》中提出，“综合考虑人力资源供需、教育水平、人均预期寿命、基金收支等因素，研究制定渐进式延迟退休年龄政策，改善职工基本养老保险抚养比”。2016 年 3 月 16 日全国人大发布的《国民经济和社会发展第十三个五年规划纲要》中提出，“综合应对劳动

---

① 参见钟仁耀、马昂：《弹性退休年龄的国际经验及其启示》，载《社会科学》2016 年第 7 期；林熙：《发达国家弹性退休机制分析与经验借鉴》，载《经济社会体制比较》2013 年第 2 期。

年龄人口下降，实施渐进式延迟退休年龄政策”。“制定渐进式延迟退休年龄方案”也写入了国家发展改革委《关于2016年深化经济体制改革重点工作意见》。2016年12月30日国务院印发的《国家人口发展规划(2016—2030年)》中规定，“实施渐进式延迟退休年龄政策，逐步完善职工退休年龄政策”。2020年10月29日通过的中共中央《关于制定国民经济和社会发展第十四个五年规划和二〇三五年远景目标的建议》中提出，“实施渐进式延迟法定退休年龄”的建议。

延迟退休是消除身份限制、实现女性群体退休平等和退休性别平等的一个契机。无论是认为现行退休年龄的性别差异有利于保护女性，还是对女性的歧视的观点，都是对男女两性的区别对待，均存在一定的偏颇之处。性别平等在本质上是男女两性的平等，虽然相较于男性，在就业中女性仍然处于弱势地位，但是并不意味着所有对于女性就业的保护性区别对待均具有合理性，刻意的保护和提高女性待遇不仅可能加重对女性的歧视，也可能造成对男性的歧视。

随着经济社会的发展和科学技术的进步，劳动领域中重体力劳动岗位和行业逐渐实现自动化和机械化，某些落后的生产方式逐步被淘汰，因体力差异产生的保护性提前退休制度逐步失去存在的价值，统一退休年龄应该成为我国退休法律制度变革的重要一环。[①] 但是，提高退休年龄毕竟会对劳动者的预期生活安排造成很大影响，具体制度设计应当慎重。有调查表明，“受到社会身份、教育程度、经济状况、单位类型等多种因素的影响，对于提高

---

① 对于男女同龄退休也存在不同意见，有学者认为，考虑到女性和男性的差异，不一定要追求男女同龄退休。参见郭晋晖：《十问延迟退休！ “打工人”关心的都在这里》，载 https://www.yicai.com/news/100858634.html，访问日期：2020年12月30日。

退休年龄标准，人们的态度不同，即使在女性劳动者群体内部，对男女同龄退休的态度也不一样"，"女性中存在着不同阶层，有不同的利益需求和生存状况，应对女性整体的平等权利和不同阶层的特殊需求加以考量"。[①] 对于女性群体的中上层，已经具备和男性相同的竞争地位，想得到的是公平竞争的机会；对于女性群体的下层，仍将政策的保护作为目标，想得到的是差异性平等。因此，采取分阶层、分阶段实现男女同龄退休的策略，是客观情况的需要。[②]

由于目前的女性退休年龄早于男性，并且女性内部的退休年龄也存在差异，在确定延迟退休的年龄标准后，延迟退休的具体方案设计有两条路径：一是男女分别延迟退休的设计，如有学者曾经建议延迟退休年龄先从女性劳动者的退休年龄开始，2017 年完成养老金制度并轨，取消女干部和女工人的身份区别，将职工养老保险的女性退休年龄统一规定为 55 岁。从 2018 年开始，女性退休年龄每 3 年延迟 1 岁，男性退休年龄每 6 年延迟 1 岁，至 2045 年，男性、女性退休年龄同步达到 65 岁。[③] 二是不再区分性别，男女实行统一的延迟退休规定。学者提出的延迟退休方案建议，一般情形下的最低退休年龄为 60 周岁，重体力劳动或者其他有害身体健康的岗位最低退休年龄为 55 周岁或 50 周岁。在这一方案的设计中，无论是一般情形还是特殊情况，都以岗位而不

---

① 退休年龄问题研究课题组、刘伯红、郭砾等：《她/他们为什么赞成或反对同龄退休？——对选择退休年龄影响因素的实证研究》，载《妇女研究论丛》2011 年第3 期。

② 张慧强：《对我国男女不同龄退休政策的社会性别分析》，载《中华女子学院学报》2012 年第 6 期。

③ 参见蔡昉、张车伟主编：《人口与劳动绿皮书：中国人口与劳动问题报告 No.16》，社会科学文献出版社 2015 年版，第 293—294 页。

是性别为区分标准。[①]

参照我国企业职工养老保险制度建立和完善过程中的政策设计,在上述建议之外,延迟退休还可以有第三种选择,即老人老办法,新人新办法。所谓老人,是指延迟退休政策出台时已经从事劳动的劳动者;新人则是指延迟退休政策出台后进入劳动力市场的劳动者,即新生劳动力。提高退休年龄不可避免地对包括劳动者在内的所有社会成员的生活产生重要影响,在一定程度上劳动力市场的格局也会发生变化。对于已经参加工作,特别是临近退休的劳动者,其可能已经对退休生活有所规划,延迟退休可以通过鼓励性政策过渡;对于新生劳动力,则可以采取统一标准,在其进入劳动力市场后即以延迟退休后的年龄标准规划日后的生活。对于“新人”,延迟后的退休年龄不再区分性别;对于“老人”,鉴于我国目前退休年龄的性别差异,男女采取不同的退休年龄渐进提高政策,逐步实行统一;其中对于已经临近退休年龄的老人(延迟退休政策出台时,按原标准5年内退休)允许其选择是否按原退休年龄标准退休。

2. 弹性退休

达到退休年龄是否必须退出劳动领域从而无法与用人单位建立劳动关系?对此问题在理论研究中形成了不同的观点。[②] 由

---

① 参见刘明辉:《中国退休年龄制度中的悖论》,载《中华女子学院学报》2012年第2期。

② 学者们对退休性质的观点可以概括为三个:权利论、义务论和事实论。权利论和义务论观点的基本不同体现为达到退休年龄是否必须退出劳动领域。权利论的观点认为,退休年龄是领取养老保险金的年龄,达到退休年龄并不意味着退出劳动领域,因此达到退休年龄的劳动者与用人单位之间仍然能够建立和存在劳动关系,受到劳动法的保护。义务论同样从法定退休年龄标准出发,得出达到退休年龄必须退出劳动领域,与用人单位之间只能形成劳务关系的结论。事实论的观点则认为,退休的性质既不是权利也不是义务,而是法律事实。参见郑尚元:《企业员工退休金请求权及权利塑造》,载《清华法学》2009年第6期;刘明辉:《中国退休年龄制度中的悖论》,载《中华女子学院(转下页)

于《劳动合同法》和《劳动合同法实施条例》对退休年龄、劳动关系终止和养老保险金领取之间的关系的规定不同，司法实践中法院的态度也摇摆不定。[①] 出于"农民没有退休"的认知，认定超龄农民工能够建立劳动关系的司法实践观点有"户籍反向歧视"之嫌。[②]

通过弹性退休制实现退休年龄的延迟可能更有利于被社会

(接上页)学报》2012年第2期；林嘉：《退休年龄的法理分析及制度安排》，载《中国法学》2015年第6期；袁文全、张亚炜：《退休后再就业劳动权益保护的法治困境及制度回应——以积极老龄化为视域》，载《北京大学学报(哲学社会科学版)》2020年第5期。

① 2007年7月5日发布的最高人民法院行政审判庭《关于离退休人员与现工作单位之间是否构成劳动关系以及工作时间内受伤是否适用〈工伤保险条例〉问题的答复》中认为，现行法律只对劳动者年龄的下限作出了规定，对劳动者年龄的上限没有作规定，不能因是离退休职工就否定其劳动者身份。是否形成劳动关系应看劳动者是否事实上已成为企业、个体经济组织的成员，并为其提供有偿劳动。2010年9月13日最高人民法院发布的《关于审理劳动争议案件适用法律若干问题的解释(三)》中明确将领取养老保险金的劳动者和用人单位界定为"劳务关系"，而非劳动关系。

② 由于"城乡二元"体制的长期影响，虽然在《劳动法》实施后，理论上城镇所有企业招用劳动者不再因户籍进行区分，城镇企业职工养老保险制度的覆盖范围是"城镇企业职工"而并非"城镇户籍职工"，但是实际上农民工仍然在一定程度上被排除在城镇企业养老保险制度的覆盖范围之外。2010年3月17日发布的最高人民法院行政审判庭《关于超过法定退休年龄的进城务工农民因工伤亡的，应否适用〈工伤保险条例〉请示的答复》中认为，"法律并未禁止使用超过法定退休年龄的农民工，而且作为农民也无所谓何时退休"；2012年11月25日发布的最高人民法院《关于超过法定退休年龄的进城务工农民在工作时间内因工伤亡的，能否认定工伤的答复》中再次重申了2010年答复的内容。2010年、2012年最高人民法院的答复虽然有利于保护农民工的权益，但是可能产生"户籍反向歧视"：非农业户籍的劳动者达到退休年龄后不能再建立劳动关系，而农业户籍劳动者则可以。

接受。[1] 在社会保险制度建立后,退休年龄也就成为享受养老保险待遇的年龄条件。弹性退休制的实施,意味着达到法定退休年龄,劳动者可以选择享受社会养老保险待遇,也可以选择继续与用人单位保持劳动关系。[2] 延迟退休方案中可以设立退休年龄的最低标准和最高标准,达到法定最低年龄标准,劳动者可以选择继续留在劳动领域,保持与用人单位之间的劳动关系,领取劳动报酬;也可以选择退出劳动领域,与用人单位终止劳动关系,享受养老保险待遇。在达到法定最高退休年龄标准时,劳动者应当退出劳动领域。通过适当提高养老保险金发放水平的刺激措施鼓励劳动者延迟退休,即对于达到最低退休年龄标准没有退休,而是选择继续工作的劳动者,在其退休后领取养老保险金时按照其延长劳动年限,增加提高社会统筹部分的发放标准。通过弹性退休制也有利于延迟退休政策实施中拉平目前退休制度中的退休年龄性别差异:退休年龄标准渐进提高时,对于已经参加工作的女性,仍然允许其按照现行退休年龄退休,而对于推迟退休的女性劳动者,通过提高养老保险金发放标准进行鼓励。

---

① 弹性退休是指灵活的退休安排,在达到退休/享受养老保险待遇的年龄标准前后,劳动者可以选择是否领取养老保险金。延迟退休和弹性退休在含义上具有交叉性,随着老龄化的到来,一些经济发达国家结合本国国情对本国的退休制度进行改革,增加退休灵活性,对提前退休进行遏制和惩罚;通过激励措施促进延迟退休。在我国,弹性退休通常在延迟退休的基础上使用,即"弹性延迟退休",通过"弹性退休"安排实现法定退休年龄标准的提高。参见林熙:《发达国家弹性退休的机制分析与经验借鉴》,载《经济社会体制比较》2013 年第 2 期;夏利民:《我国弹性退休制度的法律规制探讨》,载《法学杂志》2012 年第 11 期。

② 从这一层面上,达到退休年龄是否退出劳动关系是劳动者的自我选择,退休具有权利性质。

三、何以“特殊”：女性劳动者禁忌劳动范围的发展变化

根据女性的生理状况，设定女性劳动者禁忌从事劳动范围，根本出发点是保护女性的从业安全和身体健康。从域外立法趋势来看，随着科学技术的发展和对就业性别平等认识的深入，女性禁忌劳动范围呈现缩小趋势的同时，立法也逐渐从性别本身向女性自身需求转变。

（一）国际立法的发展趋势

国际劳工标准中对女性劳动者的禁忌劳动规定主要集中在两个方面：一是对女性劳动者夜班劳动的限制；二是对女性劳动者的劳动岗位进行限制。为保护女性劳动者的身体健康，国际劳工组织早期通过的《国际劳工公约》中禁止女性从事工业生产的夜间劳动。[①] 1934 年通过的《夜班工作（妇女）公约（修订）》中关于工业生产的内容重复了早期劳工保护标准；在工业之外的商业和农业劳动中是否禁止女性劳动者工作，公约没有统一规定，而是交由各国立法决定。1948 年通过的《夜班工作（妇女）公约（修订）》在 1934 年公约的基础上规定了允许女性从事夜间劳动的例外情形：在特定工业生产岗位如管理或技术岗位或安全与卫生服务岗位，允许女性从事夜班劳动。虽然以上公约中对女性劳动者从业岗位的禁止是出于保护女性的角度作出的，但是完全禁止女性从事某些行业或岗位，在一定程度上构成了对女性的就业性别歧视，阻碍了女性就业权利的实现。国际劳工组织充分认识到早期公约中禁止女性从业的限制给女性就业造成的消极影响，1958 年通过的《就业与职业歧

① 参见国际劳工组织 1919 年通过的《夜间工作（妇女）公约》。

视公约》规定,基于性别原因取消或损害就业或职业机会均等或待遇平等的任何区别和排斥属于就业和职业歧视范畴。与此同时,国际劳工组织着手对妇女从事劳动的禁忌规定进行讨论和修改。

1990 年国际劳工组织通过新的《夜间工作(妇女)公约(修订)议定书》,彻底改变了早期国际劳工标准从性别入手、禁止妇女从业范围的规定模式,转而从保护女性生育的角度对女性从业的禁忌范围作出规定。1990 年国际劳工组织通过了新的《夜间工作公约》,公约中直接解除了对女性劳动者夜间工作的限制,将夜间工作禁止和保护的内容适用于所有劳动者,而不是仅禁止女性从业者,在规定所有劳动者均享有的夜间工作限制和保护措施基础上,规定禁止女性从事夜间劳动转为在女性生育期间,采取措施保证向被要求从事夜间工作的女工提供夜间工作外的其他选择。2017 年国际劳工组织第 106 次会议废除了 1919 年《夜间工作(妇女)公约》和 1934 年《夜间工作(妇女)公约(修订)》。

对于女性劳动者从业岗位的限制,国际劳工组织 1935 年通过的《妇女在各类矿山井下作业公约》中规定,"任何妇女,不论其年龄如何,一概不得受雇从事矿山井下作业"。同时公约规定三种例外情形:任管理职务而非从事体力劳动的妇女、从事卫生及社会服务工作的妇女、学习期间被允许在矿山井下接受职业培训的妇女和偶然进入矿山井下从事非体力劳动的任何其他妇女。从公约本身的内容可以发现,对于矿山井下岗位禁止女性劳动者从业,主要是由于此类劳动属于"重体力劳动",随着科学技术的发展,特别是机械化、自动化的发展,矿山井下的生产性劳动对于体力的要求逐渐减弱,另外,虽然从整体上分析,男性体力强于女性,但是对于个体而言,女性体力好于男性的情况并不少见,完全禁止女性从业的立法也越来越多地受到质疑。为了顺应时代发展,国际劳工组织将该公约列入"已过时"的国际劳工标准范围。

1995 年国际劳工组织通过的《矿山安全与卫生公约》(第 176 号)中不再禁止女性从事矿山井下劳动;公约中规定的矿山安全与卫生的禁止和保护性规定对所有从业者适用。与之类似的还有国际劳工组织 1967 年通过的《工人搬运的最大负重量公约》,该公约中规定“应限制指派妇女从事非轻物人力负重运输,凡妇女从事人力负重运输时,此种负重的最大重量应明显低于准许成年男性工人的负重”。目前国际劳工组织也将该公约归入“已过时公约”的范围。

欧盟 1976 年《男女平等待遇指令》和 2000 年《雇佣和职业平等对待框架指令》中规定,基于性别的差别待遇属于歧视范畴。按照 1992 年欧盟《孕期和哺乳期工作职业安全和卫生指令》的规定,根据工作环境的具体危险情形对孕期和哺乳期工人的工作进行不同安排:对于附录一中所列的有害工作环境,雇主需要根据处于孕期或哺乳期的女性劳动者在相关环境中的具体工作情况(如性质、级别、工作延续性等)进行风险评估,从而决定采取相应的处理措施以保证劳动者免受职业风险的侵害,这些措施包括临时调整工作条件和/或工作时间等,如果以上措施不足以保护劳动者的身体健康,则雇主应当采取必要措施调整从事相关工作的劳动者的工作岗位,如果调整工作岗位不具有可行性,则按照本国立法或实践做法让劳动者休假。该指令规定,处于孕期和哺乳期的女性劳动者均没有在附录二 A 和 B 部分所列情形下提供劳动的义务。该指令同时规定孕期女性劳动者夜间工作可根据需要转化为日间工作或休假,具体由各成员国立法决定。

(二)我国法律规定的分析及完善建议

在统一劳动者职业风险防治立法的基础上,我国劳动法对女性劳动者的职业安全和卫生作出了特殊规定。女性劳动者职业安全卫生特殊保护的内容分为两种情况：一是规定女性劳动者的禁忌劳动范围，具体又分为女性劳动者的禁忌劳动范围和女性劳动者特殊生理期间的劳动禁忌两个方面；二是对女性特殊生理期间的工作时间作出规定，包括夜间工作的限制和视同提供正常劳动的情况等内容。《劳动法》第 59 条规定："禁止安排女职工从事矿山井下、国家规定的第四级体力劳动强度的劳动和其他禁忌从事的劳动。"《女职工劳动保护特别规定》附录中将《劳动法》中规定的"其他禁忌从事的劳动"范围进一步明确为"每小时负重 6 次以上、每次负重超过 20 公斤的作业，或者间断负重、每次负重超过 25 公斤的作业"。对于女性经期、孕期和哺乳期等特殊生理期间禁忌从事的劳动范围，《劳动法》也分别作出了规定，《女职工劳动保护特别规定》在《劳动法》规定的基础上进行了细化。根据规定，女职工在经期禁忌从事的劳动范围主要是达到一定等级的冷水作业、低温作业、体力劳动作业和高处作业。[①] 孕期的禁忌劳动范围在上述经期禁忌作业范围之上增加了有毒有害作业、高温作业、噪声作业、密闭空间、高压室作业、潜水作业和伴有强烈震动作业或需要频繁弯腰、攀高、下蹲的作业。[②] 哺乳期的禁忌劳动范

---

① 具体包括："（一）冷水作业分级标准中规定的第二级、第三级、第四级冷水作业；（二）低温作业分级标准中规定的第二级、第三级、第四级低温作业；（三）体力劳动强度分级标准中规定的第三级、第四级体力劳动强度的作业；（四）高处作业分级标准中规定的第三级、第四级高处作业。"

② 具体包括："（一）作业场所空气中铅及其化合物、汞及其化合物、苯、镉、铍、砷、氰化物、氮氧化物、一氧化碳、二硫化碳、氯、己内酰胺、氯丁二烯、氯乙烯、环氧乙烷、苯胺、甲醛等有毒物质浓度超过国家职业卫生标准的作业；（二）从事抗癌药物、己烯雌酚生产，接触麻醉剂气体等的作业；（三）非密封源放射性物质的操作，核事故与放射事故的应急处置；（四）高处作业分级标准中规定的高处作业；（五）冷水作业分级标准中规定的冷水作业；（六）低温作业分级标准中规定的低温作业；（七）高温作业分级标准中规定的第三级、第四级的作业；（八）噪声作业分级标准中规定的第三(转下页)

围包括有毒有害作业和达到一定等级的体力劳动强度的作业。[1] 当女性劳动者的工作岗位与特殊生理期间的禁忌劳动范围产生冲突时，依照现行法律规定，用人单位必须调整女职工的工作岗位，这种调整可以称为"法定岗位调整"[2]。

在禁忌从事的劳动范围之外，《女职工劳动保护特别规定》第6条第1款规定："女职工在孕期不能适应原劳动的，用人单位应当根据医疗机构的证明，予以减轻劳动量或者安排其他能够适应的劳动。"这种岗位调整，虽然也是法律规定的，但与前者不同，其主要是根据当事人的实际情况决定。女性特殊生理期间的工作岗位调整，均涉及岗位调整的合理性。用人单位不得借生理期间劳动保护之名通过工作岗位的不合理调整歧视女职工，特别是不能因工作岗位的变化不合理降低或减少女职工的劳动报酬。女性生理期间的不合理对待亦是性别歧视、生育歧视的表现形式。对怀孕7个月以上和哺乳期的女职工不得安排延长工作时间和夜班劳动。《女职工劳动保护特别规定》还进一步明确用人单位的告知义务：要求用人单位将本单位属于女职工禁忌从事的劳动范围的岗位书面告知女职工。

与1988年的《女职工劳动保护规定》比较，《女职工禁忌劳动范围的规定》中规定的女职工经期禁忌劳动范围有所缩小的同

(接上页)级、第四级的作业；(九)体力劳动强度分级标准中规定的第三级、第四级体力劳动强度的作业；(十)在密闭空间、高压室作业或者潜水作业，伴有强烈振动的作业，或者需要频繁弯腰、攀高、下蹲的作业。"

① 具体包括："(一)孕期禁忌从事的劳动范围的第一项、第三项、第九项；(二)作业场所空气中锰、氟、溴、甲醇、有机磷化合物、有机氯化合物等有毒物质浓度超过国家职业卫生标准的作业。"

② 经期中禁忌劳动范围和女职工工作岗位之间产生冲突的解决在全国性的立法中没有涉及，在地方性立法中多通过给予女职工休息时间的途径解决，通常不涉及工作岗位的调整。

时,扩大了孕期和哺乳期的禁忌劳动范围,删除了已婚待孕期的禁忌劳动规定,并规定了女职工劳动范围随经济社会发展进行调整的机制。这种变化突出了生育保护,在一定程度上削弱了基于性别的特殊保护给女性就业带来的阻碍[①],立法的进步体现了我国立法的性别视角和对性别就业平等理解的深入。性别就业平等是职业风险防治立法的基本原则,在贯彻这一原则的同时,如何保护女性的特殊权益、划定女性禁忌劳动范围,需要以科学特别是医学为依据,并考虑到女性自身的需求。我国女职工禁忌劳动的规定可以借鉴欧盟的做法,在保障女性身心健康的前提下,对于能够通过限制工作时间、限制负重量等特殊保护措施达到保护目的和要求的工作,是否从事该项工作交由女职工本人选择。[②]

四、女性特殊生理期间过度保护的检讨

采取特殊保护措施保护女性的权益,是国际通行的做法,这种做法为《经济、社会及文化权利国际公约》《消除对妇女一切形式歧视公约》等国际公约认可、承认或直接规定。对女性进行特殊保护一直是我国法律规定中的重要组成部分,在性别形式平等之外,通过特殊规定实现结果平等和实质平等。考察我国相关法律规定,在为女性提供特殊保护的同时,也存在"过度保护"的情况。以基于女性生理机能的特殊保护立法为例,经期、孕期、产期

---

① 2012 年 5 月,国务院法制办负责人在就《女职工劳动保护特别规定》答记者问时明确表示,为平衡女职工劳动保护与妇女就业之间的关系,缩小了经期禁忌从事的劳动范围。

② 参见蒋月:《企业女职工特殊劳动保护实施效果研究——以东南某省为例》,载《法治研究》2013 年第 12 期。

和哺乳期的“四期”保护构成了我国法律中女性特殊生理期间的法律保护框架，这些生理期间属于女性所特有，并与生育相关，法律特殊规定具有合理性。但是过于突出生理机能的差异性，进一步固化了女性的性别刻板印象，形成女性就业障碍。以注重女性个体需求而不是突出“女性群体的弱势”为出发点，对立法中出现的女性生理期间的过度保护趋势进行检讨，有利于就业领域性别平等的实现。

（一）经期保护的限缩与扩张

经期保护是女性“四期”保护的重要内容之一。传统上对于女性经期保护主要集中在禁忌从事劳动范围的规定上，1988 年颁布的《女职工劳动保护规定》第 6 条规定：“女职工在月经期间，所在单位不得安排其从事高空、低温、冷水和国家规定的第三级体力劳动强度的劳动。”1990 年 1 月 18 日劳动部发布的《女职工禁忌劳动范围的规定》中细化了女职工经期禁忌劳动范围，包括：“1.食品冷冻库内及冷水等低温作业；2.《体力劳动强度分级》标准中第Ⅲ级体力劳动强度的作业；3.《高处作业分级》标准中第Ⅱ级（含Ⅱ级）以上的作业。”2012 年 4 月 28 日发布的《女职工劳动保护特别规定》缩小了经期禁忌从事的劳动范围，将冷水和低温作业进行了等级限制，目的在于“平衡女职工劳动保护与妇女就业的关系”①。

虽然经期为女性所特有，但是女性在经期的身体状况因人而异。将特殊照顾适用于全体女性，而不考虑女性个体差异和需求，仍然是传统女性保护立法的思维，其弊端已经被广泛论及。

---

① 《国务院法制办负责人就〈女职工劳动保护特别规定〉答记者问》，载 http://www.gov.cn/zwhd/2012-05/07/content_2131560.htm，访问日期：2020 年 8 月 30 日。

2012年《女职工劳动保护特别规定》仅保留特定等级冷水和低温作业范围限制，避免因排除范围过大给女性就业造成消极影响，是立法上的进步。一些地方性规定对《女职工劳动保护特别规定》的内容进行了细化，如江西省和江苏省规定，对从事女性经期禁忌劳动的女职工，用人单位在其月经期间应当调整安排其他劳动或者安排休息。[①] 一些地方性规定中还增加了女性经期离岗休息的内容[②]，具体又分为两种：一是工间休息，规定女性经期从事站立劳动一定连续时间后进行休息；二是经期无法正常工作情形下的休息，时间上一般为1~3天。在休息时间上，各地规定均体现了"个性化需求"，由劳动者个人根据身体的具体情况向用人单位提出休息申请。在经期休息时间，劳动者没有提供劳动，势必会产生相应劳动报酬发放的问题，对此，各地规定不同：浙江省规定经期休息带薪，但没有明确"带薪"标准；江西省则规定"在月经期间休息，工资和福利待遇不变"；山东省规定"按照国家有关病假的规定执行"；大部分地方对待遇没有作出明确规定。在增加了经期休息的内容之外，用人单位发放女性卫生用品或费用也被写入了一些地方性规定中。

经期休息和发放卫生用品或费用的规定，其出发点虽好，但是有过度保护的嫌疑，相关规定可能走向保护的反面，为女性就业带来障碍。根据各地规定中的"痛经"或"月经量过多"及提供医疗机构诊断证明等内容，"病理性"条件是经期休息的条件要求，经期休息可以通过"病假"处理；地方性规定中将发放卫生用品或费用的成本开支列入"职工福利费用"，虽然没有实质增加用人单位的用人成本，但是仍然可能引发如下问题：①卫生用品是

---

① 如有地方规定了女性从事经期禁忌劳动时的处理：江西省、江苏省规定，不得安排国家规定的经期禁忌从事的劳动，应当暂时调做其他工作，或者休息1~2天。

② 各地立法的相关内容参见附录一。

无论用人单位性质、无论工作与否的所有适龄女性的必需用品，那么"经期福利"仅对工作中的女性发放是否在女性群体内部产生工作与否的身份歧视？②女性卫生用品作为私人用品，各有偏好，统一发放是否有浪费和限制选择权利的嫌疑？③在福利费用固定的前提下，"经期福利"支出势必造成其他职工福利支出的减少，这样的安排是否歧视男性？对于那些配偶没有就业的男性劳动者，是否可以享受相应的待遇？可见，是否发放女性卫生用品或费用，更宜由用人单位自主决定，而不是由法律规定为用人单位的义务。

（二）更年期保护法律规定的质疑

在传统的"四期"保护之外，女性"更年期"也被纳入一些地方立法的女职工劳动特殊保护范围，成为过度保护的又一个重要表现。与"四期"保护不同，《女职工劳动保护特别规定》中并没有涉及更年期保护。[①] 2015年10月1日实施的《山西省女职工劳动保护条例》第19条规定："经二级以上医疗机构确诊为更年期综合症的女职工，经治疗效果仍不显著，本人提出不能适应原劳动岗位的，用人单位应当安排其他适合的劳动岗位。"首开女性更年期保护的先河。随后安徽、宁夏、河北、广东、江西、江苏、河南、

---

① 1986年5月30日，卫生部、劳动人事部、全国总工会、全国妇联印发的《女职工保健工作暂行规定（试行草案）》第13条规定："（1）宣传更年期生理卫生知识，使进入更年期的女职工得到社会广泛的体谅与关爱；（2）经医疗、保健机构诊断为更年期综合症，经治疗但效果仍不显著者，已不适应现工作时，应暂时安排适宜的工作。"1993年11月26日，卫生部、劳动部、人事部、全国总工会、全国妇女联合会发布的《女职工保健工作规定》中对女性更年期保健作出了规定，在对以上两项内容的文字表示虽有变化，但并没有作出实质更改的基础上，增加了进入更年期的女职工应每1至2年进行一次妇科疾病的查治。《女职工保健工作暂行规定（试行草案）》已经失效。《女职工保健工作规定》虽未失效，但是在实际履行上已经名存实亡。

山东、福建等地先后出台地方性规定对女职工更年期进行特别保护。[①] 女性更年期保护写入法律，得到社会广泛好评，相对于更年期法律保护能否得到执行的担忧，对这一保护性规定本身的合理性甚少有质疑。[②]

日常生活中，更年期通常仅指女性更年期，更年期似乎成为女性的专有生理变化。但是更年期作为人的生理发展阶段，“是由中年步入老年之际的过渡时期和前奏曲，是人体由成熟走向衰老的过渡阶段，这是生命活动的客观规律，是不以人的意志为转移的自然现象”[③]，因此，“不管男性还是女性，随着年龄的增长都将经历从生殖旺盛期过渡到后生殖岁月，从这个意义上来说，男性与女性都要度过更年期后才进入老年阶段。由于男性和女性生理上的差异，尤其是两性性激素下降的模式有所差别，男性更

---

① 参见《福建省女职工劳动保护条例》（2020年3月20日发布）；《山东省女职工劳动保护办法》（2019年1月16日发布）；《河南省女职工劳动保护特别规定》（2018年9月6日发布）；《江苏省女职工劳动保护特别规定》（2018年5月8日发布）；《江西省女职工劳动保护特别规定》（2017年5月19日发布）；《广东省实施〈女职工劳动保护特别规定〉办法》（2016年12月20日发布）；《河北省女职工劳动保护特别规定》（2016年11月18日发布）；《宁夏回族自治区女职工劳动保护办法》（2016年8月17日发布）；《安徽省女职工劳动保护特别规定》（2016年1月27日发布）。除《山东省女职工劳动保护办法》中使用了“围绝经期”的概念外，其他地方立法中均使用的是“更年期”的概念。

② 参见鲁志峰：《实现“法律理想”需要接“地气”》，载《中国劳动保障报》2015年9月2日，第003版；大吕：《有感于我省率先提出“女职工更年期保护”》，载《太原日报》2015年9月9日，第002版；《山西“超体贴”女工条例如何落地是难题》，载《领导决策信息》2015年第37期；《山东新规“更年期可申请调岗”特殊劳动保护引争议》，载http://www.xinhuanet.com/local/2019-03/01/c_1124177897.htm，访问日期：2020年8月30日；《保护女职工权益既要重立法更要重落实》，载http://ldwb.workerbj.cn/content/2019-03/07/content_86412.htm，访问日期：2020年9月5日。

③ 李宏军、李汉忠、郭应禄：《对男性更年期综合征的再认识》，载《中国医学杂志》2005年第26期。

年期出现的症状与女性更年期综合征有所不同，但不等于说男性更年期没有相关的健康问题”[①]。在临床医学领域，虽然更年期和更年期综合征的概念最初也特指女性而言[②]，但是，男性更年期疾病这一概念早在19世纪初就出现了，20世纪30年代末被命名为“男性更年期综合征”，我国医学界于20世纪80年代引入“男性更年期综合征”概念[③]。1994年世界卫生组织在日内瓦会议上提出废除女性更年期这一术语，使用“围绝经期”的概念。“男性更年期综合征”概念在1998年2月召开的第一届国际男性老年学研讨会上确认[④]，并得到医学领域专家学者的广泛认同[⑤]。可见，更年期并非女性所特有，更年期保护也不仅仅是对女性更年期的保护。

法律将更年期保护作为女性劳动者特别保护的内容加以规定，在一定程度上构成了新的制度性歧视，把社会上本就对“女性更年期”的偏见通过法律规定进一步强化。从更年期保护立法的源头分析，这一保护性规定仍然有着传统的“父权立法”思维的影

---

① 王一飞：《男性更年期健康：争议与展望》，载《国际生殖健康/计划生育杂志》2011年第1期。

② 更年期（climacteric）是指女性因绝经所引起的一系列生理变化的阶段；更年期综合征是指妇女在绝经前后由于内分泌的改变所引起的以自主神经系统紊乱为主，伴有神经心理变化的一组症候群。据文献报道，约有90%的妇女进入更年期后会出现一个或数个更年期综合征症状。参见周佩英：《更年期综合征定义及相关概念》，载《中国社区医师》2003年第8期。

③ 参见唐文佩、吴苗：《男性更年期综合征：概念及其演变》，载《中国性科学》2018年第3期。

④ 参见黄琴、明蕾：《加强对更年期患者的人文关怀和干预》，载《中国医学伦理学》2011年第5期。

⑤ 李宏军、李汉忠、郭应禄：《对男性更年期综合征的再认识》，载《中国医学杂志》2005年第26期。

子,落入将女性群体置于“需要保护”的窠臼。[①] 从各地的立法内容来看,更年期的保护措施为调整工作岗位或减轻劳动量,在条件要求上均要求医疗机构的诊疗证明,大部分地方要求更年期综合征达到严重程度或不适应目前的工作岗位或工作安排,本人提出申请;在申请之后,对调整工作岗位或减轻劳动量的规定情形分为用人单位应当安排、可以安排和双方协商同意后安排三种情况。[②] 在上述规定之下,更年期保护存在以下问题:①“应当安排”的规定将调岗或减轻工作量视为用人单位的义务,但可能对女性就业产生消极影响:在用人单位不安排的情形下,如果女性劳动者通过追究违反义务的法律责任的方式保护更年期利益,可能面临劳动关系的结束;考虑到义务的履行,用人单位在招用劳动者时更不愿招用女性,特别是大龄女性,加剧女性劳动者的就业困难。②“可以安排”赋予用人单位选择权,可安排可不安排。③“协商同意”虽然看似给予双方协商权利和选择自由,但保护措施的实现仍然取决于用人单位,用人单位不同意或选择“不安排”,依据法律规定无法判定用人单位违反法定义务,更年期保护无法落到实处。

(三)现行立法的可适用性和特殊立法

以强调男女生理差异为基础的女性保护立法,从表面上看,似乎是向女性利益倾斜,但这种立法将妇女限定在被动位置,往往会成为性别歧视的借口,由此导致女性处境更为不利,并进而形成更为严重的性别歧视。同时,法律又具有社会构建作用,这种地位和角色的设定,在实际生活中强化了女性需要被保

---

① 参见刘小兵:《立法保护更年期女职工是社会文明的进步》,载《农民日报》2015年9月2日,第3版;禤影妍:《为更年期保护法规点赞》,载《健康时报》2015年9月7日,第1版。

② 各地立法的相关内容参见附录二。

护的社会性别形象和在社会中的从属地位。从后果上看,导致“妇女化”和边缘化,有违性别平等的原则,不仅难以达到保护妇女权益的目的,同时也侵犯了男性的合法权益。①

女性特殊生理期间的保护立法固然有合理存在的价值,但这并不意味着特殊保护立法多多益善。生理期间的特殊保护立法应以必要为前提,并与现行相关立法相协调。在现行法律框架之下可以解决或能够纳入现行法律规定调整范围的,可以适用现行法律规定,从而避免立法资源的浪费。从上述经期保护法律规定的扩张内容和更年期保护规定的内容分析,其增加的保护性内容具有“疾病”特征:虽然经期本身并不是疾病,但是“痛经”或“月经量过多”在临床医学上已属于“疾病”的范畴。“经期休息”需经过医疗机构诊断并提供医疗机构证明,在形式上亦符合病假的特征,因此现行病假(医疗期)的规定可以完成这一“保护”需要,“经期休息”可以并入病假安排,并不需要对此作出特殊规定。如前所述,更年期不同于经期,其并非女性所特有的生理过程,对更年期的保护不应局限于女性劳动者。无论是男性还是女性,更年期的生理反应有个体差异。当更年期的症状影响到工作,需要调整劳动岗位,属于劳动合同变更的内容。更年期为必经的生理期间,而“更年期综合征”则属于临床疾病的范畴,更年期劳动岗位的调整,亦需要经过医疗机构的诊断并提供医疗机构证明。《劳动合同法》中关于用人单位和劳动者协商变更劳动合同和因患病调整工作岗位的规定可以满足更年期保护的需求,并不需要另行特殊规定;如果更年期症状严重,劳动者无法提供正常劳动,亦可通过请“病假”途径解决,同样不必新增特殊保护措施。

---

① 参见张慧强:《对我国男女不同龄退休政策的社会性别分析》,载《中华女子学院学报》2012年第6期。

第三章 女性劳动者的生育保障[①]

生育是人类社会生存繁衍的必需，因此因生育而产生的后果需要由全社会承担。生育保险制度的建立，将生育给就业带来的风险在社会范围内分摊，在一定程度上有利于实现两性就业平等，但是以经济支付为核心的生育保险并没有解决女性劳动者因生育而遇到的所有问题，特别是劳动关系中出现的问题。例如，由于我国的生育保障制度在内容设计上不仅保障“生育”，在一定程度上还承担了“养育”的功能，特别是将产假等同于育儿假，当延长产假得到社会认可或赞同时，或许社会公众并没有充分认识到长时间中断或终止就业不仅给生育者本人，也为女性劳动者这一就业群体带来了消极影响；甚至在社会公众对此有所认识时，因为并没有觉得这是一件多么重要的事情，忽略甚至放任这种结果的出现。在劳动法中，为了保护女性因怀孕、生育而休假所作出的各种特殊规定，在某种程度上反而增加了女性的就业

① 本章“生育保障”中的生育是以“分娩和产后恢复”为核心的生育。育儿虽是分娩后的自然结果，但是育儿和家庭责任相关，并非只有女性才承担子女的养育责任。育儿是劳动者家庭责任承担的重要内容，将在“工作和家庭平衡的法律规制”一章深入探讨。

困难。女性劳动者的生育保障,对分散女性因生育导致劳动关系中断或终止而产生的社会风险,促进和实现就业性别平等具有重要作用。女性生育保障法律制度不应成为女性就业的制度障碍,形成性别的"制度歧视",因此有必要反思现行立法理念和优化现行法律制度。

一、女性劳动者生育保障的含义

女性劳动者的生育保障是指对女性劳动者生育提供的社会保障,包括但不限于女性劳动者的生育保险。生育给女性劳动者带来的影响不仅有因生育而产生的劳动收入减损或消失,也有劳动关系的不确定性风险,以弥补经济损失为主要目标的生育保险制度不能充分满足女性劳动者因生育而产生的权益保护需求。在这个意义上,生育保障的内涵和外延均大于以经济保障为核心的生育保险,包括劳动关系保障的内容。

(一)生育保险的含义

根据我国现行法律规定,生育保险属于社会保险,是社会保险法律制度中的一个项目。[①] 中华人民共和国成立后,特别是自

---

① 根据《社会保险法》及相关法律法规的规定,我国社会保险分为养老保险、医疗保险、失业保险、工伤保险和生育保险五个项目。2017 年 1 月 19 日,国务院办公厅发布《生育保险和职工基本医疗保险合并实施试点方案》,遵循保留险种、保障待遇、统一管理、降低成本的总体思路,推进两项保险合并实施。根据试点方案的安排,生育保险和医疗保险的合并主要为统一参保登记、基金征缴和管理、医疗服务管理、经办和信息服务。生育医疗费用和生育津贴从职工基本医疗保险基金中支付,待遇水平不变。在试点的基础上,2019 年 3 月 6 日,国务院办公厅发布《关于全面推进生育保险和职工基本医疗保险合并实施的意见》,生育保险和职工基本医疗保险合并全面实施。虽然试点方案中的政策在意见中基本全面延续,但这种合并并非取消了生育保险项目。

社会主义市场经济体制改革以来,我国社会保险制度的建立和完善与劳动关系紧密相连。伴随着经济体制改革和企业改革建立的社会保险制度的本质是“劳动保险”,是向劳动者提供的社会保险。《社会保险法》颁布后,在全国范围内开始建立的养老保险和医疗保险制度虽然将覆盖范围扩大到非劳动者,但其框架体系仍然是以劳动者养老保险和医疗保险体系为模板,并且非劳动者的社会保险以自愿参加为前提条件。强制性的社会保险体系仍然以劳动关系存在为条件,覆盖范围仍然是与用人单位建立劳动关系的劳动者。社会保险制度的核心在于劳动关系主体的缴费形成基金后,劳动者在因年老、疾病、生育、工伤和失业而中断或终止因劳动关系所产生的经济收入时,由社会保险基金向其提供保险待遇,以保障其基本生活。

1994 年 12 月 14 日劳动部发布《企业职工生育保险试行办法》,以通过企业缴纳生育保险费建立的生育保险基金为女职工支付生育医疗费和发放生育津贴,企业生育保险制度随之建立和发展。2010 年《社会保险法》中生育保险仍然采取企业缴纳生育保险费的筹资模式,保险的对象从企业职工扩展到用人单位职工和职工未就业配偶。按照《社会保险法》的规定,生育保险待遇包括生育医疗费(生育的医疗费用、计划生育的医疗费用)和生育津贴(产假津贴和计划生育手术假津贴)。

(二)生育保障:内涵和外延

劳动者所遭遇的年老、疾病、生育、工伤和失业等社会风险各自有着自身的特征和需求,相应的,不同保险制度的建立也有着自己的特点和目标。与其他社会风险相比,生育风险具有自身的特殊性。《劳动法》和《社会保险法》中规定的劳动者遭遇的劳动风险中,工伤和失业风险与劳动关系联系紧密,劳动者的工伤直接来源于劳动；失业风险则直接来源于劳动力市场和劳动关系的产生；自然人的年老、疾病则不因劳动关系存在与否而有所区别，因此年老和疾病风险不是只有劳动者才会遇到的社会风险，而是所有社会成员均会遇到的社会风险。生育风险与以上四类风险均有明显差别，从风险的目标人群来看，生育为女性特有的生理机能，因此，其保护的目标人群是女性劳动者。与年老和疾病风险类似，生育风险也不因劳动关系产生，但是生育会影响到女性劳动者劳动关系的建立和存续；养老和医疗是一种“消费”，是人类的“生活需求”；生育是“创造”和“生产”，是人类繁衍所必需。在享受养老保险或失业保险待遇时，退休人员或失业人员与原用人单位已经不存在劳动关系，用人单位的义务是在劳动关系存续期间依法足额按时缴纳社会保险费，社会保险待遇由社会保险基金负责；而女性劳动者在享受生育保险待遇时，其劳动关系仍在存续期间，即便生育期间的经济性待遇由生育保险基金负责，用人单位和劳动者之间仍然存在劳动关系项下的权利义务关系；虽然劳动者患病期间也存在劳动关系中的权利义务，但是劳动者疾病保险待遇并没有人群的差异。由于生育风险存在于女性这一特定目标人群，因此会影响用人单位对劳动者的选择。用人单位，特别是企业，不仅有依法缴纳生育保险费的义务，也要承担劳动者因生育原因离岗产生的生产经营成本，“即便生育保险能够均摊部分成本，只要女员工休产假，用人单位就需找人替工，付出招聘或调岗成本；产假期满后复职，用人单位又需安置替工者”①。因此，以弥补经济损失为主要目标的生育保险制度并不能充分满足女性劳动者因生育而产生的就业权益保护的需求。

---

① 阎天：《川上行舟——平权改革与法治变迁》，清华大学出版社2016年版，第25页。

相对于“生育保险”,以“生育保障”来概括女性劳动者生育期间的权益保护,更为完备和周延。

女性劳动者生育保障制度,是指关于女性劳动者生育权益保护的所有法律制度和政策措施,生育保障待遇不仅包括向女性劳动者支付生育医疗费用和发放生育津贴,还包括女性劳动者劳动关系在生育期间的维持和国家提供的各种保障措施。国家不仅要通过立法分配用人单位和女性劳动者在生育期间的权利义务,还应当履行对女性劳动者的保护职责。生育保障制度虽然以保障女性身体健康为目的,特别是以保障女性的生殖健康为核心,同时兼具保障婴幼儿健康成长的功能,但是女性劳动者劳动关系稳定的保障和就业的性别平等保护也应成为女性劳动者生育保障制度的目标追求。

女性劳动者的生育保障并非仅指传统意义上的生育社会保障。一般认为,社会保障是指国家立法强制规定,并以国家作为给付义务主体,对公民在年老、疾病、伤残、失业、生育、遭遇灾害、面临生活困难等情形时给予物质或服务帮助,旨在保障公民基本生活需要并提高其生活水平、实现社会公平和社会正义的制度。[①] 我国社会保障制度分为四个组成部分:社会保险、社会救助、社会福利和社会优抚。一般情形下,社会保险往往与劳动关系相关,社会救助通常以“贫困”为条件,社会优抚则有特定的保障人群,社会福利是全体社会成员均可享受的普惠待遇。按照资金来源,还可以分为保险型社会保障(以缴费形成基金的社会保险)和非保险型社会保障(以政府财政为资金支持的社会保障项目,在我国包括社会救助、社会优抚和社会福利)。

---

① 参见《劳动与社会保障法学》编写组:《劳动与社会保障法学》(第2版),高等教育出版社2018年版,第199页。

二、生育的性质和范围

女性劳动者生育保障制度是基于女性生育这一社会事实产生，生育既是女性的生理机能，也是女性的权利。在我国，通常生育是建立在合法婚姻基础上的符合计划生育政策的生育，但是社会生活中也存在非婚生育和计划生育之外的生育，由此产生非婚生育和计划外生育的女性劳动者是否有权享受生育保障待遇的问题。这一问题的解决虽然可以根据现行法律和政策中生育保障的覆盖范围判断，但该问题也是一个重要的理论待解问题：女性生育应当如何被对待。法理学和宪法学中关于生育权的研究集中于生育权的性质[①]，学者们从基本人权的角度探讨生育权的自由权属性和计划生育的合宪性分析[②]，其中社会抚养费的性质和收取合理性是研究的重点内容[③]。民法学者通常认为生育权是人格权或身份权[④]，并且生育权与婚姻家庭紧密相连，夫妻生育权

---

① 参见华东政法大学生育权和人权课题组、何勤华：《关于生育权和人权的思考》，载《法学杂志》2009 年第 8 期。

② 参见余军：《生育自由的保障与规制——美国与德国宪法对中国的启示》，载《武汉大学学报（哲学社会科学版）》2016 年第 5 期。

③ 参见陈征：《社会抚养费制度与公民生育权的冲突及解决途径》，载《中国社会科学院研究生院学报》2014 年第 4 期；田开友、张金波：《社会抚养费法律性质之辨正》，载《湖南社会科学》2015 年第 6 期；伏创宇：《社会抚养费征收裁量的检讨与重构》，载《中国青年社会科学》2016 年第 2 期；陈伯礼、金唤唤：《社会抚养费征收的正当性反思及建议》，载《河南财经政法大学学报》2018 年第 3 期。

④ 参见邢玉霞：《从民事权利的角度辨析生育权的性质》，载《东岳论丛》2012 年第 3 期；李景义、焦雪梅：《生育权的性质及法律规制》，载《甘肃社会科学》2014 年第 3 期；李洪祥、张美玲、黄国丽：《也谈生育权——以社会性别视角为中心》，载《中华女子学院学报》2013 年第 4 期；马强：《论生育权——以侵害生育权的民法保护为中心》，载《政治与法律》2013 年第 6 期；幸颜静：《论生育权在私法领域的存在——兼解(转下页)

(特别是男性生育权)[①]、罪犯的生育权、[②]代孕生育[③]和非婚生育、

(接上页)读婚姻法司法解释(三)第九条》,载《中华女子学院学报》2011年第5期;朱晓喆、徐刚:《民法上生育权的表象与本质——对我国司法实务案例的解构研究》,载《法学研究》2010年第5期;陈玉玲:《论生育权的权利属性及其侵权责任》,载《上海政法学院学报(法治论丛)》2009年第6期;樊丽君:《生育权性质的法理分析及夫妻生育权冲突解决原则》,载《北京化工大学学报(社会科学版)》2005年第4期;武秀英:《对生育权的法理阐释》,载《山东社会科学》2004年第1期;熊进光:《对生育权的法律思考》,载《甘肃政法学院学报》2002年第6期。

① 参见周永坤:《丈夫生育权的法理问题研究——兼评〈婚姻法解释(三)〉第9条》,载《法学》2014年第12期;潘皞宇:《以生育权冲突理论为基础探寻夫妻间生育权的共有属性——兼评〈婚姻法解释(三)〉第九条》,载《法学评论》2012年第1期;周平:《配偶间生育权冲突之法律规制》,载《中南民族大学学报(人文社会科学版)》2011年第6期;马忆南:《夫妻生育权冲突解决模式》,载《法学》2010年第12期;邢玉霞:《现代婚姻家庭中生育权冲突之法律救济》,载《法学杂志》2009年第7期;王旭霞:《夫妻生育权的实现与救济》,载《甘肃政法学院学报》2009年第2期;李小年:《夫妻生育权若干法律问题探讨》,载《学习与探索》2008年第2期;张作华、徐小娟:《生育权的性别冲突与男性生育权的实现》,载《法律科学(西北政法学院学报)》2007年第2期;樊丽君:《生育权性质的法理分析及夫妻生育权冲突解决原则》,载《北京化工大学学报(社会科学版)》2005年第4期。

② 参见李玉娥、栗志杰:《服刑人员生育权论要》,载《法律科学(西北政法大学学报)》2018年第1期;杨帆:《在押罪犯生育权问题研究》,载《中南民族大学学报(人文社会科学版)》2011年第6期;李蕊佚:《服刑人员生育权研究》,载《法学评论》2010年第4期;陈秀萍:《死刑犯之生育权问题探微》,载《河北法学》2009年第11期;贾敬华:《囚犯生育权的性质和权源分析》,载《法学杂志》2008年第6期;寇学军:《关于死刑犯生育权问题研究》,载《河北法学》2003年第5期;朱建忠:《论罪犯的生育权》,载《山西高等学校社会科学学报》2002年第11期。

③ 参见孙亚贤:《生育权保障视野下代孕的合法化研究》,载《西安电子科技大学学报(社会科学版)》2017年第3期;杨遂全、钟凯:《从特殊群体生育权看代孕部分合法化》,载《社会科学研究》2012年第3期;郑净方:《人工生殖技术下夫妻生育权的契合与冲突》,载《河北法学》2012年第5期;杨帆:《辅助生殖技术对生育权的冲击及立法调整》,载《法学杂志》2010年第4期;邢玉霞:《生育权在现代生殖方式中的行使范围》,载《法学杂志》2007年第5期;张伟:《从吉林省"独身女性可生育子女"谈对公民生育权的法律保护》,载《河北法学》2003年第3期;李婕:《由独身女子生育权引发的思考》,载《河北法学》2003年第3期;刘志刚:《单身女性生育权的合法性——兼与汤擎同志商榷》,载《法学》2003年第2期;汤擎:《单身女性生育权与代际平等——评〈吉林省人口与计划生育条例〉第30条第2款的非合理性》,载《法学》2002年第12期。

单身女性的生育也是学者们关注的热点[①]。学者们一致认为，非婚生子女和婚生子女享有同等的法律地位和权利，这种平等的权利不仅是理论共识，也已经为法律所承认。[②] 计划外生育的子女同其他子女一样，也应具有平等的法律地位和法律权利。

劳动法对生育的关注主要集中在两个方面：一是因生育对劳动关系的影响，二是生育保险，而这两个方面的研究通常又与就业性别平等紧密相关。[③] 对于非婚生育和计划外生育的女性劳动者的劳动关系处理和生育保障待遇的研究相对匮乏。限制非婚生育或计划外生育的女性劳动者享受生育保险待遇将进一步加剧因生育所造成的就业不平等。为保障女性劳动者的劳动权利，避免女性“生育惩罚”在劳动领域的加剧和合理化，亟须对女性劳动者生育保障制度中所保障的“生育”性质和范围进行探讨。

（一）生育：自由、资格和身份

通常情况下，生育总是与婚姻和家庭紧密联系，得到法律保护的生育首先是婚姻中的生育。但是生育与婚姻分开已经得到社会认可。1974 年联合国布加勒斯特世界人口大会通过《世界人口行动计划》后，非婚生育在国际社会获得承认，“所有夫妻和个

---

① 参见朱晓飞：《性别公正的公益法实践——以“单身女性生育权”事件为例》，载《中华女子学院学报》2018 年第 5 期；袁晓月：《浅析我国单身女性的生育权》，载《山东青年政治学院学报》2018 年第 4 期；万广军、杨遂全：《论基因遗传权的保护——以单身女性生育权和死刑犯父母人身权为视角》，载《上海政法学院学报（法治论丛）》2010 年第 6 期；陈祥健：《质疑“单身女性生育权”》，载《法学杂志》2003 年第 5 期。

② 早在 1950 年颁布的《婚姻法》中就规定了非婚生子女与婚生子女享有同等的权利。

③ 参见黄桂霞：《女性生育权与劳动就业权的保障：一致与分歧》，载《妇女研究论丛》2019 年第 5 期。

人都有自由而负责地决定其子女的人数和生育间隔以及获得作出这种决定所需要的新信息、教育和方法的基本权利"[①]。作为基本权利的生育权利,是"以国家为义务主体,夫妻或个人要求国家尊重并容忍生育者的自主生育决定,对生育者给予生育保障,并获得平等对待的权利"[②]。我国宪法中"婚姻、家庭、母亲和儿童受国家的保护"和"夫妻双方有实行计划生育的义务"的规定表明,公民的生育权利为宪法所承认和保护。虽然宪法中并没有明确生育与婚姻和家庭之间的关系,但实际体现了婚姻和生育之间的关联。婚姻的成立意味着夫妻双方可以生育。但是通过如此推论得出的法律条文中婚姻与生育之间的关联性内容,只能证明婚姻成立是生育的充分条件,不能由此判断生育必然以婚姻存在为前提,即婚姻并非生育的必要条件。如果将生育权限定在婚姻之内,则这种基于法律身份产生的生育权限制了生育本身,即没有婚姻,虽可以进行事实生育,但无法获得"生育权"保障。

从我国婚姻家庭法律发展的历史来看,男女双方没有依法领取结婚证而生活在一起,即非婚同居关系,虽然不能得到法律对婚姻的全部保护,但也并非全部视为违法。以同居双方各自是否有婚姻关系为标准,可以将非婚同居分为双方均未婚的同居和一方(或双方)有配偶而同居两种情形。对于前者,无论双方是否

---

① 《中华人民共和国人口与计划生育法释义》(第二部分释义第三章生育调节),载 http://www.npc.gov.cn/npc/c2223/200309/9081e9d86cf646bcafedcaaf1c9aa4a9.shtml,访问日期:2020 年 8 月 30 日。

② 沈国琴、田双铭:《二胎政策背景下非婚者生育权保障立法研究》,载《徐州工程学院学报(社会科学版)》2017 年第 3 期。

以婚姻名义同居，并不违法[①]；对于后者，根据《民法典》“禁止重婚”和“禁止有配偶者与他人同居”的规定，则是“违法同居”。根据《民法典》、相关法律法规和司法解释的规定，虽然同居关系不属于“婚姻关系”，同居双方当事人的权利不受《民法典》及相关法律规定的保护，但是法律规定“非婚生子女享有与婚生子女同等的权利，任何组织或者个人不得加以危害和歧视”[②]。可见，现行法律规定并没有否定上述关系中女性的生育权利。[③]

从生育的自然功能分析，生育权的取得并不仅仅以婚姻为前

---

① 对于双方均未婚的同居，1989年12月13日发布的最高人民法院《关于人民法院审理未办结婚登记而以夫妻名义同居生活案件的若干意见》中规定，人民法院审理未办结婚登记而以夫妻名义同居生活的案件，应首先向双方当事人严肃指出其行为的违法性和危害性，并视其违法情节给予批评教育或民事制裁。但基于这类“婚姻”关系形成的原因和案件的具体情况复杂，为保护妇女和儿童的合法权益，有利于婚姻家庭关系的稳定，维护安定团结，在一定时期内，有条件地承认其事实婚姻关系，是符合实际的。将非法同居关系范围规定为：①1986年3月15日《婚姻登记办法》施行之前，未办结婚登记手续即以夫妻名义同居生活，如起诉时一方或双方不符合结婚的法定条件，应认定非法同居关系。②1986年3月15日《婚姻登记办法》施行之后，未办结婚登记手续即以夫妻名义同居生活，群众也认为是夫妻关系的，一方向人民法院起诉“离婚”，如同居时双方均符合结婚的法定条件，可认定为事实婚姻关系；如同居时一方或双方不符合结婚的法定条件，应认定为非法同居关系。③自民政部新的婚姻登记管理条例施行之日起，未办结婚登记即以夫妻名义同居生活，按非法同居关系对待。随着2001年《婚姻法》的修订和2003年《婚姻登记条例》的颁布，未婚同居作为违法同居已经逐渐淡出历史舞台。2020年5月28日通过的《民法典》延续了《婚姻法》关于重婚和同居的规定。

② 2001年修正的《婚姻法》第12条规定，无效或被撤销的婚姻，自始无效。当事人不具有夫妻的权利和义务。《婚姻法》中关于禁止重婚、禁止有配偶者与他人同居、婚姻的无效和撤销、非婚生子女的平等权利等条文内容在2020年通过的《民法典》中继续保留，没有实质性变化。

③ 虽然法律规定了非婚生子女享有与婚生子女同等的权利，而这些权利通常是从抚养和继承等家庭关系方面提出的，是否能从中推导出女性生育权利（包括生育保障权利）的法律平等仍然存疑。

提,生育权的保障范围应扩及未婚者,即在宪法上生育权是"自由权"而并非"身份权"。"缔结了婚姻并不意味着必须履行生儿育女的义务;同样,不婚、非婚者担当父亲、母亲的权利或资格不是法律能够完全剥夺的,也是法律不应该剥夺的。"[①]法律保护合法婚姻,但并不意味着法律只保护婚内生育,也不意味着法律不保护合法婚姻外女性的生育权利。[②]

(二)计划生育

生育控制是国际卫生组织在开罗国际人口会议上提出的概念,包括家庭计划、晚育、节育措施、治疗不育、终止妊娠与哺乳。[①] 我国实行的计划生育政策属于典型的生育控制政策,1974

---

① 武秀英:《对生育权的法理阐释》,载《山东社会科学》2004年第1期。

② 在地方性规定中甚至出现了允许单身女性通过辅助生殖技术生育的条文。《吉林省人口与计划生育条例》第28条规定:"达到法定婚龄决定不再结婚并无子女的妇女,可以采取合法的医学辅助生育技术手段生育一个子女。"但是原卫生部颁布的《人类辅助生殖技术管理办法》第3条规定:"人类辅助生殖技术的应用应当在医疗机构中进行,以医疗为目的,并符合国家计划生育政策、伦理原则和有关法律规定"。《人类辅助生殖技术规范》中"禁止给不符合国家人口和计划生育法规和条例规定的夫妇和单身妇女实施人类辅助生殖技术"的规定,实际上否定了单身女性生育的可能。单身女性通过辅助生殖技术实现生育存在争议,但是即使反对一方也没有完全否定女性的生育权利和对女性生育提供保障。参见陈祥健:《质疑"单身女性生育权"》,载《法学杂志》2003年第5期;刘志刚:《单身女性生育权的合法性——兼与汤擎同志商榷》,载《法学》2003年第2期;汤擎:《单身女性生育权与代际平等——评〈吉(转下页)(接上页)林省人口与计划生育条例〉第30条第2款的非合理性》,载《法学》2002年第12期;芮卫东:《生育控制的法律分析——兼论单身女性的生育权》,载《人口与计划生育》2003年第8期;李亚楠、焦艳玲:《单身女性生育权"热诉求"下的"冷思考"》,载《中国医学伦理学》2019年第7期;朱晓飞:《性别公正的公益法实践——以"单身女性生育权"事件为例》,载《中华女子学院学报》2018年第5期。

① 参见秦奥蕾:《生育权、"计划生育"的宪法规定与合宪性转型》,载《政法论坛》2016年第5期。

年的《世界人口行动计划》的评估报告即肯定了政府进行人口控制的权力。

计划生育是我国的基本国策,这一基本国策已经被写入法律。从我国现行法律规定内容分析,计划生育的义务首先被规定为夫妻双方的共同责任[①],据此,婚内生育则可以分为计划内生育和计划外生育。非婚生育是否属于计划外生育,《人口与计划生育法》并没有作出规定。在某些地方性法规中,计划生育和非婚生育有所区分,非婚生育一孩并不承担违反计划生育的法律责任。[②] 可见,计划外生育和非婚生育两个概念在含义上存在交叉。计划生育一般是指婚内的计划生育,即计划生育以婚内生育为隐含前提条件,非婚生育自然不属于计划内生育,但非婚生育又不是婚内的非计划生育,由此计划生育的相关法律规定中对计划外生育的法律规定并不必然适用于非婚生育。但是按照生育因婚姻产生,计划生育是夫妻双方的义务(婚姻—生育—计划生育)的逻辑链条,非婚生育自然被排除在计划生育之外,对计划外生育的法律规范应当适用于非婚生育,特别是在非婚生育并没有法律明确规定的情况下,非婚生育属于广义上的计划外生育。

随着我国"独生子女计划生育政策"调整为"三孩生育政策",违反计划生育政策的生育现象可能会减少,但是"三孩生育"仍然是"计划生育",现实中仍然存在违反计划生育政策生育的问题,也就仍然存在生育保障是否覆盖违反计划生育政策生育的女

① 《人口与计划生育法》第17条规定:"公民有生育的权利,也有依法实行计划生育的义务,夫妻双方在实行计划生育中负有共同责任"。

② 参见《广东省人口与计划生育条例》第46条。

性劳动者的争议。[①] 我国《宪法》规定，国家推行计划生育，使人口的增长同经济和社会发展计划相适应。夫妻双方有实行计划生育的义务。《人口与计划生育法》中规定，实行计划生育是国家的基本国策。公民有生育的权利，也有依法实行计划生育的义务，夫妻双方对实行计划生育负有共同的责任。违反计划生育政策的生育，成为违法生育行为。既然是违法行为，那么违反计划生育政策的当事人依法应当承担相应的法律责任。但是《人口与计划生育法》中并没有规定剥夺生育保险待遇的内容。

（三）女性生育保障制度所保障的“生育”：以就业保障为视角

生育关系着人类社会的生存繁衍。生育权是一项基本人权，女性的生育权利应当被保障。从国际范围来看，以平等保护为原则，生育保障并没有因生育的性质而区别对待，并且还特别

---

① 参见福建省厦门市中级人民法院（2019）闽 02 民终 348 号民事判决书、厦门市同安区人民法院（2018）闽 0212 民初 3993 号民事判决书。在该案中，一审法院认为叶某生育第三胎是否违反国家计划生育政策，应由计划生育行政部门进行确认，用人单位无权确认。华强方特公司在没有任何计划生育行政部门认定叶某生育第三胎属于违反国家计划生育政策的情况下，以叶某未能提供符合国家计划生育政策的相关证明为由，认定叶某违反国家计划生育政策、违反公司规章制度的规定，单方解除与叶某的劳动关系，系违法解除与叶某的劳动合同。叶某要求华强方特公司支付休产假的工资，符合法律规定，应予以支持。二审法院则认为，根据《福建省人口与计划生育条例》的规定，再婚夫妻仅在至少一方再婚前无子女的情况下，才可能符合再婚后再生育两个子女的条件，叶某再婚前和其再婚丈夫均已育有子女，再婚后叶某又先后生育两个子女，叶某未能提供足以证明其符合计划生育政策的证据，认为上诉人（一审被告）华强方特公司认为叶某违反计划生育政策的主张符合《福建省人口与计划生育条例》的规定。该公司以叶某严重违反公司规章制度（公司规章制度中规定违反计划生育政策的行为是严重违反公司规章制度的行为）为由解除劳动合同，法院予以支持，华强方特公司没有向叶某支付产假工资的义务。

强调不论生育是否合法,是否为婚生,生育的女性均享有同等的生育保障权利。① 在我国,长久以来,社会生活中非婚生育女性仍然受到歧视,虽然在现在的社会环境下,这一现象已经有了明显的改善,但是歧视仍然存在;违反计划生育政策的父母面临着社会的负面评价。

就我国现行法律规定而言,非婚生育和计划生育政策之外生育的女性并没有得到有效的生育保障。虽然 2010 年颁布的《社会保险法》中关于生育保险待遇享受条件中没有要求生育必须是符合国家计划生育政策的生育,作为生育保险专门法的《企业职工生育保险试行办法》②也没有明确将违反计划生育政策生育的女职工排除在生育保险覆盖范围之外③,但是对非婚生育的歧视性看法和对违反计划生育政策的惩罚性措施实际存在。特别是一些地方立法,或者通过将符合计划生育规定作为享受生育保险待遇的条件,或者直接将违反人口和计划生育法律规定的生育规定为不符合生育保险待遇的享受条件④,从而使得非婚生育和计划生育政策之外的生育女性无法享受生育保险待遇。⑤

① 2000 年国际劳工组织修订的《保护生育公约》中明确规定,"妇女"一词不加区别地适用于任何女性;"儿童"一词不加区别地适用于任何儿童。

② 1994 年劳动部发布。

③ 1988 年国务院发布的《女职工劳动保护规定》中明确,女职工违反国家有关计划生育规定的,其劳动保护应当按照国家有关计划生育规定办理,不适用本规定。但是 2012 年国务院发布的《女职工劳动保护特别规定》中已经没有了类似内容。

④ 参见《北京市人口与计划生育条例》第 18、36 条;《上海市人口与计划生育条例》第 37、41 条;《海南省城镇从业人员生育保险条例》第 14 条;《江苏省职工生育保险规定》第 23 条。

⑤ 从上述法律、法规内容分析,计划生育是合法婚姻中的夫妻双方的计划生育,非婚生育自然被排除在计划生育之外,即不属于计划生育,从这一点而言,虽然这些规定中的生育保障待遇仅排除"计划外生育"的女性,但是在实质上非婚生育也当然地被排除在生育保障制度的保护范围之外。以上海市为例,虽然《上海市(转下页)

劳动法中虽然没有明确对女性非婚生育和违反计划生育政策生育的处罚规定,但是在某些地方性法规中,对于违反计划生育政策的劳动者用人单位应当开除或解除合同的规定使得用人单位解除劳动合同有了合法依据。[1] 这种地方性规定的合法性受到了劳动法学界的广泛质疑,2017 年有劳动法学者联名向全国人大常委会法制工作委员会提出法规备案审查建议,认为一些地方的人口与计划生育规定与《劳动合同法》的规定相悖,全国人大常委会经过备案审查,建议地方适时调整有关条例的内容[2],随后相关地方的人口与计划生育条例按照《人口与计划生育法》的相关条文进行相应修改,删除"解除劳动合同"的条文;但是地方性法规中仍然保留着"纪律处分"的内容。因违反计划生育政策被用人单位给予纪律处分仍然是生育对劳动关系产生的不利影响,有违性别就业平等的法律理念,是性别就业歧视的表现。由于我国劳动法律中对用人单位劳动纪律的种类规定并不明确,存在用人单位将解除劳动合同作为纪律处分情形的可能性,用人单位仍然可以通过将违反计划生育政策(包括非婚生育)规定在本单位规章制度之中,以严重违反本单位规章制度为由与劳动者解除劳动

(接上页)人口与计划生育条例》中没有明确将非婚生育排除在生育保险覆盖范围之外,但是根据《上海市城镇生育保险办法》的规定,申领生育生活津贴和生育医疗费津贴的妇女应当是属于计划内生育的妇女,在申请领取生育保险待遇时要提供人口和计划生育管理部门出具的属于计划内生育的证明,办理计划内生育证明需要提交夫妻双方的婚姻状况证明。非婚生育的女性因无法取得计划内生育证明,从而也就被排除在生育保险的覆盖范围之外。参见上海市第三中级人民法院(2018)沪 03 行终 786 号行政判决书。

① 参见《广东省人口与计划生育条例》(2016 年修正)第 40 条。

② 参见《全国人大常委会备案审查纠正类似"超生即辞退"法规》,载 http://news.cyol.com/co/2018-03/12/content_17014425.htm,访问日期:2020 年 4 月 25 日。

合同。[①] 由于这种解除并不属于《劳动合同法》中规定的不得在孕期、产期和哺乳期内解除劳动合同的情形，导致女性劳动者不仅无法享受生育保险待遇，同时又失去了工作，从而导致女性劳动者的生育保障权益丧失殆尽。

虽然生育可以有婚内生育和非婚生育、计划内生育和计划外生育的划分，但是“剥夺”劳动者的生育保险待遇，甚至让其失去工作或影响其职业发展，不仅加重了对女性的社会歧视，导致其生活陷入困境，更是“处罚失当”，是对女性劳动者就业权利的侵害。对于女性劳动者而言，生育风险不仅包括因生育而产生的费用支出，还包括因生育而暂时离开工作岗位，造成劳动报酬的减损，并可能对整个职业生涯产生重要影响。生育保障制度的目的是将这一生育风险在社会范围内加以分散，保障生育女性的基本生活。生育关系着人类社会的生存繁衍，生育的母亲都应当享受生育保险待遇，因此生育保险制度中的生育应当包括所有的生育，或者说是不加区分的生育，不论是婚内生育还是非婚生育、是计划生育政策内生育还是违反计划生育政策的生育，只要有生育的发生，生育女性就有权获得生育保障。女性劳动者是否享受生育保险待遇的前提是其是否参加了这一社会保险，而不是生育是否符合计划生育政策；劳动关系同样不应成为“生育惩罚”的措施和手段，包括因生育原因的解雇和因生育对劳动者职业发展的各种

① 特别是在相关法律规定中赋予用人单位对违反计划生育政策人员给予纪律处分的权利时，用人单位在规章制度中如此规定也就有了更为明确的法律依据。司法实践中，当用人单位的规章制度中有如此规定时，也会得到法院的支持。例如，2017年广东省高级人民法院印发的《关于审理劳动争议案件疑难问题的解答》中虽然对“用人单位以劳动者违反计划生育规定为由解除与劳动者劳动合同的，劳动者要求用人单位支付违法解除劳动合同的赔偿金”予以支持，但是同时又规定“劳动合同、集体合同、用人单位规章制度另有约定的除外”。

消极影响。劳动纪律是劳动者在劳动过程中的行为准则,纪律处分是用人单位对违纪劳动者的惩戒。作为用人单位为维护本单位生产经营秩序而确立的劳动者行为准则,劳动纪律应当以劳动关系为基础,其对劳动者的行为规范应限制在“劳动关系”范围之内。违反计划生育政策并不违反本单位的劳动纪律,法律不应强制用人单位特别是企业因生育这一与劳动关系无关的行为作出处罚性规定,这种处罚性规定不仅包括“解除劳动合同”(惩罚性解雇),也包括各种纪律处分措施,女性不应因生育而遭受就业歧视。正如劳动法学者在提交给全国人大常委会的备案审查建议中所述:“公民违反计划生育规定,是违反其对国家的公民义务,而不是违反其对用人单位的劳动义务。以干预劳动关系的方式落实计划生育政策,混淆两种性质不同的法律关系,是法律手段运用的错位。”①

三、生育保障的国际标准

生育保护一直是国际劳工标准的重要组成部分。早在国际劳工组织成立之初的国际劳工标准中,女性生育保护就是其中重要的内容。迄今为止,国际劳工标准中有关生育保护的公约和建议书仍然占据重要地位。随着对性别平等的深入认识和理解,国际劳工组织逐步修改早期的从女性群体保护角度作出的平等就业和生育保护的国际劳工标准。随着社会经济的发展和国际社会对就业性别平等认识的深入,相关具体内容有所变化,但是《保护生育公约》所确立的产假制度、生育津贴制度、哺乳制度和不得因生育解雇女性劳动者的制度,不仅为以后的国际劳工标准所坚

---

① 《“职工超生即辞退”说法可取吗?专家:违反劳动法》,载 http://www.xinhuanet.com/legal/2017-10/24/c_1121846140.htm,访问日期:2020 年 9 月 30 日。

持，也为世界各国的法律所确认。

（一）保护范围

1919年《保护生育公约》将所适用的女性劳动者范围限定为“不论年龄或国籍，已婚或未婚的任何女性”，儿童则为“不论合法或非法的任何儿童”。但是公约将女性就业的领域限定在“工业企业”和“商业企业”，使享受该公约保护的女性范围有所限制。1952年国际劳工组织修订的《保护生育公约》，将所保护的妇女和儿童的范围进一步明确为，妇女是指“不分年龄、民族、种族或信仰，不论已婚或未婚的任何妇女”，儿童是指“不论婚生或非婚生的任何儿童”，并将所适用的女性的就业领域扩大到受雇于工业企业以及从事非工业职业[①]和农业职业[②]的妇女，包括在家工作的挣工资的妇女。国际劳工组织2000年修订的《保护生育公约》不加区别地适用于任何女性和任何儿童。公约将所适用的妇女范围扩大到包括从事非典型形式的隶属工作的妇女。从国际劳工标准的内容来看，女性劳动者的范围呈现逐步扩大的趋势，力图将所有从事劳动的女性纳入保障范围。

（二）产假和生育津贴

国际劳工组织2000年修订的《保护生育公约》中要求产假由

---

① 就本公约而言，非工业职业是指在不论公营或私营的下列企业或服务业中从业或与之有联系的一切职业：商业机构；邮电服务；受雇人员主要从事办事员工作的企事业和行政管理机关；报社；旅馆、宿舍、餐馆、俱乐部、酒吧和其他小吃部；治疗并照料病人、弱者或贫困者及孤儿的企事业；剧院和公共娱乐场所；在私人家中为挣工资所做的家务劳动；及主管当局决定的适用本公约各条款的任何其他非工业职业。

② 就本公约而言，农业职业是指在农业企业，包括种植园和大型工业化农业企业中从业的一切职业。

国家法律和惯例确定，经出示医疗证明或其他适宜证明说明预产期，妇女须有权享受时间不少于14周的产假；除非在国家一级政府和有代表性的雇主组织与工人组织另有议定，出于对保护母亲健康和儿童健康的应有考虑，产假须包括6周时间的产后强制性休假。产前部分的假期，须按预产期和实际分娩之间逾期的时间予以延长，不从强制性产后假期部分中扣除。2000年修订的《保护生育建议书》中建议成员国应努力将公约所提到的产假期限延长至至少18周；应作出规定，在多胎产情况下要延长产假；在可能的范围内，应采取措施，以保证妇女有权自由选择时间，在产前或产后休其产假的任何非强制性部分的假期。

《保护生育公约》和《保护生育建议书》中规定了生育医疗津贴和现金津贴。根据规定，医疗津贴须包含产前、分娩和产后医疗护理，以及必要时的住院治疗，具体而言，包括：在医生的诊所、在家中或是在医院或其他医疗机构中，由普通医生或专家提供的治疗护理；在家中或在医院或其他医疗机构中，由合格的助产士或其他生育服务人员提供的生育护理；在医院或其他医疗机构中进行保养；由医生或其他合格人员开出的任何必要药品和医疗用品、检查和化验；以及牙科和外科治疗。

现金津贴是向休产假的妇女提供的收入支持。根据《保护生育公约》和《保护生育建议书》的规定，成员国应该根据国家法律和条例，或是以符合国家惯例的任何其他方式，向因休产假而缺勤的妇女提供现金津贴。现金津贴的水平，须保证妇女能以适当的健康条件和适宜的生活标准供养自己及其孩子。凡按国家法律或惯例以原先收入为依据为《保护生育公约》第4条提到的休假支付现金津贴，此种津贴的数额不得低于该妇女原先的收入或是为计算津贴而加以考虑的收入的三分之二。各成员国须保证，本公约对其适用的大多数妇女都能够达到享受现金津贴的资格条件。凡妇女达不到国家法律和条例或是符合国家惯例的任何其他方式规定的享受现金津贴的资格条件的,须有权享受社会援助基金的适当津贴——这取决于所要求的家庭经济情况调查的结果。为了保护妇女在劳动力市场中的地位,休假津贴须通过强制性社会保险或公共基金提供,或是以国家法律和惯例确定的方式提供。没有雇主的明确同意,雇主个人对其雇用的妇女不承担任何此类货币津贴的直接费用的责任,除非:在国际劳工大会通过《保护生育公约》之前,成员国的国家法律或惯例对此已有规定,或者政府和有代表性的雇主组织与工人组织因此在会后达成国家一级的协议。在可行的时候,并在同有代表性的雇主组织和工人组织磋商之后,妇女在产假期间的现金津贴,应提高至妇女原先收入的全额,或是为计算津贴而加以考虑的那些收入的全额。

(三)孕期和哺乳期的保护

早期的国际劳工标准没有涉及对孕期保护的具体规定。对于哺乳期,1919 年《保护生育公约》中也仅规定了一条,即在任何情况下,应允许女性每天在上班期间哺乳两次,每次半小时。1952 年修订的《保护生育公约》中增加了妇女有中断工作哺乳权利的内容,并明确为哺乳而中断工作的时间计算在工作时间内,并要求各成员国根据法律或条例的规定给予相应的报酬。在 1952 年的《保护生育建议书》中,国际劳工组织建议在任何可行的情况下,应延长哺乳时间,达到每个工作日至少总共一个半小时,并应根据医疗证明准许调整哺乳的次数和时间长短。2000 年修订的《保护生育公约》中,孕期和哺乳期的规定相对详细得多。

根据 2000 年修订的《保护生育公约》的规定,各成员国须采取适宜措施保证孕妇或哺乳妇女不得从事会损害母亲或儿童健康的工作,或者是经评估确定对母亲或儿童的健康有重大危险的工作。须使妇女拥有可每日一次或多次休息或是减少每天工时为其婴儿哺乳的权利。允许哺乳时间或减少每天工时的那段时间、哺乳休息的次数和时间的长短,以及减少每天工时的程序,须由国家法律和惯例确定。这些休息时间或每天所减少的工时,须算作工作时间,因而要付给报酬。《保护生育建议书》同时还建议成员国应采取措施,以保证对与妊娠或哺乳妇女及其孩子的安全和健康有关的任何工作场所进行危害评估。有关的妇女应能了解评估的结果。经评估确定为有重大危险的情况,应采取措施,适宜时根据医疗证明,就此种工作提供备选方式:①消除危害;②调整其工作条件;③调整不可行时,在不损失工资的情况下调往另外一个岗位;④在此种调动不可行时,根据国家法律、条例或惯例带薪休假。(以上措施特别在以下工作适用:①涉及人力提举、搬运、推拉重物的艰苦工作;②涉及接触有害生殖健康的生物、化学和物理制剂的工作;③要求保持特殊平衡的工作;④因长时间的坐着或站立、极端气温或振动而使身体处于紧张状态的工作。)如医疗证明断定夜间工作不适合于妊娠、哺乳妇女,不应强迫孕妇或哺乳妇女从事此类工作。妇女应保留在工作一旦对其安全时返回其工作岗位或相当的工作岗位的权利。如有必要,经通知其雇主后,妇女应被允许离开工作场所,以进行与妊娠有关的医疗检查。经出示医疗证明或国家法律和惯例确定的其他适宜证明,应根据具体需要调整哺乳的次数和时间长短。凡可行时,并经雇主和有关妇女的同意,应可以将一日中用于哺乳的休息时间加在一起,以便能在工作日的开始或结束时扣除工时。凡可行时,应就在工作场所或其附近建立有适当卫生条件的哺乳设施作出规定。

(四)劳动关系的保护

生育不应该成为劳动关系终止的原因,因生育而终止劳动关系构成对女性劳动者的歧视,这是在1919年《保护生育公约》中就已经明确的原则。该公约仅仅规定了雇主不得在女性产假期间将其解雇,而没有更为详细的内容,不免显得粗糙。1952年修订的《保护生育公约》中将这一原则细化为在产假期间,其雇主在此缺勤期间通知将她解雇或在某一日期向她发出解雇通知而其截止日期在她上述缺勤期内者,均属非法。在1952年的《保护生育建议书》中,国际劳工组织则建议将不被雇主解雇的保护时间延长到产假结束后至少1个月,并建议通过法律规定在受保护期被解雇的合法事由仅包括:受雇妇女犯有严重错误、企业关闭或雇佣合同终止。在妇女分娩前后的合法缺勤时期内,妇女的工龄权利以及恢复原工作或工资相同的相当于原工作的工作权利应予保留。在《保护生育建议书》中,国际劳工组织还建议禁止妊娠和哺乳妇女从事夜间工作和加班,并在工作时间内作出计划,以保证有充分的休息时间;在妊娠期直至分娩后至少3个月,如果该妇女哺乳,则在更长的时期内,禁止雇用其从事主管当局确定为有损于其本人或婴儿健康的工作,包括:从事重物的抬、拉或推;身体过度和非常的紧张,包括长时间的站立;需要保持特别平衡的工作;在振动机器上操作。同时《保护生育建议书》中还规定,原来从事主管当局确定为有损于健康的工作的妇女,应有权调换一种不损害其健康的工作而不损失其工资;在个别情况下,任何妇女由于生育的原因,只要出示医疗证书,说明为了她和她婴儿的健康,有必要改变其工作的性质,也应享有调换工作的权利。

2000年修订的《保护生育公约》中明确规定,雇主在妇女妊娠期间或是在休产假,或是因妊娠或分娩引起患病、并发症情况下的休假而缺勤期间,或是在其重返工作岗位后国家法律或条例规定的一段时间内,终止其就业是非法的,除非终止的理由同妊娠或分娩及其结果或哺乳无关。证明解雇的理由同妊娠或分娩及其结果或哺乳无关的责任,由雇主承担。要保证妇女在其产假结束后返回同一岗位或工资相同的岗位的权利。各成员国须采取适宜措施,以保证生育不成为就业歧视的原因,包括进入就业。禁止要求求职妇女进行妊娠检验或提供此类检验的证明,但属于国家法律或条例有要求的工作除外:根据国家法律或条例禁止或是限制孕妇或哺乳妇女从事的工作;属于对妇女和儿童健康确定有损害或经评估确定有重大危险的工作。根据公约规定,须使妇女拥有可每日一次或多次休息或是减少每天工时为其婴儿哺乳的权利。允许哺乳时间或减少每天工时的那段时间、哺乳休息的次数和时间的长短,以及减少每天工时的程序,须由国家法律和惯例确定。这些休息时间或每天所减少的工时,须算作工作时间,因而要付给报酬。2000 年修订的《保护生育建议书》中还规定,产假结束时,妇女应有权返回其原先的工作岗位或是工资相同的相当岗位。在确定其权利时,产假时间应被视为服务时间。

四、我国女性劳动者的产假及其待遇

(一)产假、陪产假和育儿假的区别与联系

产假是生育假期的重要组成部分。在我国,根据相应的法律规定,产假和生育假期同义。广义的生育假期是指劳动者因生育而有权离开工作岗位但是保留劳动关系的一段时间,包括女性劳动者的产假、男性劳动者的陪产假和男女劳动者的育儿假。在我国现行的全国性法律规定中,生育期间的假期主要是针对女性劳动者的产假,并没有规定陪产假和育儿假的内容。《人口与计划生育法》中提到了生育假的概念,该法第 25 条第 1 款规定:“符合法律、法规规定生育子女的夫妻,可以获得延长生育假的奖励或者其他福利待遇。”根据该条规定,生育假应该属于生育子女的夫

妻共同享有,因此这里的生育假显然包括但不限于女性劳动者专门享有的产假,但是关于生育假的具体安排,《人口与计划生育法》中并没有进一步明确。2012 年国务院颁布的《女职工劳动保护特别规定》中仅规定女职工生育享受产假,并未涉及男性职工陪产假的问题。《社会保险法》(2010 年颁布、2018 年修正)中并未对生育假期的时间和享受人员作出规定,仅在规定生育津贴内容时有所涉及:“职工有下列情形之一的,可以按照国家规定享受生育津贴:(一)女职工生育享受产假;(二)享受计划生育手术休假;(三)法律、法规规定的其他情形。”但是根据以上条文内容并不能得出《社会保险法》中有关于陪产假和育儿假的规定。

产假、陪产假和育儿假虽然都是生育假期的组成部分,但是这些假期的设立目的、功能和作用并不一样。产假是为满足女性在分娩前后,特别是分娩之后身体恢复的需要,主要是为保护女性的身体健康而设立。产假虽然在客观上也发挥了照顾婴儿的作用,但在根本上是为分娩女性的身体健康而设立的假期。陪产假体现的则是男性对家庭责任的承担,其功能和作用在于满足丈夫照料分娩的妻子和男性(父亲)照料婴儿的需要。育儿假是为照顾婴幼儿的健康成长所需,主要体现为劳动者家庭责任的承担,在工作和家庭中的时间和精力平衡。因此,在以上生育假期中,产假是女性劳动者所特殊享有的生育假期。

所谓产假,是指女性劳动者分娩和分娩后身体恢复所享有的休养时间。我国目前法定的产假时间一般为 98 天[①],符合国际劳

---

① 我国《劳动法》中规定的女职工产假时间为不少于 90 天。为与国际劳工标准接轨,2012 年国务院通过的《女职工劳动保护特别规定》中将女职工产假延长至 98 天,并明确产前可以休假 15 天;难产的,增加产假 15 天;生育多胞胎的,每多生育 1 个婴儿,增加产假 15 天。女职工怀孕未满 4 个月流产的,享受 15 天产假;怀孕满 4 个月流产的,享受 42 天产假。

工标准的要求[①]。我国女性劳动者实际所享有的产假时间往往多于98天的标准,这是因为在实行独生子女生育政策时,各地地方立法规定了晚婚晚育奖励假和计划生育奖励假;在实行"全面二孩"生育政策之后,《人口和计划生育法》中取消了晚婚晚育和计划生育(独生子女)的奖励假,但随后各地纷纷出台了另外的奖励假期,使得女性劳动者实际所享受的生育假期仍然超过98天。[②] 从照顾婴儿的角度出发,一些学者还提出了延长产假的观点,有的人大代表甚至建议将产假延长为3年[③];在实行"全面二孩"生育政策之后,有人大代表提出生育"二孩"的产假延长1个月[④]。2021年6月26日发布的中共中央、国务院《关于优化生育政策促进人口长期均衡发展的决定》中提出了实施一对夫妻可以生育三个子女政策。鼓励生育成为相关法律法规修改的重要内容。但是鼓励生育,并不意味着产假的延长。延长产假的观点更多反映出对于生育后照顾子女时间的需求,但是这种观点忽略了产假和育儿假的差异,将"育儿"责任归结为"母亲责任",忽视了"育儿"责任属于家庭责任的性质,隐含着性别歧视内容。由于我国没有"育儿假"制度,产假在一定意义上承担了"育儿假"的

① 2000年修订的《保护生育公约》中规定妇女有权享受产假的时间不少于14周。

② 以北京市为例,《北京市人口与计划生育条例》(2016年修正)第18条规定:"机关、企业事业单位、社会团体和其他组织的女职工,按规定生育的,除享受国家规定的产假外,享受生育奖励假三十天……女职工经所在机关、企业事业单位、社会团体和其他组织同意,可以再增加假期一至三个月。"

③ 参见《北京人大代表建议女性产假延长至3年》,载http://www.rmzxb.com.cn/c/2014-08-11/361652_1.shtml,访问日期:2020年8月30日。

④ 参见周雯:《全国人大代表贺优琳:建议二孩产假延长一个月》,载http://news.cnr.cn/native/gd/20160303/t20160303_521520720.shtml,访问日期:2020年8月30日。

功能。但是对产假本身而言,其是为了女性生育后身体恢复的需要,虽然有“育儿”的作用,但并不是这一假期设立的主要目的。产假为女性劳动者所独有,育儿假应当是婴幼儿父母均可享受的假期。从育儿角度,法律规定育儿假才是正当的体现,而不是将产假延长。

(二)作为权利的产假:理论分析

1. 劳动关系内部的检视

在劳动关系内部审视产假,女性劳动者有休假的权利,用人单位有让其休假的义务。作为私法权利,女性劳动者享有产假的休假权,那么其是否享有放弃产假的权利?或者说,女性劳动者是否有权放弃产假,即女性劳动者在休产假未满法定时长的情形下能否主张恢复工作?“权利可以放弃”的命题,体现的是权利与义务之间的区别与联系,“义务是必须履行的,无所选择,权利不是必须行使的,可以选择”①。权利具有相对性,“一种权利单靠权利人自身是很难实现的,需要许多综合因素的配合”②。“权利系法律所赋享受利益之力,具有一定的社会功能,而为社会秩序的一部分。在一个基于私法自治原则所组成的市民社会及肯定个人自由的市场经济体制,蕴含于权利的个人自主决定固居于核心的地位。唯权利与自主决定非自己所独有,他人亦享有之,不能只知有己,不知有人,违反彼此尊重的法律伦理原则。因此,为保障个人得共存共荣、和谐的社会生活,权利的行使须受限制,乃属

---

① 陈舜:《权利及其维护——一种交易成本观点》,中国政法大学出版社 1999 年版,第 43 页。

② 刘作翔:《权利相对性理论及其争论——以法国若斯兰的“权利滥用”理论为引据》,载《清华法学》2013 年第 6 期。

当然。凡权利皆受限制,无不受限制的权利。”①

女性劳动者产假休假权的实现需要用人单位的配合,即用人单位有义务允许女性劳动者因生育而暂时离开工作岗位。女性劳动者放弃产假,意味着女性劳动者要重回工作岗位,对此也需要用人单位的配合,即用人单位要“允许”劳动者复职。就实际情况而言,用人单位可能会因为担心违反法定义务承担法律责任,从而拒绝女性劳动者提前回到工作岗位。当劳动者与用人单位形成劳动关系后,用人单位需要履行法定的社会保险义务。根据《社会保险法》的规定,职工应当参加生育保险,由用人单位按照国家规定缴纳生育保险费。用人单位已经缴纳生育保险费的,其职工享受生育保险待遇,生育保险待遇包括生育医疗费用和生育津贴。因此,用人单位在生育保险中的法定义务就是参加生育保险,为本单位职工缴纳生育保险费。《女职工劳动保护特别规定》中规定,用人单位的法定义务是加强对女职工的劳动保护,保证女职工休产假的权利。从以上法律法规的逻辑结构分析,用人单位保证劳动者休产假的权利,即禁止用人单位主动要求劳动者不休或少休产假,并不包括劳动者主动放弃产假。因此,当女性劳动者主动提出放弃休产假的权利,用人单位允许其复工,并不意味着违反法律、行政法规的强制性规定。用人单位同意女性劳动者放弃产假而返回工作岗位,也就是在两者之间达成了女性劳动者未休满产假而返回工作岗位的协议。既然是女性劳动者主动放弃产假而返回工作岗位,那么复工后,其不能以产假未休满为由,主张用人单位违反法定义务侵害了其自身的合法权益,要求用人单位承担相应的法律责任。

虽然就目前的法律规定而言,用人单位允许女性劳动者提前

① 王泽鉴:《民法总则》(增订版),中国政法大学出版社 2001 年版,第 548 页。

复工并不违法，可以排除用人单位的一些顾虑，但是基于某些考虑，如在女性劳动者产假休假期间，为保证本单位生产经营的连续性，对女性劳动者产假休假前的岗位，用人单位有可能已安排其他人员，此为用人单位生产经营管理权的正当行使，若休产假的劳动者提前复工，有可能打乱用人单位的用工计划，因此，用人单位也可能并不希望女性劳动者提前复工。如果允许用人单位拒绝，也就意味着女性劳动者放弃产假权利的实现是有条件的，需要用人单位允许。此时，劳动者放弃休产假的权利受到用人单位经营管理权的制约，其能否实现有赖于用人单位的态度。法律需要在女性劳动者的劳动权和用人单位的经营管理权之间作出选择。显然，作为人权内容之一的劳动权具有优先性，用人单位的经营管理权应当让位于劳动者的劳动权。

2. 作为社会权的产假休假权

产假，不仅要从劳动关系内部理解，更需要从社会权利的角度去阐释。作为生育保障制度的组成部分，产假休假权具有社会权利属性。社会权利是“兼具公权和私权的性质，又超越了公权和私权界限的，以社会公共利益为本位的权利范畴”[①]。社会权利的概念最早由英国社会学家 T.H. 马歇尔提出，随后这一社会学中的概念逐步为法学所接受。[②] 在法学中，对社会权利的含义有不同的观点[③]，宪法学多从自由权和社会权之间的区别与联系解读社会权的概念和属性，从国家(政府)和公民(个人)之间的关系角度研究社会权在宪法中的性质和保障，特别是社会权的可诉性

① 许建宇：《社会法视野中的劳动权——作为社会权的劳动权之基本范畴解析》，载林嘉主编：《劳动法评论》(第 1 卷)，中国人民大学出版社 2005 年版，第 71 页。

② 参见朱继萍：《新时代中国社会权利发展及其法治化保障》，载《法律科学(西北政法大学学报)》2018 年第 5 期。

③ 参见王广彬：《社会法上的社会权》，载《中国政法大学学报》2009 年第 1 期。

一度成为研究热点；在劳动和社会保障法领域，包括劳动权和社会保障权在内的社会权和社会法紧密联系，有研究认为，社会权是社会法的基石范畴[①]或社会法的本位。[②] 但是由于社会法本身可从法域、部门法等不同角度解读，因此对于社会法中的社会权，或者说作为社会法基石范畴的社会权的含义也存在不同的观点。[③] 在整体上，对于社会法中的社会权的研究和理解仍然主要从人权和宪法中的社会权来分析；从渊源上看，《经济、社会及文化权利国际公约》中对社会权的规定是研究中的重要法律渊源。[④] 狭义的社会权等同于社会保障权，在现代社会，国家通过立法建立社会保障制度，保障社会成员的基本需求，根据社会保障立法所确立的具体制度和规则，社会成员个人和国家、各类社会组织之间依法产生各自的权利义务、职权职责和法律责任，生育保障是社会保障制度的组成部分，产假休假权则是劳动者依据生育保障立法享有的社会权利。

从社会权利层面分析产假休假权，这一权利的取得、行使和放弃与私法中作为权利主体意志自由的决定不同。作为社会权利的产假休假权能否放弃可以从三个层面分析：首先，这一权利的放弃是否会对权利主体造成伤害；其次，这一权利的放弃是否会对他人权利的行使造成伤害；最后，这一权利的放弃是否会造成对他人该权利的伤害，进而影响到制度本身。

---

① 参见李炳安：《社会权——社会法的基石范畴》，载《温州大学学报（社会科学版）》2013年第4期。

② 参见王广彬：《社会法上的社会权》，载《中国政法大学学报》2009年第1期。

③ 参见李炳安：《社会权——社会法的基石范畴》，载《温州大学学报（社会科学版）》2013年第4期；王广彬：《社会法上的社会权》，载《中国政法大学学报》2009年第1期。

④ 参见李炳安：《社会权——社会法的基石范畴》，载《温州大学学报（社会科学版）》2013年第4期。

产假休假权的放弃是否会对女性自身产生损害是讨论这一权利能否放弃的重要前提。在理论上,"有些权利是不可选择的,例如公民的人身自由就既是不可被他人非法剥夺的,也是永远不能自我放弃的;再如,儿童接受父母照料的权利是不能拒绝的"[①]。根据"法律家长主义"的观点,为了被强制者自己的福利、幸福、需要、利益和价值,需要对一个人的自由进行法律干涉,或者说强迫一个人促进自我利益或阻止他自我伤害。[②] 从保护其根本利益的角度看,这种强迫是正当的、必要的。法律设定产假的目的是满足女性在分娩前后,特别是分娩之后身体恢复的需要,从身体健康需要而言,女性在生育之后身体需要一段时间的恢复,每个人的身体情况不同,因此在自身健康允许的情况下,如果女性希望回归工作岗位,即使按照"法律家长主义"的观点,允许部分放弃这一假期也具有合理性。但是必须是在保证女性身体恢复和女性自愿的基础之上。

产假休假权作为一项社会权利,放弃这一权利还应当考虑是否会给婴儿造成伤害。从保护儿童的角度出发,儿童,特别是刚出生的婴儿需要得到父母的照顾。从儿童权利角度分析,儿童享有被照顾的权利,相应的作为儿童的父母有照顾儿童的义务。因此,要求女性休满产假,也有利于保护儿童的权利。但是从产假本身的设定而言,其目的是保护生育的女性,而不是婴儿。产假不同于育儿假。由于我国法律中没有关于育儿假期的规定,因此很多时候将产假的功能扩大到了育儿,并且希望能够延长产假的

---

① 张文显:《法哲学范畴研究》(修订版),中国政法大学出版社 2001 年版,第 308—309 页。

② 参见张文显:《当代西方法哲学》,吉林大学出版社 1987 年版,第 225 页;程燎原、王人博:《赢得神圣——权利及其救济通论》(第 2 版),山东人民出版社 1998 年版,第 212 页。

时间,更好地照顾婴儿。但是从产假设立的目的而言,产假是为维护女性生育健康的需要而设立的一项权利,因此女性放弃部分产假并不必然损害婴儿得到照料的权利。[①]

最后需要分析女性放弃产假休假权的社会影响。社会权是“社会享有”,其需要通过社会实现,社会权的实现不是自给自足的,凡是自给自足的权利,只要不妨害他人,应该不受限制,但社会权的实现要依赖他人、社会和政府的协助和保障,为了使自己存在,就必须关心兼顾同类的存在,赋予同类共同的权利,社会权的产生和存在不仅是自愿的,也是被迫的[②],并且社会权的实现也受到社会现实的影响,是社会经济发展的真实反映,如果社会权利的行使(放弃)导致他人该项权利的丧失,进而使设定这一权利的制度遭受质疑,从而使所有人的这一权利面临丧失的危险,那么必须限制这种权利的自由行使。具体到产假休假权,如果允许放弃这一权利,不仅现阶段很难保证当事人是真正和完全自愿放弃,即使本人自愿,这一放弃必然会影响到其他女性产假休假权的行使,形成“探底竞争”,在工作稳定和职场上升空间的双重压力下,大量女性会被迫放弃这一权利。即使对于那些不受放弃权利者影响仍然正常休假的女性,也可能会因为用人单位“工作不够积极主动”的评价,失去更好的工作岗位或职务晋升机会。当“放弃休产假”被广泛认同,“休产假”成为“特殊要求”时,生育保障制度也会受到影响,女性就业将更加困难。因此,作为社会权利,产假休假权是不能放弃的。

(三)产假期间的经济待遇

产假期间的待遇包括两个方面:一是生育医疗费用的支付;

① 从保护儿童的角度,需要尽快在法律中规定育儿假,而不是延长产假。

② 参见王广彬:《社会法上的社会权》,载《中国政法大学学报》2009年第1期。

二是产假期间的收入保障。我国女性劳动者产假期间的经济待遇经历了从计划经济时期单位负责向社会主义市场经济体制下生育保险负责的转变。计划经济时期,女职工的产假待遇由用人单位负责,生育医疗费用由用人单位报销,产假期间用人单位照发工资。这种计划经济时期的“单位负责”实际上是国家负责,即通过单位支付生育医疗费用和发放产假工资的方式由国家财政保证女职工的生育待遇。随着企业劳动用工制度改革的逐步推进,包括生育保险在内的社会保险待遇写入了1994年颁布的《劳动法》,1994年12月14日劳动部发布《企业职工生育保险试行办法》,企业女职工的生育保险制度建立。根据规定,生育医疗费用转由生育保险基金支付,产假期间不再由企业发放工资,而是由生育保险基金支付生育津贴,标准为本企业上年度职工月平均工资。2010年通过的《社会保险法》中关于生育医疗费用和生育津贴的规定延续了《企业职工生育保险试行办法》的内容。2019年国务院办公厅《关于全面推进生育保险和职工基本医疗保险合并实施的意见》中规定,生育医疗费用和生育津贴所需资金均从职工基本医疗保险基金中支付。

1. 生育医疗费用的支出

根据现行法律规定,我国职工基本医疗保险基金支付的生育医疗费用包括生育的医疗费用、计划生育的医疗费用和法律法规规定的其他项目费用。国务院办公厅《关于全面推进生育保险和职工基本医疗保险合并实施的意见》中规定,将生育医疗费用纳入医保支付方式改革范围,推动住院分娩等医疗费用按病种、产前检查按人头等方式付费。生育医疗费用原则上实行医疗保险经办机构与定点医疗机构直接结算。

2. 生育津贴

生育假期休假权利的实现受到经济因素的影响,甚至在一定情形下,经济原因成为权利人选择是否休假的决定性因素,即女性生育假期的休假权利只能在假期带薪的前提下才能够真正实现。休假期间的经济来源可以有两种选择:一是在休假期间由用人单位支付工资;二是休假期间的收入由社会保险基金提供。

因生育而休假,意味着劳动者暂时离开工作岗位,用人单位依法有义务维持休假期间与劳动者之间的劳动关系,但是在生育假期期间,劳动者没有为用人单位提供劳动,用人单位是否有义务向劳动者支付工资?劳动者获得工资的前提条件是劳动者按照合同的约定提供了劳动,无劳动,则无报酬。既然工资是劳动者的“劳动”所得,劳动者没有提供相应的劳动,则没有工资。即使根据“工资续付”原则,对于劳动者没有提供劳动的某些情况,在用人单位需要给付劳动者工资的前提下,生育期间的经济保障由全社会分担而不是由用人单位负责,更为合理。虽然法律可以规定生育假期中用人单位需要支付劳动者工资,但如此一来,很有可能造成用人单位通过各种方式将这一“生育”成本转嫁,进一步增加男女就业的不平等,甚至在育龄劳动者和非育龄劳动者之间造成新的就业歧视。生育是整个人类社会繁衍所必需,由生育带来的收入减损应当在社会范围内进行分散,在劳动者因生育原因暂时失去劳动机会,因而没有正常劳动收入来源时,有权通过国家社会保险(社会保障)制度获得经济帮助。因此,建立社会保险制度之后,产假期间的经济待遇由生育保险基金向劳动者支付生育津贴更为恰当。

计划经济时期,生育津贴是以产假工资的方式发放的。虽然名义上为“产假工资”,但是由于企业没有独立的经营自主权,利润全部上交国家,机关和事业单位执行财政预算,因此“产假工资”在本质上是国家支付的“生育津贴”。在生育保险制度建立之后,用人单位缴纳生育保险费形成生育保险基金,在生育保险和基本医疗保险合并后,生育津贴由基本医疗保险基金支付。因此,当用人单位已经为本单位劳动者缴纳了生育保险费,在女性劳动者休产假期间,用人单位不再有支付工资的义务,女性劳动者转而领取由基本医疗保险基金支付的生育津贴。

生育津贴的支付标准与生育津贴本身的定位相关。因生育可能造成的经济风险包括劳动者的收入减少(中断)和因生育而增加的支出。如果将生育津贴定位为对"因生育造成的经济风险的保障",那么生育津贴的支付标准应该考虑的因素包括劳动者生育前的工资收入、生育费用和抚养孩子的成本。从我国社会保障制度的实际情况出发,目前的生育津贴主要是针对在职劳动者设立的,生育津贴的定位是弥补"因生育造成的收入减少",这也是现行法律规定中对生育津贴的定位。[①] 将生育津贴定位为弥补劳动者因生育暂时离开工作岗位所造成的经济收入减少,那么,劳动者的工资就成为确定生育津贴支付标准的一个重要参考指标。以工资与生育津贴之间的关系为标准,生育津贴发放标准可以分为等额和差额两种。所谓等额,即生育津贴与劳动者的工资数额相等。所谓差额,即生育津贴少于劳动者的工资。对于劳动者,等额是一个理想的选择。但是社会保险制度设立的目的是保障社会成员在遭遇社会风险时的基本生活需求,而并非完全填补劳动者的所有收入损失。作为社会保险的一个子项目,生育保险的设立是为了保障劳动者因生育暂时失去经济来源而使生活陷入困境所提供的经济支持,因此生育基金支付的生育津贴在数

---

① 对于因生育而带来的抚养孩子的成本支出,是所有生育的家庭都需要面对的,而非在职劳动者所独有,在我国生育政策变化的背景下,可以考虑在社会保障制度中增加育儿津贴项目以鼓励生育。

额上并不必然与劳动者的工资相等。即使在国际劳工标准中，生育现金津贴的水平也不要求与劳动者的工资完全一致。[①] 从根本上讲，社会保险的经济保障标准与经济发展水平相关，在制度设立的具体层面，支付水平取决于缴费金额。生育津贴的支付水平同样受到一国生育政策的影响，高标准的生育津贴支付有利于促进生育。我国《社会保险法》中将生育津贴的支付标准规定为“职工所在用人单位上年度职工月平均工资”。《女职工劳动保护特别规定》中则规定，女职工产假期间的生育津贴，对已经参加生育保险的，按照用人单位上年度职工月平均工资的标准由生育保险基金支付；对未参加生育保险的，按照女职工产假前工资的标准由用人单位支付。对于劳动者，其本人工资和本单位职工月平均工资存在差异，更为合理的支付标准应当是本人的月平均工资，而不应该是单位职工的月平均工资。[②]

---

① 就国际标准而言，2000年修订的《保护生育公约》中将津贴的水平确定为“须保证妇女能以适当的健康条件和适宜的生活标准供养自己及其孩子”；在与劳动者收入相比较时，该公约规定，“此种津贴的数额不得低于该妇女原先收入或是为计算津贴而加以考虑的收入的三分之二”。在确定生育津贴支付水平的同时，公约强调生育津贴支付的广泛性，要求各成员国须保证，本公约对其适用的大多数妇女都能够达到享受现金津贴的资格条件；凡妇女达不到国家法律和条例或是符合国家惯例的任何其他方式，为享受现金津贴而规定的资格条件的，须有权享受社会援助基金的适当津贴——这取决于所要求的家庭经济情况调查的结果。

② 2016年12月20日发布的《广东省实施〈女职工劳动保护特别规定〉办法》即采用了这一标准。根据该办法第13条的规定，用人单位未参加生育保险或者欠缴生育保险费，造成女职工不能享受生育保险待遇的，由用人单位按照本省及所在统筹地区规定的生育保险待遇标准向女职工支付费用；其中生育津贴低于女职工原工资标准的，用人单位还应补足差额部分。女职工原工资标准，是指女职工依法享受产假或者计划生育手术假前12个月的月平均工资。但是该条文仅适用于因用人单位原因导致女职工无法享受生育保险待遇时，由用人单位支付生育津贴的情形，在一定意义上可以看作对用人单位没有参加生育保险或未按时足额缴纳生育保险费的一种(转下页)

五、劳动关系的稳定保障:用人单位的义务和法律责任

狭义的劳动关系稳定,是指劳动关系在一定时期内除法定情形外不会随时终止和解除。广义的劳动关系稳定还包括劳动者的工作条件的稳定,如工作岗位和工作条件不能随意调整。生育不仅会引起女性劳动者工作岗位和工作时间的调整、产假休假和产假后复工等劳动关系的变化,用人单位还可能因生育原因解雇劳动者。即使生育保险制度分散了用人单位的经济成本支出,但考虑到工作的连续性和人力资源管理成本等因素,用人单位仍然有减少招用女性或解雇怀孕女职工的动力。法律需要对这种"生育惩罚"行为进行规制。

(一)孕期和哺乳期的特殊保护:劳动条件的合理变更

因禁忌劳动范围的存在,女职工在孕期和哺乳期可能会调整工作岗位。但是这种工作岗位的调整应当合理进行。根据《女职工劳动保护特别规定》的规定,女职工在孕期和哺乳期禁止从事对生育有影响的有毒有害和不良影响的作业;女职工在孕期不能适应原劳动的,用人单位应当根据医疗机构的证明,予以减轻劳动量或者安排其他能够适应的劳动。减轻劳动量或者安排其他

(接上页)"惩罚"。而对于一些地方规定中用人单位补足差额部分的规定(参见《北京市企业职工生育保险规定》第15条),笔者认为,虽然立法的初衷是为了保护女性劳动者的利益,但是却可能对女性就业和生育保险制度带来消极后果。生育保险制度建立的目的是在保护女性劳动者生育权益的同时,也在一定程度上分散用人单位因劳动者生育带来的生产经营风险和成本支出,在用人单位依法参加生育保险并按时足额缴纳生育保险费之后,仍然要承担生育津贴支出的成本(即使不是全额)的情况下,用人单位招用女性劳动者和参加生育保险的积极性都会受到影响。

工作岗位首先应当是对孕期女职工无害的岗位,其次这种岗位调整不应具有“惩罚性”。在工作岗位调整之外,《女职工劳动保护特别规定》还对孕期和哺乳期女职工工作时间的调整作出了规定,对怀孕7个月以上的女职工,用人单位不得延长劳动时间或者安排夜班劳动,并应当在劳动时间内安排一定的休息时间。怀孕女职工在劳动时间内进行产前检查,所需时间计入劳动时间。对哺乳未满1周岁婴儿的女职工,用人单位不得延长劳动时间或者安排夜班劳动。用人单位应当在每天的劳动时间内为哺乳期女职工安排1小时哺乳时间;女职工生育多胞胎的,每多哺乳1个婴儿每天增加1小时哺乳时间。

相关地方性法规在细化《劳动法》和《女职工劳动保护特别规定》规定内容的基础上,对女职工孕期和哺乳期的保护内容有所增加,集中表现在以下方面:一是增加或延长孕期休息或休假时间;二是延长哺乳期或增加哺乳假期。在具体的休息和休假时间长度及待遇上,各地的规定不同。① 分析地方性法规的内容可以发现,关于女职工孕期和哺乳期,各地立法的理念不完全相同,有的地方采取“一刀切”的做法,相关规定强制性适用于所有女职工(用人单位应该或必须给予所有女职工相应待遇),有些地方则突出了“个体需求”,相关特殊保护规定的实施以“女职工提出要求”为条件,休息休假和相关待遇交由劳动关系双方协商决定。相对于只规定休息或休假时间不涉及相应经济待遇的立法,不仅规定休息或休假时间还对此期间的经济待遇进行安排的地方性立法更为完备。从性别视角分析这些规定的内容,“一刀切”地对女性给予特殊保护相对僵化,“应该”和“必须”的立法刚性有余,灵活性不足,没有区分行业、岗位、用人单位规模等情况的“统

① 地方立法规定的相关内容参见附录三。

一适用模式”,使其成为用人单位的“法定义务”。同等条件下,用人单位招用女性劳动者面临更多的工作岗位调整可能性、劳动者提供劳动时间的不确定性和减少、用人成本的支出等,由此用人单位特别是企业有可能在考虑用人成本的前提下,招用女性劳动者的意愿会降低,从而对劳动力市场中的女性就业带来消极后果。同时,这种立法并没有真正考虑女性的需求,仍然体现了对女性社会性别的刻板印象(女性需要保护),交由女职工自主决定在孕期和哺乳期是否休息,通过劳动关系双方协商能够更好地满足女职工的个体需求,是社会性别视角在立法中的表现。但是考虑到劳动关系中双方当事人的实际地位,女职工个人和用人单位之间平等协商有难度,女职工不敢或不愿协商,在强制性立法这一选择之外,集体协商的作用凸显。工会出面,经过集体协商,将相应的保护性内容规定在集体合同之中,可以有效地解决这一问题,在江苏、宁夏等地的立法中已经体现出集体合同的重要性。这些地方性立法均为完善我国女职工劳动保护的立法提供了有益的经验借鉴。

(二)生育与劳动关系的解除和终止

生育本身不能成为劳动关系终止或解除的条件已经成为国际劳工标准的原则性内容和有关性别平等、女性就业保护的各国立法的共识,我国也不例外。根据《劳动法》的规定,除非女性劳动者有过错,在孕期、产期和哺乳期内用人单位不能单方解除劳动合同,否则需要承担违法解除劳动合同的法律责任。《劳动合同法》除延续上述法律内容之外,还规定劳动合同期满,但女职工还在孕期、产期和哺乳期内的,劳动期限续延至以上期限届满为止;并增加了劳动合同终止的经济补偿内容。《女职工劳动保护特别规定》中也明确,用人单位不得因女职工怀孕、生育、哺乳予以辞退、解除劳动或者聘用合同。

由于劳动合同可以通过双方协商一致而解除，因此，实践中存在用人单位通过协商途径迫使女职工同意解除劳动合同或者迫使女职工主动辞职，绕过用人单位解雇劳动者的法律禁止性规定的情形。显然这种协商解除和劳动者主动辞职，实质上仍然是用人单位的单方解除，具有违法性，因此法律应当给予劳动者相应的救济。如果证明劳动者被迫接受协商结果或被迫主动辞职，应当定性为用人单位的违法解雇，其应当承担违法解除劳动合同的法律责任。[①]

① 最高人民法院《关于审理劳动争议案件适用法律问题的解释（一）》中已经将用人单位在特定情形下迫使劳动者提出解除劳动合同认定为用人单位违法解除劳动合同。虽然该司法解释中规定的“迫使”的情形与迫使怀孕女职工辞职存在差别，但司法解释所表明的否定用人单位迫使劳动者“主动辞职”的态度非常明显。否定“用人单位迫使劳动者辞职”的司法观点应当在生育保障相关法律规定中予以借鉴并贯彻。

第四章 工作和家庭平衡[①]的法律规制

“工作和家庭/个人生活是现代人们活动的两个主要领域：参与劳动力市场进行工作，是人们满足基本需要、提高生活水平以

① 20世纪70年代到20世纪90年代初，工作和家庭冲突/平衡这一概念在西方社会学和管理学研究中开始使用，这一概念侧重于工作与家庭生活或子女抚养之间的冲突/平衡；随着研究者将社会服务、个人教育和休闲活动等纳入研究范畴，20世纪90年代末，工作和生活冲突/平衡这一概念开始广泛使用。所谓工作和生活的平衡，是指来自一个人的工作和生活的需求是等量的一种均衡状态。（参见张雯、Linda Duxbury、李立：《中国员工“工作/生活平衡”的理论框架》，载《现代管理科学》2006年第5期；岳经纶、颜学勇：《工作—生活平衡：欧洲探索与中国观照》，载《公共行政评论》2013年第3期）从这两个概念的使用发展和两者含义的差异分析，虽然关于“工作和生活平衡”的讨论和研究多以家庭责任分担为主要内容，但是在概念含义上，“生活”的内涵和外延均较“家庭责任”广泛，工作之外的生活不仅仅是承担家庭责任，可以将“工作和生活平衡”看作“工作和家庭平衡”的“高级版”或“发展版”，工作和生活平衡体现的不仅是工作和家庭责任之间的关系，家庭责任之外的其他生活需求也应当和工作之间协调。尽管如此，“工作和家庭责任的平衡”仍然是“工作和生活平衡”的基础和核心内容。在我国学者的相关研究中，工作和生活的平衡与工作和家庭的平衡两个概念都在使用，“工作和生活平衡”的研究也往往以“工作和家庭平衡”为主要内容或核心，在很多时候两个概念混用。本章的主要内容是就业领域性别平等和女性劳动者权益的法律保护，着重讨论就业和家庭照顾责任之间的协调，因此除引用文献资料之外，使用工作和家庭平衡的概念。

及实现自我价值的基本途径;而生活领域则是指家庭生活和个人闲暇等方面,包括无偿的家务劳动、子女和老人的照顾以及自我教育等内容,是满足人们精神生活以及休息需要的基础。"[①]工作和生活之间并非对立关系,原则上也不存在冲突,通过从事工作获取劳动报酬是家庭生活需求的经济保障,良好的家庭生活使人能够更好地从事工作,实现自身的事业追求。在现代社会生活中,无论是工作还是家庭生活均不会被完全放弃,"完全放弃家庭选择工作"违背了基本人性和家庭伦理,而"完全放弃工作选择家庭"则可能使家庭成员失去经济来源导致生活无以为继。但是在特定时间点和特定情形下,家庭和工作之间产生了"冲突",需要在两者之间进行"选择",这种选择有时候不仅是在家庭或工作两者之间有所侧重,在无法兼顾的情况下,放弃家庭或放弃工作成为很多人面临的选择。这种非此即彼的选择不仅给当事人造成伤害,对他人、家庭和整个社会都会产生消极影响。为避免这种"二选一"结果的出现,需要在二者之间寻求一个"平衡点",让劳动者可以兼顾工作和家庭,通过制定法律保证这种平衡是必要的。

一、劳动法规制工作和家庭平衡的社会背景和理论基础

工作和家庭/生活的平衡并非意味着两者在任何情况下都处于同等地位,两者之间仍然存在"主次"或"先后"的区分,甚至是"择一"的选择。"平衡"强调的并非同等,"平衡固然不等于均衡,但平衡意味着排除偏废或偏袒"[②]。工作和家庭平衡论题的提

---

① 岳经纶、颜学勇:《工作—生活平衡:欧洲探索与中国观照》,载《公共行政评论》2013 年第 3 期。

② 谢鹏程:《基本法律价值》,山东人民出版社 2000 年版,第 256 页。

出,在于强调两者的不可偏废。从心理学角度,工作和家庭平衡是指“个体对工作和家庭满意、工作和家庭功能良好、角色冲突最小化的心理状态”,“平衡是指个体平等地参与工作、家庭角色活动获得同样的满足”,主要包括时间平衡、心理平衡和满意平衡三个方面:“时间平衡即在工作和生活上投入的时间量相同;心理平衡是指在工作和生活角色中投入的心理包涵程度相同;满意平衡是指关于生活和工作的满意度相同”,因此“工作和家庭平衡是调和职业和家庭之间的矛盾,缓解由于工作—家庭关系失衡给员工带来的压力,帮助员工找到工作和家庭需要的平衡点”。[①] 劳动法中的工作和家庭平衡,是指包括男性和女性劳动者在内的所有劳动者的就业权利的实现和家庭照顾义务之间的平衡,通过具体法律规则的制定使劳动者在工作的同时能够兼顾家庭责任,保障有家庭责任的劳动者平等的劳动权利。从上述关于工作和家庭平衡的三个方面分析,劳动法中的工作和家庭平衡属于“时间平衡”。需要明确的是,劳动法中的工作和家庭平衡中的时间平衡不是指数量上“等量的时间投入”,而是指劳动者在工作的同时能够有时间兼顾家庭责任的承担,即在工作时间的规则设计上充分考虑家庭责任承担的时间要求。

(一)女性走出家庭参与社会劳动:工作和家庭冲突的产生与发展

“工作—家庭”冲突(work-family conflict)指的是个人的时间和精力不足以同时满足工作和家庭两个领域的需求时,出现的一种不协调的状态,主要表现为三种形式:一是时间的冲突(time-

---

① 何勤:《国际比较视域下工作家庭平衡问题研究》,载《中国人力资源开发》2014年第3期。

based conflict),指的是工作和家庭任务在时间表上的竞争,一个领域时间的增多必然导致另一个领域时间的减少;二是压力的冲突(strain-based conflict),指的是情绪和心理上的溢出效应,人们通常会把一个领域的情绪带到另一个领域;三是行为的冲突(behavior-based conflict),工作和家庭所要求的行为模式是冲突的,工作需要客观公平的行为,家庭则要求情感反应丰富的行为。[①]

从历史发展来看,在社会化大生产开始直至很长一段时期内,外出工作的主要是男性,女性负责家务劳动。“男主外、女主内”的传统社会性别分工使得工作和家庭各有所属,工作和家庭之间的冲突并不存在或者并不突出。随着社会经济的发展,女性走出家庭参与有偿社会劳动,外出工作,使工作和家庭之间的冲突逐步显现并加剧。在女性走出家庭参与有偿社会劳动时,男性并没有“回归家庭”,女性在参加社会劳动的同时,其家庭责任并没有减少,此时工作和家庭就成为女性的“双重负担”,因此工作和家庭冲突的出现,初期主要是对外出工作的女性而言。

随着性别平等意识的觉醒和性别平等观念深入人心,人类社会不可能重归女性整体重回家庭、成为男性“附庸”的历史时代。因此,工作和家庭冲突就不仅仅是女性劳动者面临的问题,也是男性劳动者面临的问题。在这样的社会背景之下,平衡工作和家庭就不仅对女性有意义,对包括男性在内的整个人类社会都具有重要意义。在现代社会,家庭责任的承担已经不为女性所独有。“女性在职场遭受的不平等和家庭中的男女分工息息相关,而且强化了外出养家者/在家照顾者的性别刻板印象。性别角色意识

---

① 参见 Greenhaus & Beutell,1985,转引自刘云香、朱亚鹏:《中国的“工作和家庭”冲突:表现、特征与出路》,载《公共行政评论》2013 年第 3 期。

形态支持并强化上述恶性循环,此恶性循环反过来又巩固了性别角色意识形态","家庭职场中的男女角色刻板印象相互喂养"。[①] 如果不改变男性在社会家庭中的作用,则无法改变妇女在劳动市场中的地位。[②]

现代社会中,有劳动能力的人通过参加社会化劳动从而获得家庭生活支出所需要的经济收入是常态。劳动者,无论是男性还是女性,都会面临工作和家庭的冲突。对于劳动者个人而言,当其履行照顾家庭的义务时无法保证同一时间提供社会劳动,即家庭责任的承担对劳动者就业产生了阻碍,这种阻碍贯穿了从求职到工作的全过程。劳动者如何在工作和生活中寻求平衡?家庭责任如何在均需外出工作的男女之间分配?劳动法的产生和存在即以保护劳动者权利为使命,作为劳动关系主体的劳动者本身也是家庭生活关系的主体。劳动者不仅是"工作人",也是"家庭人",劳动法在调整劳动关系、设立劳动者和用人单位之间的权利义务规则时需要考虑劳动者的家庭责任,看似和劳动法没有直接联系的家庭责任承担也就成为劳动法所关注的内容。

(二)劳动法规制工作和家庭责任的合理性与必要性分析

工作和家庭的平衡并非仅通过劳动法所能实现,其需要不同部门法律规定之间的配合,当然劳动法作为劳动者权益保护的"宪章",其重要地位不可替代。在一定程度上,不解决家庭照顾责任的性别平等问题,就业领域的性别平等就无从实现。但就业领域的性别平等却有利于家庭中性别平等的实现,女性外出就业,有利于其实现经济独立,从而在经济上摆脱对男性的依赖,进

---

① 陈宜倩:《迈向一个积极对男性倡议的女性主义取径?》,载《女学学志:妇女与性别研究》2015年第36期。

② 参见2018年国际劳工大会局长报告《工作中的妇女倡议:争取平等》。

而实现包括家庭责任承担在内的家庭性别平等。可见,家庭责任性别平等和就业平等互为因果,相辅相成。尽管劳动法并非调整劳动者的家庭权利义务关系的法律规范,但是正确认识男女两性在家庭中的地位和责任以及家庭责任对劳动者就业,特别是女性劳动者就业的影响,并将家庭责任性别平等的理念作为前提和基础考量劳动领域调整规则的设计,有利于劳动者就业权利的实现与和谐劳动关系的建立。减轻和消除家庭责任对劳动者特别是女性劳动者就业的影响,是劳动法需要解决的新课题。

即使在当今社会生活中,男性开始并越来越多地承担家庭照顾责任,但在整体上,仍然是女性承担更多的家庭照顾责任,男性从事工作受到家庭的影响相对较小,更准确地说,家庭对男性工作的影响并不如对女性工作的影响严重和直接。[①] 家庭照顾责任性别倾向仍然是造成女性就业困境的重要原因。劳动法协调工作和家庭责任首先是促进女性就业,实现就业领域性别平等的需要。女性劳动者在求职过程中被询问婚姻家庭状况,在劳动关系存续期间,因照顾家庭原因被调整工作岗位或解除劳动合同的现象并不鲜见。为避免因家庭责任承担给就业带来的消极影响,一些女性劳动者选择"隐婚"或"隐孕",并由此引发很多法律和社会问题。在女性劳动者隐瞒婚育信息情形下,用人单位可以以"劳动者未如实提供信息"属于"欺诈"为理由,与劳动者解除劳

---

① 根据国际劳工组织的调查数据,家务劳动是造成职场性别不平等的首要原因,全球约6亿名女性全职承担家务劳动,而相同情况的男性仅4100万人,载 https://www.ilo.org/wcmsp5/groups/public/---dgreports/---dcomm/---publ/documents/publication/wcms_674831.pdf,访问日期:2020年12月30日。我国虽然尚没有全职承担家务劳动的具体性别统计数据,但整体上仍然是女性更多地承担家务劳动。

动合同,双方从而产生争议。[①] 即使劳动争议仲裁机构的裁决或法院的判决最终将用人单位解除劳动合同定性为"违法"或认定劳动合同有效,也不能从根本上避免类似情况的发生。在"此路不通"的前提下,劳动力市场中女性就业可能更为困难:为避免上述情况的发生,用人单位可能会减少对女性劳动者的聘用。上述争议虽然表面上看是"劳动合同解除"争议,但是实质上体现的是对女性的歧视。有关"婚姻家庭"信息的询问,对于男性,在求职中要么不会遇到,要么即使被询问,已经结婚和有孩子可能被视为"成熟稳重",成为求职和升职的"加分项";而对于女性,则会被视为"家庭负担重",成为求职和升职的"减分项",这也是女性劳动者会选择隐瞒婚育信息的一个重要原因。

为了有更多的时间照顾家庭,很多女性往往会选择灵活就业方式,特别是工作时间要求灵活的"非正规就业"或"灵活就业"。与正规就业比较,灵活就业的劳动报酬较少,而经济收入的多少,又在一定程度上影响到夫妻双方家庭责任的分配。在经济压力下,妻子被迫就"男性工作,女性持家"与丈夫达成一致,导致女性就业处于"恶性循环"之中,女性在就业领域愈发处于弱势地位。因此,消除因家庭责任承担给女性就业带来的歧视,需要劳动法有所作为。

劳动法协调工作和家庭责任有利于实现劳动领域的性别实

---

① 《劳动合同法》中的"以欺诈……使对方在违背真实意思的情况下"订立的劳动合同无效和因劳动者欺诈致使劳动合同无效,用人单位可以解除劳动合同的规定等内容,为用人单位在女性劳动者没有如实说明婚育情形时解除劳动合同或主张劳动合同无效提供了法律依据。虽然该法中将用人单位有权了解、劳动者应当如实说明的"基本情况"限定在"与劳动合同直接相关"的范围之内,但是如何判断与"劳动合同直接相关"缺乏具体法律规定,为用人单位提供了可能的"操作空间"。司法实践中,法院的态度也不统一。

质平等。基于传统性别的社会分工,家庭照顾责任主要由女性承担,因此劳动领域最初对劳动者的形象设计为“全职工作,没有任何家庭负担,可随时加班”时,这种理想化的劳动者形象是毫无家庭负担的男性劳动者,是传统“男主外,女主内”性别角色分工在劳动领域的体现。社会性别的刻板印象既伤害了女性,也伤害了男性,在女性走出家庭参加社会劳动面临困境的时候,男性回归家庭承担家庭责任也面临着来自家庭和社会的压力。在劳动法中大量的劳动标准是以“无家庭负担的男性劳动者”为主体形象进行构建的情形下,这种劳动标准不仅是女性就业的障碍,也使得有家庭责任的男性劳动者就业面临困境。男性承担家庭责任时也面临法律缺失,导致其“被迫”放弃这一责任的履行,从而继续固化性别分工,于就业领域性别歧视的消除无益。[1] 劳动法协调工作和家庭责任是劳动者的普遍需求。

(三)劳动法如何平衡工作和家庭责任

就业性别平等是劳动法的基本原则之一。劳动法规定了劳动者不分性别享有同等的就业机会和就业权利。在形式平等和机会平等之外,就业性别平等更是实质平等和结果平等。忽略或掩盖“女性承担更多家庭责任”这一性别歧视是造成女性就业不平等的社会根源,片面强调就业领域的性别机会平等和性别地位平等,女性在就业中仍然无法避免被歧视的命运。因此,为促进女性就业的实质平等,劳动法中涉及工作和家庭责任协调的内容首先表现为对女性劳动者的特殊劳动保护。但是这些出于促进和保护女性就业的特殊劳动保护内容也可能会固化社会性别分

① 参见林东龙、刘蕙雯:《照顾男子气概与男性公务人员育婴留职经验》,载《女学学志:妇女与性别研究》2016 年第 39 期。

工，适得其反。①

家庭责任的承担不为女性所独有。随着性别观念的变化，当社会性别平等得到法律确认，平衡工作和家庭就不再仅仅是走出家庭参与社会化劳动的女性面临的问题，男性劳动者同样面临就业和家庭照顾责任之间的平衡问题。如果仅将工作和家庭平衡局限在女性劳动者权益保护，体现为“女性劳动者的特殊保护”立法，则对女性劳动者形成了制度性的“性别歧视”，仍然是将家庭责任视为女性责任，这种立法观念应当为现代劳动法所摒弃。从工作和家庭冲突问题提出至今，问题的实质和主要表现已经从“女性劳动者的冲突”发展为“劳动者的冲突”，在女性走出家庭，作为劳动力参与社会劳动的同时，男性也应当“回归家庭”，承担家庭责任，“男主外，女主内”的社会性别刻板印象需要修正。因此，劳动法中协调工作和家庭责任的规定适用于所有劳动者，即家庭责任承担的性别平等。

劳动法中家庭责任待遇平等适用的规定仍然不能停留在形式平等和地位平等层面。基于男女经济收入的差距和传统性别观念的社会现实，即使劳动法赋予男女劳动者在工作和家庭责任中平等地位和平等权利，但平衡工作和家庭的“自由选择”对于女性劳动者而言可能成为“别无选择”，为照顾家庭而减损工作成为女性劳动者的“必选项”。劳动法中规定的男女同等的协调工作和家庭责任的待遇可能演化为女性就业的新障碍。在赋予劳动

① 以我国地方性法规中对产假的延长为例，虽然有着减轻女性劳动者照顾婴儿压力的良好愿望，但是这种延长产假为“育儿假”的立法，不仅模糊和异化了产假本来的性质（产假是为女性在分娩后恢复身体健康而设），也有将子女的抚育作为女性（母亲）所独享的“义务”、淡化男性（父亲）养育责任的倾向，使得女性在过长的产假期间被排斥在劳动领域之外；出于人力成本和生产经营的劳动力使用情况考虑，用人单位可能会更加不愿招用女性劳动者，从而可能造成女性就业更为困难。

者平等的家庭责任地位时,通过特殊规定实现工作和家庭平衡的性别实质平等是劳动法应当考量的内容,正如美国最高法院已故大法官金斯伯格所言:"家事应当'自由选择',而不是强加给女性(她们)的'无可奈何'。"[①]以育儿假为例,劳动法引入育儿假的目的在于平衡育儿责任中的性别平等,减少因育儿给女性劳动者造成的就业困难。如果立法没有充分考虑社会生活中家庭照顾责任性别不平等的实际情况,仅将育儿假规定为"父母均有权享受的待遇",在实际适用中,男性(父亲)的育儿假最终会转嫁给女性(母亲),实际上成为女性的专属育儿假期。这种表面上看似性别平等的法律规定,最终仍然停留在倡导和宣示的层面,无法切实发挥让男性分担家庭照顾责任的作用。

法律规定中体现的性别理念决定了法律最终的呈现。基于不同的性别理念和性别视角,平衡工作和家庭责任的法律规定最终的社会效果并不相同。如果仍然秉承家庭责任的承担以女性为主,男性仅是分担角色,那么即使法律规定了工作和家庭平衡的内容,最终这种平衡仍然可能只体现为女性的家庭和工作平衡。因此,现代劳动法中有关工作和家庭平衡的内容既要避免对女性的过度保护,也要警惕对男性劳动者的性别反向歧视。分担家庭责任的法律规定既要对所有劳动者适用,也应当有强制性的保护女性劳动者的内容。在制度的具体设计中,家庭责任承担不仅是男性劳动者可以选择的权利,更是应当履行的义务。以欧盟立法为例,在欧盟关于育儿假的指令中,育儿假(父母假)中的部分假期专属于男性,在此期间男性必须休假。虽然条文内容表面上是对父亲平等权利的限制,但是这一规定实质上通过对女性

---

① Ginsburg Archive, Library of Congress, Box 12, February-March 1973,转引自〔美〕琳达·赫什曼:《温柔的正义:美国最高法院大法官奥康纳和金斯伯格如何改变世界》,郭烁译,中国法制出版社 2018 年版,第 123 页。

(母亲)的特殊保护(避免被动接受假期转让)实现了育儿假的性别实质平等。从根本上改变了传统性别观念,摒弃"男主外,女主内"的社会刻板印象和男性在家庭责任承担中的"助手"角色设定,倡导社会就业和家庭责任承担的两性实质平等,并为减轻或消除女性承担家庭责任多于男性而造成的就业困难设立规则,通过具体制度安排将男性对家庭责任的承担落到实处,才能实现劳动法协调工作和家庭责任的立法初衷。

二、国际立法趋势:工作和家庭平衡的提出与发展

平衡工作和家庭责任是全世界劳动力市场面临的问题,并且随着女性劳动力市场参与率的上升和家庭结构的变化、人口老龄化带来的照顾需求增加和科学技术进步带来的劳动世界的变化等社会经济生活的发展变化,协调工作和家庭责任的重要性愈加明显。由于女性承担更多的家庭责任,因此实现劳动领域的性别平等特别需要消除承担家庭责任的女性在工作时面临的歧视。[1]

(一)国际劳工标准:从保护有家庭责任的妇女到保护有家庭责任的男女工人

国际劳工标准对家庭责任和工作之间协调问题的关注是从女性就业特殊保护开始的。认识到家庭责任的承担给女性就业带来的消极影响,1965 年国际劳工组织通过了《雇佣(有家庭责任的妇女)建议书》(第 123 号),该建议书的名称已经暗含了家庭责任承担的性别不平等。虽然该建议书的目的是为有家庭责任

[1] See Committee of Experts on the Application of Conventions and Recommendations: Workers with Family Responsibilities Convention, 1981, General Observation, Publication 2020.

的妇女提供保护，但是仅对有家庭责任的妇女确立保护标准在一定程度上是对家庭责任中性别不平等的承认，存在将女性社会性别固化的可能性。家庭责任不应当仅由妇女承担，或者说在男女应当平等承担家庭责任的观念越来越被社会接受和承认时，鼓励男性承担家庭责任，从而实现家庭责任的合理分配，成为促进和实现劳动领域性别平等的重要内容。

1979 年联合国通过的《消除对妇女一切形式歧视公约》中即申明，“一国的充分和完全发展，世界的福利以及和平的事业，需要妇女与男子同样充分参加所有各方面的工作”，承认“妇女对家庭的福利和社会的发展所作出的巨大贡献至今没有充分受到公认”，“养育子女是男女和整个社会的共同责任”，认识到要“同时改变男子和妇女在社会上和家庭中的传统任务，才能实现男女充分的平等”。该公约要求缔约国“改变男女的社会和文化行为模式，以消除基于因性别而分尊卑观念或基于男女定型任务的偏见、习俗和一切其他方法”，“确认教养子女是父母的共同责任”，禁止“以婚姻状况为理由予以解雇的歧视”，“鼓励提供必要的辅助性社会服务，特别是通过促进建立和发展托儿设施系统，使父母得以兼顾家庭义务和工作责任并参与公共生活”。

国际劳工组织也意识到并承认要实现真正的男女平等，男人和女人在家庭和社会中的传统责任都应发生变化，不仅承担家庭责任的妇女和男性之间有着机会和待遇平等的诉求，有家庭责任的男女工人之间以及他们同其他工人之间也存在平等的诉求，有家庭责任工人的问题更广泛地涉及国家政策应予以重视的家庭和社会问题。鉴于《雇佣(有家庭责任的妇女)建议书》内容的局限性和世界范围内性别平等观念的新发展，1981 年国际劳工组织通过了《有家庭责任工人公约》(第 156 号)，该公约成为平衡工作和家庭的第一个国际劳工标准。该公约不再仅对有家庭责任的妇女提供特殊保护,而是将覆盖范围扩充到有家庭责任的所有工人,体现出家庭责任承担中的性别平等理念。该公约适用于对抚养的子女负有责任和对直系亲属或其他家庭成员负有照顾责任的男女工人,即“有家庭责任工人”。这些家庭责任限制了这些工人就业前接受培训的可能性,接触和参加经济活动的可能性,或者在工作中谋求发展的可能性。为保证就业机会平等和待遇平等,需要给予这些工人特殊的保护。根据该公约的要求,为保证男女工人的就业机会和待遇平等,各成员国应在国家政策目标中规定允许有一份工作或希望得到一份工作的、有家庭责任的人员能够在不受歧视的情况下,在职业和家庭责任之间不发生冲突的情况下,行使其工作或就业的权利;采取一切符合本国条件和可能的措施,以便有家庭责任的工人能够行使其自由选择职业的权利,照顾他们在就业条件和社会保障方面的需要;发展或促进公立或私立的社区服务机构,例如照顾孩子和帮助家庭的机构和设施;采取职业指导和培训等方面的符合本国条件和可能的一切措施,使有家庭责任的工人融入劳动人口,继续就业,并在因履行家庭责任而中断工作后重新就业;家庭责任本身不能成为终止劳动关系的理由。

1981年国际劳工组织通过的《有家庭责任工人建议书》中进一步建议各成员国应采取一切符合本国条件与可能并与其他工人的合法权益不相悖的措施,以具备相应就业条件,使有家庭责任的工人协调其职业责任与家庭责任。根据国际劳工组织的建议,各成员国应特别重视旨在改善劳动条件和劳动生活质量的一般性措施,这些措施包括:逐步缩短工作日的长度并减少加班时间,在安排劳动时间表、休息和休假时间时给予更大的灵活性。保护半日制工人、临时工和在家劳动者,因他们中许多人都有家庭责任,对从事此类工作的条件应以适当方式加以管理和监督。半日制工人和临时工的就业条件,包括强制他们参加社会保险,在可能范围内应分别与全日制工人和常年工人的就业条件相同;在适当情况下,他们的权益可在按比例的基础上确定。在产假结束后的一段时期内,母亲或父亲应能在不失去其职位的条件下获得假期(父母假),并保有与此职位相关的权利。对抚养的子女或需要其照顾的直系亲属患病时,有家庭责任的工人应能获得假期。各成员国应当采取适当措施建立和完善照料儿童、帮助家庭的服务和设施,并在必要时可对有家庭责任的工人发放社会保障补贴。

2019 年国际劳工组织《关于劳动世界的未来百年宣言》中宣告,"促使更加平衡地分担家庭责任;通过使工人和雇主得以就考虑到他们各自需求和利益的解决方法(包括就工作时间)达成一致,提供更好地实现工作—生活平衡的机会"是国际劳工组织将着力于通过的实现工作中的性别平等的变革性议程。

从《雇佣(有家庭责任的妇女)建议书》到《有家庭责任工人公约》,再到 2019 年国际劳工组织《关于劳动世界的未来百年宣言》中关于平衡工作和生活的规范变化可以发现,促进男性分担家庭责任,强调机会和待遇性别平等已经代替特殊保护有家庭责任的女性劳动者成为国际劳工标准的发展趋势。

(二)欧盟法:育儿假期(父母假)制度的建立、发展和完善

性别平等是欧盟法中的基础和核心内容之一。欧盟和欧盟各成员国的法律和政策中亦不乏协调家庭生活和工作之间的关系的内容。欧盟认为,工作—生活平衡政策应该有利于通过促进女性在劳动力市场的参与、在男性和女性之间平等分配照顾家庭

义务和缩小收入性别差异来实现性别平等，并且这些政策还应当考虑包括老龄化在内的人口变化。以此种性别平等理念为指导，欧盟在禁止性别歧视及女性劳动者孕期、产期和哺乳期特殊保护的基础上，开始制定并逐渐完善包括育儿假期在内的一系列平衡工作和生活的法律和政策。[①]

1992 年欧盟《儿童照顾指令》[②]中即建议成员国通过施行包括对有照顾和抚育儿童责任的在职父母的特殊假期在内的各种儿童照顾措施，使男女劳动者能够协调工作和儿童照顾责任。1995 年欧盟社会伙伴组织达成育儿假框架协议并通过欧盟指令赋予法律效力。[③] 2000 年《欧盟基本权利宪章》中规定，在生育或收养孩子后，父母有权享有带薪育儿假（父母假），来协调家庭和职业生活。2006 年《雇佣和职业中男女平等机会和平等待遇指令》（2006/54/EC）[④]中要求成员国应采取必要措施保护休育儿假的男性和女性劳动者免予被解雇，在假期结束后，劳动者有权返回其原岗位或在劳动条件和劳动待遇等方面同等的岗位。2017 年发布的《欧洲社会权利支柱》[⑤]中重申了性别平等与工作和生活

---

① See Council Directive 92/85/EEC of 19 October 1992 on the Introduction of Measures to Encourage Improvements in the Safety and Health at Work of Pregnant Workers and Workers Who Have Recently Given Birth or Are Breastfeeding; Council Directive 2000/78/EC of 27 November 2000 Establishing a General Framework for Equal Treatment in Employment and Occupation.

② 92/241/EEC: Council Recommendation of 31 March 1992 on Child Care.

③ Council Directive 96/34/EC of 3 June 1996 on the Framework Agreement on Parental Leave Concluded by UNICE, CEEP and the ETUC.

④ Directive 2006/54/EC of the European Parliament and of the Council of 5 July 2006 on the Implementation of the Principle of Equal Opportunities and Equal Treatment of Men and Women in Matters of Employment and Occupation (Recast).

⑤ European Pillar of Social Rights, Proclaimed by the European Parliament, the Council and the Commission on 17 November 2017.

平衡的基本原则,提出在包括劳动力市场参与、劳动条件和职业晋升等各领域保障男女平等待遇和机会;父母和其他负有照顾责任的人员有权利获得适当的假期、灵活就业安排和照顾服务;男女应当平等取得假期安排以便其完成照顾责任。

尽管欧盟和欧盟成员国已经有相应的工作和生活平衡立法,但根据欧盟的一项调查显示,即便在性别平等处于领先水平的国家,相关立法也并没有得到很好的实施,男性(父亲)多选择不休育儿假或将假期转移给女性(母亲),在一定程度上家庭照顾责任仍然是女性就业的障碍。根据相关调查,法律实施效果不理想的原因,除传统性别观念之外,对休假期间经济收入的减少和休假后工作稳定的担忧构成劳动者主动休假的阻碍。由于在实际社会生活中男性工资收入一般高于女性,出于对经济的考虑,当法律仅规定父母享有育儿假的休假权利,但并没有对具体如何休假提出要求时,父母的育儿假实际成为母亲的育儿假,从而加剧女性就业困难。[①] 此类问题在美国也同样存在。尽管美国《家庭与医疗休假法案》(FMLA)规定,因需要照顾新生儿和重病家庭成员,员工可以享有 12 周的停薪留职假,但是由于假期的无偿性质,对男性休假行为的实际影响并不大。[②] 由此,为避免法律规定在执行过程中背离立法初衷,法律应当对强制男性休育儿假、不得将假期转移、保障育儿假期的合理收入和为假期后的劳

---

① Eurofound (2019), Parental and Paternity Leave-Uptake by Fathers, Publications Office of the European Union, Luxembourg.

② 参见艾瑞恩 · 瑞赫尔、艾米莉 · 巴斯特、俞懿玲:《工作—家庭平衡:男性同样期待——来自美国的调查分析》,载《中国妇女报》2015 年 4 月 14 日,第 B02 版。

动关系恢复等作出回应。[①]

2019年欧盟通过了新的《工作和生活平衡指令》。[②] 该指令规定,为平衡工作和生活,父母有权休陪产假、父母假(育儿假),有家庭照顾责任的劳动者可以休护理假;在上述假期之外,对作为父母和护理者的劳动者还应当实行灵活的工作安排。该指令中规定的陪产假是提供给照顾新生儿的父亲的假期,陪产假期限为10个工作日,可以在生产前后灵活安排。该假期的休假不以满足一定的工作时间或服务期限为条件。父母假(育儿假)是对生育或抚育幼儿的父母的假期安排,在孩子不超过8岁之前,父母有权利各自享受4个月的父母假。为了避免父亲将假期转移给母亲,或者只有母亲选择休假,该指令要求成员国应保证其中2个月的假期不可转移;成员国立法可以规定享受育儿假应满足一定的工作时间要求,但不得超过1年。根据成员国立法、集体协议或习惯,允许雇主因为严重影响经营的原因推迟劳动者的休假请求,但是这一理由应当在合理时间内以书面形式提出。成员国应当采取必要措施保障育儿假的灵活安排。雇主应当在兼顾双方需求的基础上回复休假请求。如果拒绝休假,则需要在合理时间内书面提出拒绝理由。陪产假和育儿假期间劳动者可以带薪或享受社会补贴,并将最低标准规定为不低于病假工资水平。该指令规定的护理假是指为家庭成员或共同居住人提

---

① 有调查显示,在瑞典法律规定男性有一定的不可转让的育儿假期后,男性的休假比例大幅度提升,2010年已经达到了80%,而如果该假期可以让父母自由分配的话,只有15%的父亲表示会休假。参见艾瑞恩·瑞赫尔、艾米莉·巴斯特、俞懿玲:《工作—家庭平衡:男性同样期待——来自美国的调查分析》,载《中国妇女报》2015年4月14日,第B02版;Eurofound (2019), Parental and Paternity Leave-Uptake by Fathers, Publications Office of the European Union, Luxembourg。

② Directive (EU) 2019/1158 on Work-life Balance for Parents and Careers.

供护理照顾的假期,家庭成员包括子女、父母、配偶或法律规定的其他同伴关系。符合条件的劳动者每年可享受5个工作日的护理假。另外该指令还规定,成员国应采取措施允许在紧急情形下(如家庭成员突发疾病或遇到事故需要处理时),工人请假离开工作岗位(因不可抗力的休假)。该指令规定的灵活的工作安排包括根据需要所有调整工作的安排,如远程办公、灵活安排工作时间或减少工作时间。根据规定,至少在孩子8岁前,成员国应保障工人有权灵活安排工作。在上述休假和灵活安排工作期满后,雇主应允许工人恢复此前的工作状态;以上休假安排和灵活工作安排不得成为解雇劳动者的理由。

三、工作和家庭责任平衡的劳动法现状分析和完善建议

工作和家庭的平衡并非仅通过劳动法所能实现,其需要不同部门法律规定之间的配合,当然,劳动法作为劳动者权益保护的“宪章”,其重要地位不可替代。实现就业领域性别平等,促进女性就业,需要将家庭责任在两性之间合理分配,减轻和消除家庭照顾对女性就业的影响,是我国劳动法需要解决的新课题。

(一)立法现状

尽管工作和家庭平衡在我国社会生活中是近期才被关注的话题,但在相关法律规定中不乏涉及协调工作和家庭之间的关系的内容。当然这些法律规定仍存在诸多不足之处:一方面,很多法律规定,或者是由于带着时代的烙印,或者是约束力不足,实际履行效果欠佳;另一方面,某些国际劳工标准和在欧美国家已经实行多年并被证明对促进性别平等和女性就业有着积极效果的法律规定,在我国仍属空白,如关于育儿假、家庭照顾

假的规定。

1. 以团聚为目的的探亲假名存实亡

1981 年通过的国务院《关于职工探亲待遇的规定》中详细规定了在公休假日夫妻之间或和父母之间不能团聚的情况下探亲假期的安排,以保障职工对家庭责任的承担。根据规定,凡在国家机关、人民团体和全民所有制企业、事业单位工作满 1 年的固定职工,与配偶不住在一起,又不能在公休假日团聚的,可以享受探望配偶的待遇;与父亲、母亲都不住在一起,又不能在公休假日团聚的,可以享受探望父母的待遇。探亲待遇可以分为两部分:一是探亲假期。职工探望配偶的,每年给予一方探亲假一次,假期为 30 天。未婚职工探望父母,原则上每年给假一次,假期为 20 天。如果因为工作需要,本单位当年不能给予假期,或者职工自愿 2 年探亲一次的,可以 2 年给假一次,假期为 45 天。已婚职工探望父母的,每 4 年给假一次,假期为 20 天。在以上探亲假期之外,根据实际需要给予路程假。二是探亲假期和路程假期的经济待遇。职工在规定的探亲假期和路程假期内,按照本人的标准工资发给工资。职工探望配偶和未婚职工探望父母的往返路费,由所在单位负担。已婚职工探望父母的往返路费,在本人月标准工资 30% 以内的,由本人自理,超过部分由所在单位负担。集体所有制企业、事业单位职工的探亲待遇,由各省、自治区、直辖市人民政府根据本地区的实际情况自行规定。

国务院《关于职工探亲待遇的规定》虽然至今仍然具有法律效力,但在实际上适用范围非常狭窄。该规定发布于 20 世纪 80 年代初,如今的社会情况较之当时已经发生了巨大的变化。就使用范围而言,目前我国的企业形式已经不局限于国有企业(全民所有制企业),大量的非国有企业是否适用该规定,在相应的法律政策中并没有明确;与企业的限制类似,条文中"固定职工"的术语随着劳动合同的推行也已经成为"历史印记"。双休日休息制度的实行、节假日放假时间的增加与我国公共交通的迅速发展和家庭轿车持有量的稳步上升,也使得"公休假日"不能团聚的条件判断面临困境。因此,这一假期制度在大量企业中处于被忽略的状态。

虽然劳动者休息时间的增加和交通状况的大幅改善使劳动者在公休假日与家人团聚更为便利,但是随着人口流动的增加,大量劳动者仍然存在"团聚"的需求。《劳动法》中的带薪年休假虽然在一定程度上满足了家庭团聚的时间需求,但是年休假本身体现的是对劳动者休息权利的保障,虽然在一定程度上具有工作和生活平衡的意味,但是并非承担家庭责任的假期安排。近年来实行的节假日 3 天或 7 天"小长假"的放假安排虽然也在一定程度上提供了"团聚"的时间,但是这样的安排与"团聚假日"本身的定位仍然有差异。另外,探亲假在性质上是满足"团聚"的需求,并非履行"家庭的照顾责任"。"团聚"固然必要,但是对于父母、配偶、子女等因伤病的照护需求而产生的"护理假期"更是"刚需"。在上述休假中加入"家庭照护"的功能,不仅在一定程度上剥夺了劳动者的休息权,也无法满足"照护责任"的临时性需求。

2. 事假制度在法律中语焉不详

为了履行家庭责任,劳动者可以向单位请"事假",但事假的假期安排和假期待遇在法律规定中语焉不详。《劳动法》中休息休假的内容并没有涉及此项内容。2004 年劳动和社会保障部发布的《集体合同规定》中将事假期间的工资待遇列入劳动报酬的集体协商内容,交由集体协商双方决定。[①] 迄今为止,国家层面的法律规定或规范性文件中关于事假的时间长短、事假期间的经济待遇等内容均语焉不详。由于劳动者在事假期间没有提供劳动,因此,有些地方性法规中明确了事假期间用人单位不支付或可以不支付工资。[②] 在社会实践中,尽管并非所有企业都拒绝劳动者请事假,但存在用人单位要求劳动者将带薪年休假作为事假进行折抵的情形。

3. 父母护理假期的地方立法探索

在以上法律规定的假期之外,我国有的地方性法规中规定了父母住院期间的子女"陪护假"或"护理假"(以下简称"父母护理假"),可以视为直接体现家庭照顾需求的假期立法。父母护理假主要规定在地方性的老年人权益保障规定之中。[③] 在各地关于老人护理假的规定中,几乎所有地方立法中均规定只有在父母患病

---

① 地方性法规中有明确事假期间用人单位不支付或可以不支付工资的规定。参见《深圳市员工工资支付条例》(2019年第二次修正);《浙江省企业工资支付管理办法》(2017年发布);《广东省工资支付条例》(2016年修正);《江苏省工资支付条例》(2010年修正);《北京市工资支付规定》(2007年修改);《江西省工资支付规定》(2019年修改);《安徽省工资支付规定》(2014年修改);《辽宁省工资支付规定》(2006年发布);《山东省企业工资支付规定》(2021年修订)。

② 1959年《劳动部对企业单位工人、职员加班加点、事假、病假和停工期间工资待遇的意见》中对事假待遇作出了规定,根据规定:①企业中的工人,由于他们的工作性质不同,进行加班加点工作的时候,可以享受加班加点工资待遇,因此,在一般事假期间一律不发给工资。②企业的行政管理人员、工程技术人员和炊事人员、勤杂人员等,由于他们不享受加班加点工资待遇,所得经常性的生产奖金也很少,对于他们在事假期间的工资待遇,应该与工人有所不同。因此,他们请事假每一季度在两个工作日以内的,工资照发;超过两个工作日的,其超过天数不发给工资。这一意见至今仍然有效,但是与国务院《关于职工探亲待遇的规定》类似,这一计划经济时期的立法在当今社会的实际应用范围值得商榷。

③ 地方立法的相关内容参见附录四。

住院期间[1]子女才能享受这一假期,但是在适用的人员范围和假期待遇方面差异明显。在适用人员范围上,有的地方规定所有子女均适用,并不局限于独生子女;有的地方规定假期只给独生子女;有的地方虽然并不限定独生子女的资格条件,但在假期时长上独生子女和非独生子女存在差别。在假期待遇上,有的地方规定得颇为含糊,仅规定“用人单位应当给予陪护假”,没有明确具体时长和假期经济待遇[2];有的地方虽然明确规定了假期时长,但同样没有规定经济待遇[3]。在一些地方性规定中虽然明确了用人单位支付劳动报酬的义务,但在具体规定上也存在差异,或规定“视为出勤”,或规定为“待遇不变”“待遇不能扣减”。[4] 整体而言,各地为政的立法固然体现了地方性需求,但是在没有全国性统一规定的情形下,公平性难以保证。从现行的各地规定来看,不仅在有规定和没有规定的地方存在公平与否的问题,即使在都有规定的地方也存在人群适用的不公平问题:同为子女,均有义务和责任照顾老人,为什么有独生子女和非独生子女的适用区别?在经济待遇上,为什么需要由用人单位负担?与前述的事假存在类似性,劳动者都是没有提供劳动,为什么事假往往没有工资,而护理假用人单位应当支付劳动报酬,并且该劳动报酬和劳动者正常提供劳动的标准一样?如果说用人单位自愿在此期间发放劳动报酬无可厚非,并且作为“员工友好型”的用人单位应该予以赞扬,但是如果此时支付劳动报酬成为用人单位的法定义务,则应当探讨其理论基础和合理性。

---

① 只有内蒙古自治区规定,在患病住院之外增加了生活不能自理的情况。

② 如甘肃省、河北省、广东省。

③ 如湖北省、内蒙古自治区。

④ 如广西壮族自治区、云南省、宁夏回族自治区、河南省、四川省、重庆市、黑龙江省、海南省、福建省。

4. 陪产假法律规定的检视

与父母护理假法律规定相比，我国规定陪产假的时间更早，地域更广泛。陪产假在 20 世纪 80 年代末 90 年代初即在我国法律规定中出现。在北大法宝可查到的最早的全国性关于陪产假的法律性文件是 1991 年的《邮电女职工劳动保护规定实施细则》，该细则规定，“女职工在休产假时，男职工可以二至四天的护理假，护理假期间待遇按公假处理”。但作为一项行业性立法，其虽然是国家层级的规定，但适用范围有限。

在地方性法规中，早在 1989 年发布的《黑龙江省计划生育条例》中即明确，“职工做人工流产、绝育手术的，单位应给……另一方三至七天护理假……护理期间工资照发”。1991 年发布的《宁夏回族自治区计划生育条例》中规定，独生子女，男方享受护理假 10 天，工资、奖金照发；夫妻不在一地的除探亲假外，另给男方护理假 30 天，享受探亲假待遇。在我国生育政策调整之前，地方立法中的陪产假多具有奖励的性质，通常作为夫妇节育、晚育和独生子女生育的奖励存在。[①]

2016 年国务院印发的《国家人口发展规划（2016—2030 年）》中明确提出完善配偶陪产假制度。随后，各地在制定本地实施修订后的《人口与计划生育法》的具体规定或修改原来的地方性人口与计划生育相关规定时开始了配偶陪产假的立法探索。[②] 考察现行地方性法规中的陪产假内容，陪产假的休假期限存在较大差异，长的可达 1 个月，短的只有 7 天；在经济待遇上基本一致，绝大多数规定陪产假期间工资、奖金等待遇不变，只有个别地方

---

① 具体内容可参见 2015 年以前各地关于计划生育的相关规定。

② 只有为数不多的地方在工资相关规定中对陪产假作出了明确规定，如《江苏省工资支付条例》（2010 年修正）。

例外。[1]

（二）劳动法的完善建议

劳动法中关于工作时间和休息休假的劳动基准法律制度是与工作和家庭平衡问题最紧密相关的部分，即从工作时间和休息时间分配的角度来实现工作（就业）和家庭照顾责任之间的平衡。考察劳动法的产生和发展历史，可以说劳动法从产生之日起就在关注工作和家庭之间的关系，力图在两者之间寻求平衡。在劳动法中，劳动者的工作时间有法定标准，延长工作时间有着各种限制。但是目前工作时间基准的确定以保护劳动者身体健康为直接目的，家庭照顾是附带产生的效果。在以全日制标准工作时间为主的工作时间制度背景下，由于缺乏相应的假期和灵活工作时间安排，当劳动者面临照顾家庭义务时，往往需要向用人单位请假，经常或长期请假不仅使收入减少和职务晋升受阻，甚至会导致解除劳动合同，从而失业。而在我国传统社会文化和性别收入差异等因素的共同作用下，通常情况下，因履行家庭照顾义务请假的多是女性劳动者，相应的职业风险也经常由女性承担。[2] 因此完善工时制度，设立合理的家庭照顾责任的时间分配机制，通过立法减轻女性劳动者家庭照顾负担，让家庭中的男性和女性一起平等分担家庭责任，减少因照顾家庭导致的就业领域性别不平等，从而保障和促进妇女就业，对促进就业领域的性别平等具

---

① 地方立法的相关内容参见附录五。

② 我国女性的就业参与率在世界范围内处于领先水平。但是因家庭照顾义务导致适龄女性离开劳动领域的情况也很严重，以子女照顾为例，有调查结果显示，城镇25~34岁有6岁以下子女的女性的就业率为72%，比同年龄组没有年幼子女的女性低10.9个百分点。参见第三期中国妇女社会地位调查课题组：《第三期中国妇女社会地位调查主要数据报告》，载《妇女研究论丛》2011年第6期。

有重要意义。

1. 劳动法对家庭照顾假期的规定和承认

(1)陪产假

陪产假入法可以说是促进男性承担家庭责任的重要内容。我国虽然有陪产假的法律规定,但其停留在地方性法规层面。在总结地方立法经验和借鉴国际劳工标准及其他国家和地区关于陪产假立法经验的基础上,陪产假应当在全国性法律规定中进行明确。具体而言,法律应规定陪产假的最低期限,目前地方性立法中陪产假假期均未超过 1 个月,在未来的法律规定中可以此为标准,并允许在女性孕期,配偶休陪产假陪同进行产前检查。从促进家庭责任性别平等的角度出发,避免因经济原因导致陪产假"名存实亡",陪产假期间应视为劳动者提供劳动,不减少劳动报酬。由于假期未超过 1 个月,从便利和节约管理成本的角度,可以由用人单位以工资方式发放,并通过减免生育保险费或社会保险补贴的方式分散用人单位的支出,体现生育保障的社会性。

(2)育儿假

我国法律中尚无育儿假期的规定。从国际立法经验分析,育儿假期的设立是平衡工作和家庭责任、促进就业性别平等和保护女性劳动者权益的行之有效的措施。为解决幼儿照顾和就业之间的冲突,延长产假和增设哺乳假成为一些地方立法的选择,但这种选择将"育儿"责任完全交由女性劳动者(母亲)的做法不仅可能形成女性就业的"制度性歧视",也抑制了男性劳动者承担家庭责任,由于没有制度的保障,男性劳动者即使希望分担育儿责任也只能放弃。因此,在保证女性产后身体恢复的前提下,合理确定产假期限,引入育儿假期制度有其必要性和合理性。

我国育儿假入法应该规定以下内容:①子女的年龄上限。参考他国立法和我国的实际情况,这一年龄上限可以有以下选择:3

岁(入托入园年龄标准)、6岁(小学入学年龄标准)、8岁(行为能力标准,8岁以下为无民事行为能力人)和12岁(小学毕业的通常年龄)。②工作时长。按照国际劳工标准和他国立法例,一般为不超过1年。这样规定其实是在用人单位和劳动者利益之间进行平衡,避免因劳动者刚刚工作不久即长期休假给用人单位生产经营带来不便。③休假期限。符合条件的劳动者不分性别均有权休假,为了避免出现育儿假成为女性专属的假期,法律应规定男性(父亲)强制休假期限。④休假期间的经济待遇。休假期间的经济待遇可选择由用人单位支付工资或由社会保险基金负责,笔者倾向于后者,理由是:第一,育儿是全社会的责任,应当通过社会保险的方式分散责任;第二,如果让用人单位负担,对于以年轻人为主体劳动者的用人单位在一定程度上产生类似"惩罚"的效果,法律在实际执行过程中可能会遭遇阻碍,造成对有育儿责任的劳动者的歧视。通过社会保险基金负担,可以更好地避免法律施行后产生负面效应。

为了更好地协调育儿与工作,育儿假的制度设计可以更为灵活,如将子女年龄上限规定在3岁以上,那么可以将3岁作为育儿假中的一个时间界限,3岁以前为完全休假期间,3岁以后父母可以通过选择半天工作的灵活就业安排进行休假,相应的不同期间的经济待遇也要进行调整。育儿假的假期长度和子女年龄标准应当在充分进行社会调研和与我国相应制度(如教育制度)协调的基础上最终确定。

(3)护理假

家庭成员之间有相互扶助的义务。当家庭成员生病或受伤时,劳动者离开工作岗位对其进行护理或照顾应当得到法律的允许。特别是随着社会老龄化的到来,家庭中老年人的护理需求逐步增加,相应的,处于照顾家庭中坚力量的家庭成员往往同时又是适龄劳动者。国际劳工标准和欧盟法中关于家庭成员的护理假期规定为我国护理假的法律规制提供了有益的借鉴经验。

我国目前法律规定中没有护理假的内容,但是在社会实践中这种情况往往通过劳动者向单位请事假来处理。而在事假期间,由于劳动者没有提供劳动,法律也无明确要求,用人单位通常不支付劳动者工资。那么当法律中引入护理假,护理假期间的经济待遇如何解决?从用人单位角度考虑,劳动者没有提供劳动,用人单位没有支付工资的义务;从劳动者角度出发,在家人患病或受伤之时,经济负担可能增加,失去经济来源更是雪上加霜。

显然,让用人单位向劳动者支付护理假期间的工资或补贴,有加重用人单位负担之嫌,并且也不符合工资作为劳动报酬的性质。国际劳工组织《有家庭责任工人建议书》中建议各成员国在必要时可对有家庭责任的工人发放社会保障补贴,欧盟法也没有雇主支付护理假工资的要求。在我国,对事假待遇处理的惯例也是用人单位不支付报酬。可见,与上述陪产假和育儿假不同,护理假是无薪假期。

对于劳动者而言,一方面,由于没有提供劳动而无法获得护理假期间的工资导致收入减损;另一方面,家庭成员的患病或受伤又面临医疗和护理费用的支出。护理假期间的此种经济风险可以通过完善社会保险制度来弥补。在社会保险制度中增加护理保险来保障此种风险应该视为一个合理的制度选择。为了应对人口老龄化和满足残疾人生活照护的需求,我国先后通过了有关残疾人护理补贴和长期护理保险的政策措施,为家庭照顾责任开启了社会保险之门,但是从现行政策内容来看,其适用范围非常有限,残疾人护理补贴主要以符合条件的重度残疾人为保障对象,补贴主要以凭据报销或政府购买服务的方式发放[①];长期护理保险以参加职工医疗保险的人群为保障对象,经医疗机构或康复机构规范诊疗、失能状态持续6个月以上并经申请通过评估认定失能后,才能按规定享受长期护理保险待遇。长期护理保险基金主要用于支付护理服务机构和护理人员提供的护理服务发生的费用。[②] 在合理精算的基础上,适当扩大护理保险的覆盖范围,有利于促进劳动者更好地平衡工作和家庭责任。

(4)事假:"兜底性"假期的设立

除陪产假、育儿假和护理假之外,事假作为家庭责任承担的时间保障仍然具有重要地位,具有"兜底性",毕竟上述假期均具有特定的适用情形,尽管其是家庭照顾责任的主要内容,但是家

---

① 2015年国务院《关于全面建立困难残疾人生活补贴和重度残疾人护理补贴制度的意见》中明确规定了向因残疾产生额外残疾照护支出的重度残疾人支付重度残疾人护理补贴制度,并明确了逐步推动形成面向所有需要长期照护残疾人的护理补贴制度。重度残疾人护理补贴主要以凭据报销或政府购买服务的形式发放,现金只在特殊情形下发放。

② 2016年人力资源和社会保障部办公厅发布《关于开展长期护理保险制度试点的指导意见》,在试点地区探索建立为长期失能人员的基本生活照料和与基本生活密切相关的医疗护理提供资金或服务保障的社会保险制度。根据该意见的规定,长期护理保险制度原则上主要覆盖职工基本医疗保险参保人群。资金筹集以优化职工医疗统账结构、划转职工医保统筹基金结余、调剂职工医保费率等途径进行筹集,并逐步探索建立互助共济、责任共担的长期护理保险多渠道筹资机制。长期保险基金用于支付护理服务机构和护理人员为参保人提供的符合规定的护理服务所发生的费用。虽然意见中有鼓励护理保障对象的亲属提供护理服务的内容,但是该意见中的护理人员是否包括亲属并不明确。根据试点地区的规定,护理服务人员是指执业护士,或参加养老护理员(医疗照护)、养老护理员、健康照护等职业培训并考核合格的人员,以及其他符合条件的人员。[参见《上海市长期护理保险试点办法》(2017年修订)]2020年发布的国家医保局、财政部《关于扩大长期护理保险制度试点的指导意见》中也将长期护理保险基金支付范围规定为"主要用于支付符合规定的机构和人员提供基本护理服务所发生的费用"。

庭照顾责任并不仅仅局限于上述范围,因此在上述假期之外,劳动者仍然有权在合理期限内离开工作岗位处理个人和家庭事宜,事假作为“兜底性”的时间安排仍有存在的必要。

“事假”虽冠以“假”之名,但在性质上显然与劳动法中规定的节假日、年休假等假期不同。事假是劳动者因个人原因离开工作岗位,无法提供劳动的一段时间。劳动者是“有家庭的劳动者”,在陪产假、育儿假和护理假之外,用人单位还应当允许劳动者因个人原因在合理的时间内离开工作岗位。这种离开,是因为劳动者的个人原因,因此用人单位无需支付劳动报酬。

2. 工作的灵活安排

工作的灵活安排有利于劳动者在工作和家庭责任之间寻求平衡。工作的灵活安排主要包括工作时间的灵活安排和工作方式的灵活安排。虽然工作的灵活安排需要用人单位和劳动者之间协商确定,但是协商的前提是为平衡工作和家庭责任,法律应当赋予劳动者请求用人单位灵活安排工作的权利。科技的发展,让远程办公、网络办公成为可能,通过工作方式的灵活安排实现工作和家庭照顾责任平衡成为劳动者的可能选择。法律应当允许在可行的情况下,劳动者和用人单位进行协商,通过灵活的工作方式完成工作,并同时能够照顾家庭。

我国目前关于工作时间的法律规定以标准工作时间为基础,非标准工作时间主要规定了缩短工时制、计件工时制、不定时工时制和综合计算工时制,后两者对劳动者有明确的范围要求。缩短工时制由企业根据实际情况自主决定①,计件工时制通常在

---

① 1995年劳动部发布的《〈国务院关于职工工作时间的规定〉的实施办法》第4条规定:在特殊条件下从事劳动和有特殊情况,需要在每周工作40小时的基础上再适当缩短工作时间的,应在保证完成生产和工作任务的前提下,根据《劳动法》第36条的规定,由企业根据实际情况决定。

工作成果能通过计件计量时才能实行。除此之外,《劳动合同法》中还规定了非全日制用工,即劳动者在同一用人单位一般平均每日工作时间不超过 4 小时,每周工作时间累计不超过 24 小时。在平衡工作和家庭责任的要求下,不定时工作制和综合计算工时制的主体适用范围可以扩大到有家庭照顾需求的劳动者;实行计件工时制的企业在条件允许的情况下也可以让劳动者在家完成计件工作;全日制用工的劳动者在一段时间内可以转为非全日制工作或缩短工作时间,如在育儿假期间。新冠肺炎疫情期间,人力资源和社会保障部、全国总工会、中国企业联合会/中国企业家协会、全国工商联联合发布的《关于做好新型冠状病毒感染肺炎疫情防控期间稳定劳动关系支持企业复工复产的意见》中规定了有条件的企业可安排职工通过电话、网络等灵活的工作方式在家上班完成工作任务,与职工协商可采取弹性上下班等方式灵活安排工作时间。按照这一意见,很多企业在新冠肺炎疫情期间实行了灵活的工作安排,虽然此种安排是针对新冠肺炎疫情作出的,但是其仍然为我国关于工作和家庭平衡立法中灵活的工作安排提供了有益的实践经验。

法律在赋予劳动者请求用人单位调整工作方式(如在家网络办公)或工作时间(如从全日制改为非全日制或缩短工作时间)时,还应当规定工时变动下的劳动报酬支付标准,避免用人单位无理削减劳动者的劳动报酬,并规定在相关情形消失后,应当允许劳动者恢复原来的工作条件和劳动报酬。

3. 灵活就业的法律保障

(1) 灵活就业的范围确定

虽然灵活就业的概念被广泛使用,但是就其内涵和外延并没有形成统一清晰的认识。灵活就业是对不同于传统全日制劳动关系的就业所作出的表述,通常用来泛指那些不同于标准劳动关系的就业形式。2002 年劳动科学研究所承担的《我国灵活就业问题研究报告》中将灵活就业界定为在劳动时间、收入报酬、工作场地、社会保险、劳动关系等几个方面不同于建立在工业化和现代工厂制度基础上的、传统的主流就业方式的各种就业形式的总称。[①] 也有研究认为，灵活就业的界定标准是一个包括就业性质、生产性质、组织方式等方面要素的系统，提出了经营/劳动目的、法律政策监管情况、雇员情况、工作稳定性、工作时间及收入、劳动和社会保护的责任归属和政府特殊政策扶持七个界定要素和标准，只要满足上述要素和标准中的任意一条，即为灵活就业。[②] 在国际上，各国的灵活就业表现形式不同，用语也不相同。国际劳工组织将与我国灵活就业相似的就业类型命名为“非标准就业”或“非正规经济就业”。国际劳工组织在《世界非标准就业：了解挑战，塑造未来》报告中指出，非标准就业没有官方定义，一般来说，非标准就业是指“标准雇佣关系”范围之外的工作。国际劳工组织将标准雇佣关系定义为全日制、无固定期限，并且构成双方从属关系一部分的雇佣形式。非标准就业包括四种与“标准雇佣关系”不同的雇佣安排：临时性就业（固定期限）、非全日制和待命工作（非全日制）、多方雇佣关系（也称为“劳动派遣”“经纪”和“劳动雇佣”；未与终端用户建立直接从属关系）及隐蔽性雇佣和依赖性自雇就业（不构成雇佣关系）。非正规经济是指在法律或实践中未被正规安排所覆盖或覆盖不足的工人和经济单位的所有经济活动，不包括非法活动，特别是提供法律所禁止的服务或生产、销售、拥有或使用法律所禁止的物品。在非正规经济单位

---

① 参见郭悦：《〈我国灵活就业问题研究报告〉受好评》，载《中国劳动》2002 年第 1 期。

② 参见中国劳动和社会保障部劳动科学研究所课题组：《中国灵活就业基本问题研究》，载《经济研究参考》2005 年第 45 期。

就业或通过非正规经济实现就业的劳动者即为非正规经济就业劳动者,包括非正规经济的经营者、个体经营者、合作社及社会互助经济单位的成员、家政工人及其他雇佣关系不被承认和监管的工人。[①]

我国劳动法调整的劳动关系以企业和劳动者之间的全日制劳动关系为主,即标准形态的劳动关系,劳动者和用人单位之间形成以上劳动关系即实现了标准就业或正常的就业,在此之外的就业一般被称为灵活就业。但在具体形式上,相关法律和政策的规定不一。《就业促进法》中的灵活就业是指非全日制用工;《社会保险法》中在非全日制从业人员之外增加了"其他灵活就业人员"的兜底性规定,同时将灵活就业人员和无雇工的个体工商户并列,作为职工社会保险体制之外的社会保险覆盖人群。从《就业促进法》和《社会保险法》的规定来看,灵活就业仍然属于"他雇"的范围,虽然不同于标准劳动关系(全日制、从属性等),但仍然是"劳动关系"。在国务院和国务院劳动行政部门的政策文件中[②],灵活就业的范围并不统一,突出的一个表现就是个体经营者是否属于就业范畴。[③] 随着互联网的发展,各种类型的网络平台

---

① 参见国际劳工组织《关于从非正规经济向正规经济转型建议书》(2015年)。

② 2003年发布的劳动和社会保障部办公厅《关于城镇灵活就业人员参加基本医疗保险的指导意见》中规定的灵活就业人员是指"以非全日制、临时性和弹性工作等灵活形式就业的人员"。

③ 例如,在2003年国务院办公厅《关于加快推进再就业工作的通知》、2005年国务院《关于完善企业职工基本养老保险制度的决定》、2011年国务院《关于印发中国妇女发展纲要和中国儿童发展纲要的通知》、2014年国务院《关于统筹推进城乡(转下页)

从业者大量出现，平台就业成为劳动者灵活就业的又一种表现形式。[①] 因此，在现阶段，灵活就业可以分为三种情形：一是传统“劳动关系”范围内的灵活就业，主要是劳务派遣用工和非全日制用工；二是非劳动关系的“自雇”，主要是指个体工商户（个体经营从业者）；三是网络平台就业模式下的新就业人员[②]，按照劳动法律规定，其是否和平台建立劳动关系尚处于模糊状态，既区别于传统的从属性“劳动关系”，又不同于传统的自主创业个体经营者。[③]

(接上页)社会保障体系建设工作情况的报告》、2017年国务院《关于印发“十三五”推进基本公共服务均等化规划的通知》等政策文件中，个体工商户和灵活就业并列，此时个体工商户的从业人员不属于灵活就业人员；而在2007年国务院办公厅《关于切实做好2007年普通高等学校毕业生就业工作的通知》等政策文件中，个体经营属于灵活就业的一种。

① 2015年国务院办公厅《关于支持农民工等人员返乡创业的意见》中明确规定，“未经工商登记注册的网络商户从业人员，可认定为灵活就业人员”；2020年国务院办公厅《关于支持多渠道灵活就业的意见》中明确，灵活就业发展渠道包括个体经营、非全日制就业和新就业形态，其中新就业形态包括数字经济、平台经济等新型就业模式。

② 互联网的发展给传统的用工模式带来巨大冲击，这种影响可以分为两种情形：一是使劳动关系中的劳动者的劳动方式发生变化，工作场所、工作岗位、工作时间等均发生了重大变化，网络使得远程工作、居家办公成为可能并逐渐呈扩大趋势，虽然对于这种用工模式的变化劳动法应当作出调整和完善，但是这种工作状态变化并没有完全改变劳动关系性质；二是互联网发展带来的新的就业形态，劳动法对此需要给予回应。此处“网络平台就业模式下新就业人员”是指第二种情形下的从业人员。

③ 从劳动经济和人力资源管理角度，有学者将灵活就业分为三类：①在劳动标准方面（包括劳动条件、工时、工资、保险以及福利等）、劳动关系协调方面和就业稳定性方面有别于正式职工的灵活就业人员，主要是指包括短期就业、派遣就业、季节就业、待命就业在内的临时就业形式；②由于科技和新兴产业的发展、现代企业组织管理和经营方式的变革引起就业方式的变革所产生的灵活就业方式，如非全日制就业、阶段性就业、远程就业、兼职就业等；③独立于单位就业之外的就业形势，即劳动者的工作是自己创造的，劳动者不与单位发生任何劳动关系，只是提供产品或技术、劳务服务，属于非工薪劳动者，包括承包就业、自营就业、独立就业和家庭就业。参见曾湘泉、汪雯：《灵活就业的理论、实践及发展思路》，载《中国社会保障》2003年第6期。

(2)灵活就业劳动者的权益保障

家庭责任承担的性别差异使得灵活就业成为众多女性的就业选择。在我国三种灵活就业情形中女性均大量存在,在一些特定行业的灵活就业中,女性劳动者所占比例巨大。由于劳动法的规定以标准就业为调整模版,灵活就业在很多时候缺乏法律规定,灵活就业的女性劳动者的权益时常面临法律保护不足的情形。国际劳工组织通过的《关于雇佣关系的建议书》(2006年)中要求各成员国制定并实施国家政策,为各方就有效地确定雇佣关系的存在和雇员与自营就业者区分提供指导;与隐蔽的雇佣关系作斗争;确保那些容易受雇佣关系是否确立影响的女性工人等群体得到有效保护。《关于从非正规经济向正规经济转型建议书》中要求各成员国政府应当采取措施,使处于非正规经济中的人员实现体面劳动并尊重、促进和实现其工作中的基本原则和权利;促进并扩大对非正规经济中雇主和工人的职业安全卫生保护;将社会保障、生育保护、体面工作条件和最低工资逐步扩大到非正规经济中的所有工人;促进创业和就业机会方面的性别平等。

借鉴上述国际劳工标准等规定,包括网络平台新业态在内的各种灵活就业形式的法律调整在我国可以分为两种途径:一是区别于标准劳动关系,作为"非标准劳动关系"在劳动法中进行特殊规定;二是作为非劳动关系,比照适用劳动法,即对于可以纳入劳动关系内的灵活就业劳动者,如非全日制用工模式下的劳动者和特殊派遣模式下的劳动者(家政服务人员),在劳动关系法律调整的框架下进行特殊规定;对于确实无法构成劳动关系的灵活就业人员,如个体工商户、依赖性自雇就业的人员,在特定情形下比照适用劳动标准,完善社会保险制度,特别是建立相应的工伤保险制度保障其职业伤害风险。[①]

四、平衡工作和家庭责任:企业的社会责任及其软法规制

工作和家庭责任之间的平衡,在劳动关系内部离不开企业的积极配合,这种配合不仅体现为企业履行法定强制义务,更体现为企业文化中对家庭责任的重视,工作和家庭平衡体现了企业的社会责任担当。但是不可否认,作为以营利为目的的企业,社会责任的承担是为了企业在市场竞争中更好地发展,因此,社会责任并非企业的首要追求和第一目的。行业的差异和企业规模、类型的多样化决定了工作和家庭责任法定强制性标准的底线性,法定标准不能对企业提出过高要求,家庭/生活友好型企业的建立更多的是柔性的法律指引和政策倡导。

(一)平衡工作和家庭责任:企业社会责任的承担和边界分析

在为投资人谋取最大利益的同时,企业应当考虑利益关系人的利益,其中劳动者是企业重要的利益关系人,劳动者权益保护

① 一些地方对与用人单位未建立劳动关系的劳动者的工伤保险立法作出了有益尝试,如2018年浙江省人力资源和社会保障厅等三部门发布了《关于试行职业技工等学校学生在实习期间和已超过法定退休年龄人员在继续就业期间参加工伤保险工作的指导意见》。2019年10月,人力资源和社会保障部工伤保险司将该意见向各省、自治区及新疆生产建设兵团人力资源和社会保障厅(局)转发,供各地借鉴。2020年10月,广东省就包括家政服务从业人员在内的非劳动关系劳动者的工伤保险立法公开征求意见。[参见广东省人力资源和社会保障厅、广东省财政厅、国家税务总局广东省税务局《关于单位从业的非劳动关系特定人员参加工伤保险的办法(试行)》(征求意见稿),载 http://hrss.gd.gov.cn/hdjlpt/yjzj/answer/7553,访问日期:2020年12月31日。]这些立法尝试为工伤保险覆盖灵活就业劳动者群体提供了有益借鉴。

是企业社会责任的重要表现。从经济学和企业管理的角度讲,企业社会责任是与企业经济责任对应的概念,企业经济责任是指企业对投资人负责,为投资人谋取利润最大化的责任;企业社会责任则是要求企业对利润的追求"必须限制在不损害他人和社会公共利益范围之内",并在此基础上"主动地促进这种社会利益的发展"①。在法学意义上,企业社会责任具有义务属性,即企业履行社会责任是否为一种法定义务。企业社会责任的履行首先体现为企业道德义务的要求,有时也会成为办企业的底线,成为法定义务。②《公司法》和《民法典》中将"承担社会责任"规定为公司/企业的义务,但是这些企业社会责任的概括性规定并不意味着协调工作和家庭责任成为企业应当履行的劳动法强制性义务。

劳动法中关于企业协调工作和家庭责任的规定,是企业保护劳动者权益社会责任的具体化,但这种社会责任的承担并非计划经济时期"企业办社会"的回潮,两者在本质上存在区别:"企业办

---

① 董保华:《企业社会责任与企业办社会》,载《上海师范大学学报(哲学社会科学版)》2006年第5期。

② 参见董保华:《企业社会责任与企业办社会》,载《上海师范大学学报(哲学社会科学版)》2006年第5期;王玲:《论企业社会责任的涵义、性质、特征和内容》,载《法学家》2006年第1期。近年来,在将企业社会责任分为"道德义务"和"法律义务"的二分法之外,企业社会责任出现了"四责任"(经济责任、法律责任、道德责任和任意性责任)基础上的"金字塔"模型学说和"三责任"(经济责任、法律责任和道德责任)基础上的"三域"模型学说。参见华忆昕:《企业社会责任的责任性质与立法选择》,载《南京师大学报(社会科学版)》2018年第6期。

社会"[①]是计划经济时期并非独立市场主体的企业对社会职能的承担;而企业社会责任是企业作为独立市场主体在追求利润之外对劳动者这一利益相关群体权益所负的保护责任。在经济体制改革过程中,剥离企业的"社会职能"一直是国有企业改革的重要内容;而协调工作和家庭责任不仅是企业在履行劳动法律义务,更是企业为构建"家庭友好型"企业文化、增强企业对劳动者的吸引力和向心力、提高劳动者忠诚度的更高层次的道德义务追求。

劳动法中协调工作和家庭责任的社会责任要求,可以概括为以下三个方面:一是法定义务下的社会责任。当劳动法律将协调工作和家庭责任规定为企业的法定义务时,企业不履行法定义务,要承担相应的法律责任。二是劳动合同义务下的社会责任。劳动关系成立,企业和劳动者签订劳动合同,劳动关系双方的权利义务在合同中约定。在不违反法定劳动标准的基础上,双方当事人应当全面履行合同,因此在合同中约定的劳动权益也就成为企业的约定义务,违反此义务企业同样要承担违约的法律责任。三是集体协商的社会责任。工会就协调工作和家庭责任的工作安排与企业或企业组织进行集体协商,并通过签订集体合同将集体协商成果固定化。

---

① "企业办社会"是指计划经济时期,企业在生产经营之外承担的各种社会职能,如社会保障职能、教育职能(办学校)、医疗职能(办医院)和后勤服务职能等,企业为职工提供"从摇篮到坟墓"等一揽子社会福利。参见董保华:《企业社会责任与企业办社会》,载《上海师范大学学报(哲学社会科学版)》2006年第5期;王漫天、任荣明、胡贵毅:《有中国特色的企业办社会与企业社会责任》,载《生产力研究》2009年第1期;曹瑞瑞、卢君:《从企业办社会到企业的社会责任》,载《管理现代化》2010年第3期。

（二）工作和家庭责任平衡的软法规制

软法是20世纪70年代末80年代初在西方法学界出现的概念，90年代后在西方国际法的研究中被频繁提及。国际法中的软法是指在严格意义上不具有法律拘束力但又具有一定法律效力的国际文件，国际组织和国际会议的决议、决定、宣言、建议和标准等绝大多数都属于这一范畴。相对于软法而言，在国际法领域，硬法是指那些在严格意义上具有法律约束力的法律规范，如国际条约、国际习惯和一般法律原则。[①]

国内法关于软法的研究首推行政法，行政法学认为硬法是需要依赖国家强制力保障实施的法律规范；而软法是指效力结构未必完整、无须依靠国家强制力保障实施但能够产生社会实效的法律规范。行政法中的软法概念的提出与社会治理方式的转变紧密相关，随着传统的国家治理模式的失灵，公共治理逐步兴起。治理既涉及公共部门也涉及私人部门，私人部门既是治理的对象也是治理的主体。政府不是合法权力的唯一源泉，公民社会也同样是合法权力的来源。一元的国家管理开始向多元主体的公共治理过渡，立法权由国家垄断变成由国家与社会共享。国家对法资源的垄断、硬法对法概念的垄断被打破，社会摆脱了传统治理模式的国家中心主义倾向。[②] 在公共治理的语境下，实施治理目标的手段已经不再是、准确地说不全部是命令和控制式的管制方式，而是强调公共主体与私人主体之间的对话、协商并进而协

---

① 参见万霞：《国际法中的“软法”现象探析》，载《外交学院学报》2005年第1期；王铁崖主编：《国际法》，法律出版社1995年版，第456页；罗豪才、毕洪海：《通过软法的治理》，载《法学家》2006年第1期。

② 参见罗豪才、周强：《软法研究的多维思考》，载《中国法学》2013年第5期。

作,从而通过多种治理手段共同实现治理目标的过程。[①] 在这种新的治理关系中,行政机关在严格的程序规则之外,以问题的解决为导向,就管制事项与利害相关人进行积极协商以便对管制措施达成合意,或者采取价格手段引导被管制方采取正确的取向,促使其选择成本最低的行为方式,因而在治理的过程中,软法手段往往成为各方主体合意或者可取的选择。在法理学层面,软法的提出是法律多元主义的体现,在法律多元的视角下研究社会规范,颠覆了法律中心主义传统,即国家是规则和执行活动的主要渊源,正式法律是社会秩序的唯一渊源的命题。[②]

在软法的外延上,有研究认为,软法应包括社会自治组织规范,基层群众自治组织规范,人民政协和社会团体规范,国际组织规范,法律、法规、规章中没有明确法律责任的条款,执政党和参政党规范,共六个部分。[③] 有学者则认为,软法分为国家法中的软法规范(包括国家法律、法规、规章和规范性文件中的软法规范)、政治组织创制的自律规范和社会共同体创制的自治性规范。[④] 也有研究认为,软法分为以下三种情况:一是形式较"硬"但实效较"软"的法,即符合法规范的标准制式要求,但惩罚不够严厉,或者在现实生活中较少受到重视,执行也明显不力的法;二是指实效可能较"硬"但形式却较"软"的法,这种类型的法规范往往发挥着较强的社会调控作用,但不具有法规范的标准制式;三是指道

① 参见罗豪才、毕洪海:《通过软法的治理》,载《法学家》2006 年第 1 期。

② 参见罗豪才、毕洪海:《通过软法的治理》,载《法学家》2006 年第 1 期。

③ 参见姜明安:《软法的兴起与软法之治》,载《中国法学》2006 年第 2 期。

④ 参见罗豪才、宋功德:《软法亦法:公共治理呼唤软法之治》,法律出版社 2009 年版,第 457 页。

德、民俗、宗教教义、政策、法理、潜规则等不是法的"法"。[①] 虽然在国内法中,学者们对软法的内涵和外延有着不同的理解,但软法得到了越来越多的认同和承认。

尽管学者们对软法含义的观点不同,但是无论按照哪种理解,劳动关系中都存在软法的规制。在法律规定工作和家庭平衡的基本劳动标准(如休假制度)之外,由于劳动关系的复杂性和企业的多样性,劳动关系中的平衡工作和家庭责任问题更多地应交给软法解决。法律不能与道德相背离,法律规范仅确立最低的道德准则,软法的内容应该更具有超前性和进步性,更应符合道德规范和时代的要求,也代表着法律的发展方向。[②]

软法规制工作和家庭责任平衡可以有三种路径:一是法律规定中的倡导性规定,鼓励企业为劳动者平衡工作和家庭责任创造良好条件,如通过税收和/或社会保险缴费减免等激励措施鼓励企业采取平衡工作和家庭责任的各种措施(如举办企业内部的育儿机构);二是通过工会和企业或企业组织进行集体协商,在国家法定标准之上,协商确定本企业或本企业组织内部协调工作和家庭责任的具体措施和方法,并通过签订集体合同将协商成果固化,由工会代表劳动者监督企业对合同内容的履行;三是雇主组织或行业协会的行业自治规则中对协调工作和家庭责任的内容作出规定。

五、家政服务的社会化和家政服务从业人员的劳动权益保护

随着我国"三孩"生育政策的实行、老龄化社会到来、独生

① 参见江必新:《论软法效力——兼论法律效力之本源》,载《中外法学》2011 年第 6 期。

② 参见万霞:《国际法中的"软法"现象探析》,载《外交学院学报》2005 年第 1 期。

子女成为劳动力主体,工作和家庭责任之间的矛盾更为突出。即便在劳动法及相关法律规定中承认劳动者的家庭照顾责任并给予时间保障或工作灵活安排,家庭照顾的社会化需求仍然非常明显。家庭照顾责任对女性就业有多大影响取决于“她们在多大程度上能够把无薪的家务和照护工作委派出去,以及在照护经济中能够在何种程度上提供体面的领薪就业”;家政服务的质量决定了妇女走出家庭参加工作和鼓励男人从事此类工作的可能性,如果家政服务的质量太低,“就几乎无法鼓励妇女走出家庭参加工作(至少对于那些能够不工作的妇女而言),也无法鼓励男人从事此类工作”。[①] 社会托幼、托老和护理服务的提供和家务劳动的社会化在很大程度上能够减轻家庭照顾负担,对促进女性就业和就业性别平等有着重要作用,正如国际劳工组织 2008 年发布的《工作和家庭的平衡:中国的问题与政策研究报告》中所指出的,“当公共服务不能满足劳动者日益提高的家庭照顾服务和劳动力市场排斥女性时,传统‘男外女内’的角色分工又卷土重来,并成为大多数家庭成员的‘理性’选择”。

(一)社会劳动和家务(家政)劳动的区别和联系[②]

传统上,家务劳动主要由家庭中的女性承担,并且没有报

① 《工作中的妇女倡议:争取平等》,国际劳工大会第 107 届会议局长报告,报告一(B),2018 年,载 https://www.ilo.org/wcmsp5/groups/public/- - - ed_norm/- - - relconf/documents/meetingdocument/wcms_630129.pdf,访问日期:2020 年 8 月 30 日。

② 家务是指家庭事务;家政是指家庭事务的管理工作。参见中国社会科学院语言研究所词典编辑室编:《现代汉语词典》(第 7 版),商务印书馆 2016 年版,第 625 页。在社会生活中,由家庭成员之外的人员从事的有报酬的家务劳动通常被称为“家政劳动”或“家政服务”。

酬,由此从事家务劳动的女性被排除在就业之外。[①] 那么将从事家务劳动排除在就业之外的原因究竟是什么?是由于家务劳动本身非社会劳动?还是基于家务劳动没有报酬?抑或家务劳动的从业者为家庭成员?以上三点似乎都可以成为理由,但是每一个理由都存在不足。如果说家务劳动缺乏创造性和生产性,因此其与此类社会劳动存在区别,但是社会劳动中也有很多劳动同样不具有创造性;如果是因为没有报酬,那么给付报酬的家务劳动是否就具有了社会劳动的性质?如果是从主体考虑,那么非家庭成员从事家务劳动是否就视为就业?随着女性走出家门从事社会劳动,原本主要由女性家庭成员承担的家务劳动本身也产生了"社会需求"。当家务劳动的提供者不再是家庭成员时,家务劳动具有了"社会性",特别是随着老龄化、少子化的人口结构发展,护理需求大量增加,从事家政服务逐渐成为现代社会中劳动者特别是女性劳动者就业的重要途径之一。家庭是社会的"细胞",家务劳动亦具有社会属性。家务劳动属于社会劳动,并不代表从事家务劳动属于就业。就业本身有条件要求,首先就业应当有报酬,即使在劳动者的劳动报酬中体现家务劳动的价值[②],也不意味着家庭成员从事家务劳动应当从其他家庭成员那里取得劳动报酬。

从事家务劳动作为就业的一种方式,从业主体是来自家庭成员之外的人员,并通过家务劳动取得报酬,在我国社会生活中,这种家务劳动从业者被称为家政服务人员。在当代社会中,家务劳动虽然不创造增值价值,而是为数百万家庭提供护理工作,其不

---

① 在词典中,家庭妇女被解释为"只做家务而没有就业的妇女"。参见中国社会科学院语言研究所词典编辑室编:《现代汉语词典》(第 7 版),商务印书馆 2016 年版,第 624 页。

② 如法律中带薪护理假期的规定。

属于一种“生产性”劳动力市场活动,但是家庭中的护理工作对家庭以外的经济运行至关重要,“家庭工作对妇女来说既是最重要的就业形式之一,也是使有家庭责任的工人能够积极参与劳动力市场的一个方法”①。

正确认识家务劳动,并在法律中体现家务劳动的重要性和特殊性,对保护女性劳动者权益、实现就业性别平等具有重要意义。首先,承认包括家务劳动在内的家庭责任是家庭所有成员的责任,承认家庭责任会给工作造成影响,因此平衡工作和家庭责任的制度安排和导向是让家庭成员特别是男性同样承担家庭责任,而不是削弱女性的就业机会和就业质量,如在家庭护理制度立法中体现性别关注,合理设计育儿假期和工作时间的灵活安排。其次,承认由家庭成员之外的人员提供的有偿家务劳动为就业途径,将其纳入劳动法律保护的范围。由于家务劳动是在家庭中完成,因此其与在家庭之外所进行的社会工作存在差异性,但是这种差异性不是将从事家务劳动从业者排除在劳动法律保护范围之外的理由。女性承担家务劳动不仅是其走出家门实现社会就业的实质障碍,在家务劳动走向“社会劳动”由家庭之外的人有偿承担时,从事这种劳动的人员也主要为女性,并且这种“社会劳动”本身是女性原来在家庭中从事的无报酬的家务劳动的延伸。固有观念认为家务劳动不要求任何真正的技术、素质或者培训,因此家务劳动从业者报酬低廉,社会地位低,在就业中加重了性别就业不平等。“家庭工作典型地反映出妇女在家庭中从事的另外一种传统的不获取报酬的劳动。这种情况从货币角度解释了为什么家庭工作的价值被低估,而且往往是非正规和无证件的”,“家庭工作往往被认为不属于正规就业,因而不适用于现行

---

① 《家庭工人的体面劳动》,国际劳工大会第 99 届会议,报告四(1),2010 年。

就业法律的一般框架。其结果是，许多立法制定中无法处理此种就业关系的特殊性，从而使家庭工人容易受到不平等、不公正和往往是凌辱性的对待”[1]。因此，提高家务劳动的地位和消除家务劳动从业者面临的歧视对促进女性就业、实现就业性别平等具有重要意义。

（二）家政服务的“就业”属性探究

家政服务业是指以家庭为服务对象，由专业人员进入家庭成员住所提供或以固定场所集中提供对孕产妇、婴幼儿、老人、病人、残疾人等的照护以及保洁、烹饪等有偿服务，满足家庭生活照料需求的服务行业。[2] 家政服务行业中女性从业者较多，甚至可以说主要是女性，因此，劳动法是否保护、如何保护家政服务的从业者，对于保护女性劳动者权益有着重要意义。

家务劳动从业者的权益保护在我国相应法律中存在令人困惑之处。一方面，家政服务业的发展一直被视为劳动者的就业途径之一，并在相关政策中予以肯定、扶植和促进；另一方面，家政服务的从业人员并没有被明确纳入劳动法的保护范围，其劳动权益保护在法律上仍是空白。就我国目前的法律规定而言，如果某人为家政服务公司所聘用，被指派到家庭从事家政服务，其与公司之间签订劳动合同，建立劳动关系，受到劳动法调整，家政服务

---

① 《家庭工人的体面劳动》，国际劳工大会第 99 届会议，报告四(1)，2010 年。

② 这是 2019 年国务院办公厅《关于促进家政服务业提质扩容的意见》中对家政服务业的界定。我国第一部关于家政服务的地方性立法《上海市家政服务条例》对家政服务的界定与此类似。《上海市家政服务条例》第 2 条第 2 款规定：本条例所称的家政服务，是指以家庭为服务对象，进入家庭成员住所，提供保洁、烹饪、生活照护等各类满足家庭日常生活需求的有偿服务活动。

公司应当与家庭签订家政服务协议。[1] 这种安排乍看类似劳务派遣,但是如果仔细研读我国关于劳务派遣的法律,就会发现其并不是法定意义上的劳务派遣:我国法律规定的劳务派遣是指“单位”之间的派遣,如果家庭不是“单位”,那么被家政服务公司派到家庭中从事家政服务的人员仍然不属于被派遣的劳动者,对于用工单位的法律规定并不能必然适用于家庭。如果某人直接为家庭所雇用,其与家庭之间的关系是雇佣关系,受民法调整。随之而来的问题是:一个人从事同样的家政服务,却由于签约对方是家政公司还是家庭的区分而被不同的法律调整,两者之间存在巨大的差异:劳动法所规定的各项劳动标准无法适用于民事雇佣关系。

在国际范围内,家务劳动属于“就业”已经被广泛承认,国际劳工组织通过专门的国际劳工标准保护家务劳动从业者的劳动权益。从我国的法律规定和政策趋势分析,通过员工制家政服务企业的发展使得家政服务人员的权利可以为劳动法所保护。但是家政服务人员,特别是住家的家政服务人员,其工作环境和工作内容,不同于在用人单位提供的工作场所从事劳动的劳动者,因此其住宿条件、膳食水平、隐私保护等均需要在法律中明确。

(三)家政服务从业人员职业风险的特殊性和法律规制

与在用人单位从事劳动不同,家政服务行业的劳动具有单独性和封闭性的特点,从业人员往往是一个人在一个家庭中进行劳

---

① 2010年国务院办公厅《关于发展家庭服务业的指导意见》规定,招聘并派遣家政服务员到家庭提供服务的家政服务机构,应当与员工制家政服务员签订劳动合同或简易劳动合同,执行家政服务劳动标准,家政服务机构应当与家庭签订家政服务协议。

动,从业者之间缺少日常劳动交流,与生产经营场所相比,家庭空间相对封闭。由于家庭这一劳动场所的特殊性,适用于生产经营场所的安全卫生规则往往难以在家庭中得到实施。法律需要对家政服务行业的职业风险防治设立特殊规则。

1. 域外立法经验

2011 年国际劳工组织通过的《关于家庭工人体面劳动的公约》对家庭工人的劳动标准作出了规定。该公约所保护的“家庭工人”是指在一种雇佣关系范围内从事家庭工作的任何人,男性或女性。该公约要求成员国需采取措施以确保家庭工人享有有效保护,免遭所有形式的虐待、骚扰和暴力;确保家庭工人同其他一般工人一样,享有公平的就业待遇和体面的工作条件,如果他们住在住户家中,则享有尊重其隐私的体面生活条件。根据该公约的规定,每名家庭工人都有权享有安全和健康的工作环境。各成员国须根据本国的法律和实践,在适当考虑家庭工作的具体特点的情况下采取有效措施,以确保家庭工人的职业安全与卫生。

《关于家庭工人体面劳动的建议书》中建议成员国应考虑建立保护家庭工人免遭虐待、骚扰及暴力的机制,这些机制包括:①为家庭工人建立可资利用的控诉机制,以报告虐待、骚扰及暴力案件;②确保对有关虐待、骚扰及暴力的所有控诉展开调查,并酌情提起公诉;③为遭受虐待、骚扰及暴力的家庭工人离开住户后的重新安置和康复制订计划,包括提供临时住所和卫生保健。建议书对家庭工人的住宿、卫生设施和饮食等工作条件提出了要求,建议成员国采取措施以便通过在尽可能合理可行的情况下消除或最大限度地减少与工作相关的危害和风险来保护家庭工人,以便预防伤害、疾病和死亡,并在住户工作场所促进职业安全与卫生;提供充分适宜的监察体系,以及对于违反安全与卫生法律法规的情况予以适当惩罚,建立用以收集和公布与家庭工作有关的事故和疾病的统计数据，以及其他被认为有助于预防职业安全与卫生相关风险和伤害的统计数据的程序；就包括人机工程和防护性设备在内的职业安全与卫生提出咨询意见，开发培训计划并传播有关家庭工作所特有的职业安全与卫生要求的指导方针，以及建立适应家庭工人需求的包括工伤保险在内的社会保险缴费和支付体系。

由于各国的法律传统和社会经济发展水平并不相同，国际劳工组织在制定国际劳工公约时用语更为宽泛，以便使国际劳工标准适应各成员国的要求，但是这并不意味着成员国在批准公约后，其国内立法全盘接受国际劳工公约的内容。不仅国际劳工组织允许成员国在批准国际劳工公约时对某些条款进行保留，国际劳工公约中也通常规定，各成员国结合本国的实际情况颁布符合本国国情的法律规定或政策；而且国际劳工公约最终为一国所承认和遵守仍然需要该国国内法的转化。因此，如何保护本国家政服务行业从业人员的职业安全与卫生权益，仍然需要各国立法来确定。与国际劳工组织的态度不同，欧盟职业卫生与健康框架指令中明确将家庭工人排除在适用范围之外。[①] 因此，在欧盟的法律框架下，欧盟并不要求成员国通过立法防治家庭工人的职业风险。但是欧盟成员国中批准了《关于家庭工人体面劳动的公约》的国家，需要履行该公约规定的义务，对家庭工人提供职业安全和卫生保护。

2. 我国立法现状分析和完善建议

改革开放后，特别是 21 世纪以来，家政服务业在我国得到了迅猛发展。2010 年国务院办公厅《关于发展家庭服务业的指导意见》提出到 2020 年“惠及城乡居民的家庭服务体系比较健

① See Council Directive of 12 June 1989 on the Introduction of Measures to Encourage Improvements in the Safety and Health of Workers(89/391/EEC), Article 3.

全,能够基本满足家庭的服务需求,总体发展水平与全面建设小康社会的要求相适应”的家政服务业发展目标;并对家政服务业从业人员的法律地位和职业风险防治提出了要求。根据《关于发展家庭服务业的指导意见》的规定,家政服务人员和家政服务机构之间的关系分为两种情况:一是招聘并派遣家政服务员到家庭提供服务的家政服务机构与员工制家政服务员建立劳动关系,签订劳动合同;二是以中介名义介绍家政服务员但定期收取管理费等费用的机构,与家政服务人员之间并不建立劳动关系,但是要执行员工制家政服务机构的劳动管理规定,通过此种情形雇用家政服务人员的家庭,以及通过其他方式自行雇用家政服务人员的家庭,要与家政服务人员签订雇佣协议,明确双方的权利义务。《关于发展家庭服务业的指导意见》中要求工伤保险要针对家政服务员的特点,实现灵活便捷的参保缴费方式。虽然该意见在关于工伤保险规定的内容中没有区分员工制和非员工制的家政服务人员,但是由于参加工伤保险通常需要存在劳动关系,因此,非员工制的家政服务人员实质上被排除在工伤保险覆盖范围之外。

2010 年商务部《关于加快家政服务业发展的意见》中对于家政服务人员的地位的规定基本复制了《关于发展家庭服务业的指导意见》的内容。按照现行法律规定,家政服务人员和家政服务机构、家庭之间的“劳动关系”和“雇佣关系”的二分法得到肯定,这种区分在 2014 年商务部发布的《家政服务合同(员工制范本)》和《家政服务合同(中介制范本)》中更加清楚地得到体现。《家政服务合同(员工制范本)》的合同双方是客户和家政服务机构,家政服务人员作为家政服务机构的员工在客户家庭中提供劳动,合同中将劳动关系下的用人单位的职业风险防治义务转化为家庭的合同义务,要求客户应尊重家政服务人员的人格和劳动,提供安全的劳动条件、服务环境和居住场所,不得采取搜身、恐吓、殴打等行为侵犯家政服务人员的人身和财产权利,保证家政服务人员不与成年异性同居一室(生活完全由他人照护的失能者除外),保证家政服务人员的人身安全,如家政服务人员突发疾病或受伤时,客户应及时采取必要的救治措施,并及时通知家政服务机构。《家政服务合同(中介制范本)》则是三方合同,签约方分别是雇主(家庭客户)、家政服务员和家政服务机构(中介方)。按照范本条款的内容,雇主对家政服务人员造成伤害的,应承担赔偿责任;在服务期间,若家政服务人员突发疾病或遇其他伤害,雇主应采取必要的救治措施;若家政服务人员外出未归或发生意外,在24小时内通知相关方;雇主为家政服务人员(全日住家型)提供安全的居住场所,并保证不与成年异性同居一室(失能者除外),当家政服务人员需接触病人的血液、呕吐物及排泄物时,应为家政服务人员提供相应的卫生和劳保用品;由于雇主和家政服务人员、家政服务人员和家政服务机构之间均不成立劳动关系,因此,合同中没有关于工伤保险的内容,而是由雇主和家政服务人员协商是否投保商业保险。

2019年国务院办公厅《关于促进家政服务业提质扩容的意见》则是通过鼓励员工制家政企业的发展,让家政服务人员和家政企业之间建立劳动关系,从而将家政服务人员纳入劳动法的调整范围,但是通过鼓励措施,虽然可以使员工制家政企业成为主流,但是仍然没有解决非员工制家政企业中家政服务人员的法律地位定性,或者说仍然因劳动关系的是否存在将同样为家庭提供家政服务的从业者在法律地位上进行了区分,分别适用劳动法和民法进行调整,在制度上造成两者的不同对待。与家政企业之间不存在劳动关系而是签订服务协议的家政人员,可作为灵活就业人员按规定自愿参加城镇职工社会保险或城乡居民社会保险,但是作为灵活就业人员如何参加职工工伤保险则并没有在相应的法律法规中明确,城乡居民社会保险中并没有工伤保险项目。虽然家政服务人员在从业过程中遇到的风险可以通过商业保险得到补偿,但是商业保险与社会保险存在本质差别,不能以商业保险替代社会保险。

2019 年 12 月 19 日公布的《上海市家政服务条例》是我国第一部关于家政服务行业的地方性立法。上海市的规定体现了《关于促进家政服务业提质扩容的意见》的主要内容,在确定员工制家政服务机构作为家政服务人员的用人单位,承担用人单位防治家政服务人员的职业风险的义务和法律责任的同时,也明确了用户(家庭)的权利义务和法律责任。《上海市家政服务条例》第 12 条规定:“用户应当按照约定支付相关费用,为家政服务人员提供必要的劳动保护条件;尊重家政服务人员的人格,如实介绍与家政服务有关的家庭情况;用户及同住人员患有传染性疾病或者具有其他可能危及家政服务人员人身安全的情形,应当如实告知家政服务人员。用户不得有下列行为:(一)谩骂、侮辱、虐待、殴打家政服务人员;(二)强迫家政服务人员提供合同约定以外的家政服务;(三)强迫家政服务人员提供可能对其人身安全造成损害的家政服务;(四)其他违反法律、法规和公序良俗的行为。”在法律责任承担上,规定“家政服务活动中,家政服务机构、家政服务人员或者用户侵犯他人合法权益的,应当依法承担相应的民事责任”,但是并没有对法律责任的具体内容予以明确。

尽管依照现行法律法规和规范性文件的内容,家政服务人员的法律地位分为劳动关系下的劳动者和受民事法律调整的雇佣关系中的受雇人员两种情况,但无论是作为家政企业的员工被派到用户家庭中从事家政服务,还是直接和用户家庭签订雇佣合同,其提供劳动的对象(用户家庭)和劳动内容(家政服务)是一样的,可能遇到的职业风险也是一样的,由于其提供劳动的场所是家庭,因此现行法律规定中有关职业安全与卫生的内容并不能完全套用在“家庭”这一工作场所之上;相对于一般的生产经营场所,家政服务人员遭受事故伤害和职业病的风险较低,而遭受暴力和骚扰的可能性加大,我国目前的法律中关于暴力和骚扰的内容相对欠缺。通过立法防治家政服务业从业人员的职业风险,不仅是家政服务从业人员权益保护所必需的,也是我国家政行业有序健康发展所必需的;家政行业的有序健康发展,不仅为女性就业创造了就业途径和就业岗位,也在一定程度上有利于家庭责任和工作之间的平衡,促进女性就业发展。

家庭作为工作场所的特殊性亦为国际劳工标准所承认,在《关于家庭工人体面劳动的公约》和《关于家庭工人体面劳动的建议书》中,特别强调了成员国的立法和政策要结合家庭工作的特点制定。考虑到我国目前的法律框架和政策指向,家政服务从业人员的职业风险防治在原则和标准上应当统一,不因家政服务人员是否和家政服务机构建立劳动关系而有所不同。在防治义务的承担上,对于没有建立劳动关系的家政服务从业者,相关政府机构要设立特定的监察部门或在现有劳动监察部门的职责中增加相应的监察职责,弥补没有劳动关系的家政服务人员职业风险防治中因用人单位的缺失所产生的保护疏漏;通过建立特定的工伤保险缴费和补偿机制,将没有劳动关系的家政服务从业者纳入工伤保险覆盖范围。[①]

---

① 家政服务人员参加工伤保险,已有地方立法作出尝试。如根据广东省的相关规定,未与家政服务机构建立劳动关系的家政服务人员可参加“特定人员单项参加工伤保险”。参见广东省人力资源和社会保障厅、广东省财政厅、国家税务总局广东省税务局《关于单位从业的超过法定退休年龄劳动者等特定人员参加工伤保险的办法(试行)》(2020 年发布)。

第五章
与工作相关的性骚扰的法律规制

社会生活中的性骚扰现象日益得到公众的广泛关注,其中女性劳动者在工作中受到的性骚扰更是社会关注的焦点。虽然性骚扰的表现形式和判断标准具有统一性,但是女性在工作中和工作之外遭遇的性骚扰仍然存在差异,这种差异不仅表现在行为发生的空间范围和行为人与受害人之间的关系方面,还表现在法律责任的归属方面。与发生于公共场所陌生人之间的性骚扰不同,与工作相关的性骚扰通常发生于相对封闭的工作环境,如办公室、生产车间等用人单位的生产经营场所;行为人和受害人往往是同一用人单位的员工或相互认识,如行为人是受害人的上级主管人员、普通同事,或者是相熟的客户。由于性骚扰的发生与受害人的工作相关,因此在行为人依法承担侵权责任之外,用人单位是否应对受害劳动者承担法律责任以及承担什么形式的法律责任成为劳动法关注的问题。

一、性骚扰的含义和判断标准

(一)性骚扰的含义:兼论性骚扰与暴力和骚扰的关系

我国性骚扰概念在法律中最早出现于 2005 年修正后的《妇

女权益保障法》。该法规定了“禁止对妇女实施性骚扰”的内容，但是没有对这一概念和判断标准进行明确。在2005年《妇女权益保障法》修正后，有地方性法规对性骚扰作出了概念界定。地方性法规通常将性骚扰界定为一种违背女性意愿的，与性有关的违法行为：首先，该行为本质均与“性”相关，如“与性有关”或具有“性要求”或“带有性内容”[①]；其次，性骚扰是一种违法的性行为，在“性相关”的前提下，这种性行为是不被提倡和应当被否定的，相应行为具有的“淫秽内容”[②]、“淫秽色情内容”[③]、“猥亵”[④]等成为该行为具有违法性的表述[⑤]，有些地方在概括性规定外还特别列举了具体表现形式[⑥]。

2019年《关于消除劳动世界中的暴力和骚扰的公约》是国际劳工组织通过的第一个关于劳动领域暴力和骚扰的全面系统的国际劳工标准。该公约将性骚扰作为基于社会性别的暴力和骚

① 参见《宁夏回族自治区妇女权益保障条例》(2019年修订)第43条，《广东省实施〈中华人民共和国妇女权益保障法〉办法》(2007年修订)第29条，《安徽省实施〈中华人民共和国妇女权益保障法〉办法》(2007年修订)第34条，《重庆市妇女权益保障条例》(2008年修订)第39条，《北京市实施〈中华人民共和国妇女权益保障法〉办法》(2009年修订)。

② 参见《湖北省实施〈中华人民共和国妇女权益保障法〉办法》(2007年修订)第33条，《湖南省实施〈中华人民共和国妇女权益保障法〉办法》(2006年发布)第30条。

③ 参见《陕西省实施〈中华人民共和国妇女权益保障法〉办法》(2006年修订)，《青海省实施〈中华人民共和国妇女权益保障法〉办法》(2009年修订)第34条。

④ 参见《山西省实施〈中华人民共和国妇女权益保障法〉办法》(2007年发布)第41条。

⑤ 有研究认为，将“性”加“骚扰”或“侵犯”等来解释性骚扰是或多或少含有“单性”色彩的“广义性骚扰”的定义；我国立法时应采用狭义性骚扰的概念，即指工作环境中的性骚扰。参见王恒涛：《性骚扰立法研究》，载《环球法律评论》2006年第5期。

⑥ 例如2012年5月10日发布的《包头市妇女权益保障条例》中列举的性骚扰行为包括：“用肢体动作挑逗和戏弄女性”，“故意撕脱女性的衣服，明显暴露女性身体隐秘部位”，“故意触摸女性的身体”，“用带有性内容或者与性有关的语言、文字、图片、声像、电子信息骚扰女性”等。

扰的一种类型加以规定。从公约条文内容分析，基于社会性别的暴力和骚扰是包括性骚扰在内的“因人们的生理性别或社会性别而针对其施行的暴力和骚扰，或不成比例地影响到某一特定生理性别或社会性别的人们的暴力和骚扰”，但是公约并没有对性骚扰的含义作出界定，也没有对性骚扰和其他类型的基于社会性别的暴力和骚扰进行更详细的区分。联合国消除对妇女歧视委员会在《第 19 号一般性建议：对妇女的暴力行为》中将基于性别的暴力定义为包括“性骚扰”在内的“因其为女性而针对妇女施加的暴力行为或不成比例地影响妇女的暴力行为”，包括“施加身体的、心理的或性威胁，施加这类行动、压制和其他剥夺自由的行为”。联合国大会 1994 年通过的《联合国消除对妇女的暴力行为宣言》将针对妇女的暴力定义为任何“对妇女造成或有可能造成身体、性或心理方面伤害或痛苦的”基于社会性别的暴力行为，包括“在工作场所、教育机构和其他场所的性骚扰和恫吓”。

各国对暴力和骚扰的界定不同。根据国际劳工组织对成员国的调查，劳动世界中的“暴力”或“骚扰”虽然存在共识，即劳动世界中的暴力和骚扰不仅仅包括身体方面，也包括心理和性两方面，但并不存在被普遍接受的定义：在国际劳工组织选取的 80 个国家的调查样本中，有 60 个国家对暴力和骚扰进行了规范，这些国家在对暴力和骚扰进行界定时使用的术语包括“骚扰”“欺凌”“合伙霸凌”“暴力”“虐待”和“非人道的待遇”等，虽然以上概念有很多被当作同义词来使用，但是具体的内涵和外延并不完全相同。①

欧盟 2000 年《雇佣和职业平等对待框架指令》中将骚扰定义

---

① See ILO, Ending Violence and Harassment Against Women and Men in the World of Work, Report V(1), International Labour Conference, 107th Session, 2018.

为“一种不被接受的行为,这种行为以损害人的尊严为目的或对人的尊严造成损害的,并引起威胁、敌意、贬低、羞辱或冒犯环境的产生”。2002年欧盟《雇佣、职业训练和晋升与工作条件男女平等对待原则修正指令》(2002/73/EC)中区分了骚扰和性骚扰,并将两者认定为被法律所禁止的性别歧视,骚扰是指“一种不被接受的与性相关的行为,这种行为以侵犯人的尊严为目的或对侵犯人的尊严产生影响,并造成了侮辱、敌意、贬低、羞辱或冒犯环境的产生”,性骚扰则是指“一种不被接受的语言、非语言或身体的具有性本质的行为,这种行为以侵犯人的尊严为目的或对侵犯人的尊严产生影响,特别是引起侮辱、敌意、贬低、羞辱或冒犯环境的产生”,要求雇主和其他有培训责任的组织按照成员国国内的立法和惯例,采取适当措施消除工作场所中的性骚扰。《2007年欧洲社会伙伴对于工作中的暴力和骚扰框架协议》中规定暴力和骚扰是指一个或一个以上的个人不被接受的行为,可具体表现为各种行为,暴力发生于一个或一个以上的工人或管理者因工作的原因被殴打;骚扰发生于一个或一个以上的工人或管理者因工作原因被连续地和有意地虐待、威胁和/或侮辱。暴力和骚扰可以是肢体、心理或性伤害;行为者可以是一人或多人,可以是偶然时间内发生的行为,也可以是一系列的行为;暴力和骚扰可以发生在平级的同事之间,也可以发生在上下级,还可以是第三方(如客户、顾客、病人或学生)的暴力和骚扰行为;暴力和骚扰行为的程度包括从不尊重到触犯刑法的各个层级。这一框架协议和上述欧盟2000年、2002年指令中关于暴力和骚扰的定义成为欧盟各国立法中对暴力和骚扰界定的基础。2010年被欧盟社会伙伴所认可的《处理与工作相关的暴力与骚扰多方指引》中将网络霸凌作为工作场所的暴力和骚扰的新形式。[①] 欧盟 2006/54/EC 指令中将基于性别的骚扰,包括有敌意的工作环境和同等形式的性骚扰,视作性别歧视。

在我国法律中,暴力一般是指物理性暴力,如殴打等外力伤害。在此基础上,有学者提出了“软暴力”的概念,认为在前述这种物理性暴力之外,能够对他人形成心理强制或足以影响、限制人身自由,危及人身财产安全或者影响正常生产、工作、生活的手段,其是与传统通过有形物理力所实施的暴力相对应的暴力形式,主要通过语言暴力、精神暴力或黑恶势力的力量展示等形式体现出来。[②] 2015 年颁布的《反家庭暴力法》将“经常性谩骂、恐吓等方式实施的身体、精神等侵害行为”也规定为家庭暴力的表现形式。我国法律中并没有关于骚扰的直接规定,立法中出现的“寻衅滋事”概念,其含义与骚扰类似。《治安管理处罚法》和《刑法》将追逐、拦截、辱骂、恐吓等行为规定为“寻衅滋事”,按照其危害程度决定处以行政处罚或刑事处罚。

就以上国际和区域性立法的界定,作为暴力和骚扰的一种表现形式,性骚扰具有暴力和骚扰的基本特征,也表现为“一次或多次发生,旨在造成、导致或可能导致生理、心理、性伤害或经济伤害的不可接受的行为和做法或它们带来的威胁”,但是与一般殴打、威胁等暴力和骚扰行为不同,性骚扰是基于“性”产生的骚扰。

---

① 虽然欧盟社会伙伴的协议和指引不属于欧盟法律的组成部分,不具有强制执行效力。但是这些协议和指引在欧盟内部被称为“软法”。由于社会伙伴关系一直为欧洲各国所重视,这些协议和指引的作用不容小觑。由于协议是由欧盟社会伙伴(雇主/雇主组织和工会/工会联合会)所签署的,协议双方均有义务遵守执行。

② 参见卢建平:《软暴力犯罪的现象、特征与惩治对策》,载《中国刑事法杂志》2018 年第 3 期;黄京平:《黑恶势力利用“软暴力”犯罪的若干问题》,载《北京联合大学学报(人文社会科学版)》2018 年第 2 期。

广义的性骚扰包括性暴力在内的违法行为，根据违法行为的程度不同，行为人分别承担民事、行政和刑事责任。在我国语境下，猥亵与强奸都是涉性的违法行为，前者达到严重程度时和后者同属于犯罪范畴，行为人依法承担刑事责任。[①] 由此需要对性骚扰和性犯罪这两种行为进行区分，如前所述，广义的性骚扰包括性暴力在内的所有涉性的违法行为，狭义的性骚扰往往被认为是没有达到犯罪程度的涉性违法行为。

2020年颁布的《民法典》明确了性骚扰的判断标准；《刑法》则对涉性的犯罪行为进行了规定；《治安管理处罚法》规定了对未达到犯罪程度的猥亵行为的行政处罚。由此，似乎可以看出，立法上将性骚扰和猥亵、强奸区分开来，分属民事侵权和行政违法、刑事犯罪范畴。但是最早对性骚扰立法的《妇女权益保障法》中采用的是性骚扰的广义定义，就法律责任而言，该法第56条规定："违反本法规定，侵害妇女的合法权益，其他法律、法规规定行政处罚的，从其规定；造成财产损失或者其他损害的，依法承担民事责任；构成犯罪的，依法追究刑事责任。"性骚扰是该法规定的侵犯妇女人身权利的内容，从立法逻辑分析，包括性骚扰在内的侵犯妇女人身权利的行为人依法应当承担行政和刑事责任。但是如上所述，我国行政和刑事法律中没有性骚扰的法律概念，性骚扰行为人因其行为被认定为"猥亵"或"强奸"而被追究法律责任。显然，就法律整体而言，性骚扰含义应当从广义上理解。

① 参见《刑法》第236、237条。

（二）性骚扰的判断标准

性骚扰表现为一种对女性实施的与性有关的行为。[①]《民法典》第1010条第1款规定："违背他人意愿，以言语、文字、图像、肢体行为等方式对他人实施性骚扰的，受害人有权依法请求行为人承担民事责任。"根据这一条款的规定，可以将民法上的性骚扰概括为"是与性有关的违背他人意愿，以言语、文字、图像、肢体行为等方式实施的侵犯自然人人格权的行为"。《民法典》的这一条款内容设立了我国性骚扰行为的主客观判断标准：主观上要违背他人意愿，客观上要通过言语、文字、图像、肢体行为等方式实施侵害。[②]

1. 主观标准：违背女性意愿

受害人的主观态度是一个与性有关的行为是否构成性骚扰并为法律所禁止的主观判断标准。也就是说，这一行为对受害者而言，在主观上是不被接受的，才能构成性骚扰。国际劳工组织通过的《关于消除劳动世界中的暴力和骚扰的公约》将包括性骚扰在内的暴力和骚扰规定为"不可接受"的行为和做法。

考察法律中关于主观意愿的规定，会发现一个问题：法律规

---

① 性骚扰不仅包括男性骚扰女性，也包括女性骚扰男性和同性别之间的性骚扰。在社会生活中，虽然以上性骚扰情形均有发生，但占据多数的仍然是男性对女性的骚扰。本书的主旨在于探讨女性劳动者权益保护，因此将性骚扰限定为对女性的性骚扰。

② 一些地方的妇女权益保护立法中还列举了电子信息等其他行为方式。参见《湖北省实施〈中华人民共和国妇女权益保障法〉办法》（2007年修订）第33条，《湖南省实施〈中华人民共和国妇女权益保障法〉办法》（2006年发布）第30条，《黑龙江省实施〈中华人民共和国妇女权益保障法〉办法》（2006年发布）第32条，《江西省实施〈中华人民共和国妇女权益保障法〉办法》（2006年修订，2019年修改）第36条，《广东省实施〈中华人民共和国妇女权益保障法〉办法》（2007年修订，2019年修改）第29条中列举的行为方式。

定中的主观意愿是否必须为受害者本人的意愿？在上述保护妇女权益的地方性法规中，性骚扰行为往往被界定为“违背妇女本人意愿”或“违背妇女的意志”[①]的行为。那么，法律规定中违背意愿是否仅指受害人的意愿？即违背他人意愿或违背妇女的意愿是仅指本人的意愿还是在本人之外结合“理性人”或“普通人”的意愿进行判断？即使在《民法典》中明确规定“违背他人意愿”也没有消除上述疑虑：在确定“意愿”时，“他人”和“受害人”是否必然为同一人？由于自然人个体的接受程度不同，同一行为在某人看来可能是一个涉及性的玩笑，虽然行为人可能会受到谴责，但某人认为并非不可接受；而对于另一个人而言，则可能会感觉受到冒犯。如果纯粹以“受害人本人的意愿”为主观标准，虽然对于受害人而言保护最为有利，但是作为一个社会规则，法律如此规定可能也会导致公众的“无所适从”。因此，主观判断标准中引入一个“理性人”或“普通人”的判断标准是必要的。[②] 按照“性别视角”，这里的“理性人”或“普通人”应当是与受害人同一性别的人，即对于女性受害人而言，“理性人”或“普通人”应当是同为女性的“理性人”或“普通人”，不能以男性的标准进行判断。英国 1997 年《防止骚扰保护法》规定，当一个存在争议的行为界定为骚扰行为的标准时，一个理性的人自然在拥有相同信息的情况下也认为该行为属于骚扰行为。[③]

---

① 参见《江西省实施〈中华人民共和国妇女权益保障法〉办法》（2006 年修订，2019 年修改）第 36 条，《陕西省实施〈中华人民共和国妇女权益保障法〉办法》（2006 年修订）第 33 条，《广东省实施〈中华人民共和国妇女权益保障法〉办法》（2007 年修订）第 29 条。

② 相对于本人的主观意愿，这种理性人的意愿也可以视作“客观标准”。相对于客观表现形式，此处虽为他人的主观意愿，但是仍然是一种“主观”表达，因此本书仍然将其视作“主观标准”。

③ See Protection from Harassment Act 1997 1(2).

2. 客观标准:性骚扰的表现形式

性骚扰一般表现为语言或肢体行为。除此之外,通过文字、图片骚扰女性,也可视为性骚扰的表现形式。随着科技的进步,性骚扰也可通过电子信息途径实现。那么,性骚扰究竟有哪些表现形式?法律应该如何作出规定?在境外法律规定中,性骚扰表现形式的概括式和列举式均有。国际劳工组织通过的《关于消除劳动世界中的暴力和骚扰的公约》中规定的将包括性骚扰在内的基于社会性别的暴力和骚扰规定为“因人们的生理性别或社会性别而针对其施行的暴力和骚扰,或不成比例地影响到某一特定生理性别或社会性别的人们的暴力和骚扰”,而暴力和骚扰则是指“一系列旨在造成、导致或可能导致生理、心理、性伤害或经济伤害的不可接受的行为和做法或它们带来的威胁,无论是其只发生一次,还是反复发生”,欧盟法律中虽然也列举语言、非语言或身体行为的具体行为方式,但更强调的是行为侵犯人的尊严这一本质。我国《民法典》第1010条第1款列举规定的性骚扰客观表现形式为言语、文字、图像、肢体行为。

二、劳动法视域中的性骚扰规制:与工作相关

性骚扰广泛存在于社会生活之中,作为一种违法行为,性骚扰可以为刑法、行政法、民法等不同法律部门所规制。不同法律规制性骚扰的关注点不同,纳入劳动法调整的性骚扰和其他法律调整的性骚扰的区别在于其与工作相关,而不是性骚扰本质上存在差异。根据性骚扰造成伤害的程度,行为人可能承担刑事责任或受到行政处罚,并对受害人承担损害赔偿、恢复名誉等形式的民事责任。劳动法以劳动关系为出发点,关注的是劳动者和用人单位的权利、义务。因此,劳动法对于性骚扰的规制,重点在于确

立用人单位防治性骚扰的权利、义务和法律责任。考虑到我国劳动法所调整的劳动关系和劳动者范围,结合其他国家和地区的立法经验,笔者认为,劳动法中规制的性骚扰是指与工作相关的侵犯劳动者的劳动权利的违法性行为。“与工作相关”是指性骚扰发生于工作过程中或因工作引起,即使性骚扰行为发生于休息时间或通过网络虚拟空间进行,只要其“与工作相关”,则仍然被劳动法所规制。在劳动者不可接受的主观要素和构成伤害或伤害威胁的客观要素之外,对劳动者劳动权利的侵犯是劳动法规制性骚扰的基础前提。

(一)与工作相关性骚扰的含义:兼论“工作场所性骚扰”界定的局限性

在理论研究中,学者们通常使用“工作场所性骚扰”或“职场性骚扰”概念。在法律规定中,《女职工劳动保护特别规定》将用人单位预防和制止性骚扰的义务限定在“劳动场所”之内,但是随着用工形式的复杂化和互联网的发展,通过“工作场所”或“劳动场所”来界定劳动法所调整的性骚扰范围,其局限性日渐显现。

从语源来看,“性骚扰”和“工作场所性骚扰”均是“舶来品”。就翻译本身而言,经过翻译后的表达并不总是与原文含义一致。[1] 翻译不仅是找到“确切”的词汇进行“语言的转换”,更是一种建立在文化基础之上的“转化”。[2] 我国学者对于“工作场所性骚扰”的理解很大程度上受到西方国家,特别是美国的影响。

---

① 曾有中国学者的中文文章被翻译为英文,然后又从英文翻译为中文,在两次翻译后,有些地方竟“面目全非”。参见闵冬潮:《全球化与理论旅行:跨国女性主义的知识生产》,天津人民出版社 2009 年版,第 64 页。

② 参见闵冬潮:《全球化与理论旅行:跨国女性主义的知识生产》,天津人民出版社 2009 年版,第 65—67 页。

美国的《人权法案》将性骚扰作为性别歧视的内容加以禁止。美国平等就业机会委员会的指导规则将雇佣领域发生的“性骚扰”界定为“对雇佣有影响的不受欢迎的性行为”，并将其划分为两种类型：“利益交换性骚扰”和“敌意环境性骚扰”。“利益交换性骚扰”强调骚扰行为人的管理者身份，没有“工作场所”的限制；“敌意环境性骚扰”虽然使用了“敌意环境”（hostile environment），但是“环境”（environment）一词在英语中并非仅指物理的工作空间，因此“敌意环境”不仅指物理的工作环境，也可以理解为一种“工作氛围”，其并不局限在具体的“工作场所”之内。[①] 而将以上两种类型的性骚扰通过中文的“工作场所性骚扰”概括，则产生了将美国法律中“雇佣领域发生的性骚扰”转化为发生在“工作场所”的性骚扰的“限缩”效果。“工作场所性骚扰”不仅无法概括发生于工作场所之外的“利益交换性骚扰”，而且和“敌意环境性骚扰”也不能完全相融。

已经有学者在研究中指出从物理空间理解“工作场所性骚扰”的不足，认为“工作场所实际是因工作或其他经济联系而产生的一种关系形式，在与工作有关的联系中发生的性骚扰都可以被认为是工作中的性骚扰”[②]。但也有学者认为，虽然随着就业形式的多样化和工作方式的改变，“工作场所”有拓展和开放趋势，但是鉴于“工作场所性骚扰”问题源于工作场所，逐渐形成比较成熟的学术传统和脉络，沿用这一概念有助于对该问题的

---

① 参见〔英〕霍恩比：《牛津高阶英汉双解词典》（第9版），李旭影等译，商务印书馆2018年版，第713页。

② “工作场所中的性骚扰研究”课题组：《工作场所中的性骚扰：多重权力和身份关系的不平等——对20个案例的调查和分析》，载《妇女研究论丛》2009年第6期。

深入讨论。[①] 而"职场性骚扰"的概括虽然在一定程度上克服了"工作场所性骚扰"的不足,但"职场"并非一个确定的法律概念。

从国际趋势来看,国际劳工组织在《关于消除劳动世界中的暴力和骚扰的公约》中以与工作相关或者因工作而起(links with or arising out of work)概括包括性骚扰在内的暴力和骚扰的适用范围,即性骚扰的发生是由于"工作"而不是因为其发生在"工作场所"[②]。鉴于我国劳动法律中尚没有统一明确规定性骚扰的调整范围和类型,无论是"工作场所性骚扰"还是"职场性骚扰"均表明此种性骚扰与其他类型性骚扰的差异在于其发生的"社会关系"不同,这种性骚扰的发生与劳动者"工作相关"。因此笔者认为,在未来的立法中,与其进一步解释或扩充"工作场所"的含义,不如将劳动法所调整的性骚扰范围概括规定为"与工作相关"[③],即劳动法规定用人单位防治性骚扰的法定义务和法律责任既不是因为行为人(加害人)是本单位员工,也不是因为该行为"发生于工作场所",而是因为其"与工作相关":一方面,"与工作相关"强调的是性骚扰行为与工作紧密联系,避免了"物理场所"的假设前提,"并非发生在工作场所"不能成为用人单位的免责理由;另一方面,"与工作相关"这一标准不再限制行为人的身份,即

---

① 参见薛长礼、杨慧丽:《工作场所性骚扰受害人劳动权保护的法理探析》,载《山西大学学报(哲学社会科学版)》2010年第5期。

② "工作场所"(the world of work)不仅指物理"工作场所",还包括与工作相关的通讯(包括网络通信)等。参见国际劳工组织官方网站(https://www.ilo.org/global/about-the-ilo/newsroom/news/WCMS_711891/lang--en/index.htm),访问日期:2019年7月31日。

③ 我国台湾地区的"性别平等工作法"将敌意环境性骚扰规定为"受雇人于执行职务时,任何人以性要求、具有性意味或性别歧视之言词或行为,对其造成敌意性、胁迫性或冒犯性之工作环境,致侵犯或干扰其人格尊严、人身自由或影响其工作表现"。其中"受雇人于执行职务时"可以解读为"与工作相关",但执行职务在我国大陆的法律中,更多地适用于行政部门的工作人员。因此笔者认为,"与工作相关"更为合理。

使是由外部人员实施的性骚扰行为,用人单位亦有义务进行防治,以保证本单位劳动者的就业安全。

(二)“与工作相关”的范围确定

劳动法对于性骚扰的防治以保护劳动关系内部的劳动者的权益为核心,但是随着社会经济的发展和劳动用工模式的发展变化,将性骚扰的防治局限在劳动关系内部,进而局限在劳动者在工作场所从事劳动的过程中,不利于劳动者权益的保护。将劳动法所防治的性骚扰从“工作场所”拓展到“与工作相关”,无论是对保护的人员范围还是空间范围均进行了扩充,但是这种扩充需要一定的限制。将劳动法规制的性骚扰定性为“与工作相关的性骚扰”的初衷是弥补“工作场所性骚扰”的保护不足。

1. 劳动者范围的扩张

劳动领域发生的性骚扰为劳动法所规制的原因在于性骚扰侵犯了劳动者的就业权利。劳动法所调整的性骚扰不应仅为“劳动关系内的性骚扰”,而且将保护的劳动者范围适度扩张到劳动关系之外,既有利于劳动者权益保护的周延,也符合国际趋势。①

---

① 虽然在大量的国际劳工公约和建议书中,标准劳动关系中的雇员是保护的重点人群,但随着劳动关系多样化的发展,标准劳动关系的局限性日益明显,相当多的劳动者所从事的劳动很难被标准劳动关系所涵盖。为了更周全地保护劳动者的权益,国际劳工组织认为应当为非正规就业形式下的劳动者提供保护,改善其恶劣的劳动状况。因此,国际劳工组织通过的一些国际劳工标准无差别地保护所有工人,而不论是否存在劳动关系,或存在何种类型的劳动关系,如 2019 年《关于消除劳动世界中的暴力和骚扰的公约》所保护的劳动者不仅包括雇员,也包括无论签订的合同状况如何的工作人员、实习生和学徒工在内的接受培训的人员、就业已经终止的工人、志愿者、求职者、应聘者,甚至还包括履行雇主权限、义务或责任的个人。除规定了人员类型之外,该公约还从接受劳动成果的一方,进一步明确公约适用于在“包括正规和非正规经济中的私营或公共部门”,以及在“城市或农村”的所有部门提供劳动的劳动者。

(1)求职者

在求职过程中,作为求职者的女性劳动者可能会受到来自招聘单位工作人员的性骚扰。性骚扰不仅侵害了求职者的人身权利,同时也侵害了其就业权利,这种侵害产生于以"工作"为目的的求职过程中,"与工作相关",即求职者在求职过程中遭受的性骚扰属于"与工作相关"的性骚扰。因此,对于求职过程中遭遇性骚扰的劳动者,劳动法应当作出回应。[①] 求职者是用人单位潜在的劳动者,用人单位保护本单位工作人员免受性骚扰侵害的义务可以延伸到保护"潜在员工"的求职者。将用人单位的防治义务扩张到保护求职者,对在职员工的保护也具有意义。当行为人对求职者有性骚扰行为时,也会给在职的女员工造成压力,产生可能也会受到性骚扰的恐惧,从而使用人单位的工作环境存在潜在的风险。将用人单位的防治义务扩张到保护求职者,也并不必然加重用人单位的负担。一方面,保护求职者,并不要求用人单位采取特定的措施,将已有措施同样适用于求职者即可;另一方面,求职者在用人单位指定的场所或通过指定的途径应聘,用人单位有足够的监控能力保证求职过程的安全,有义务防范本单位工作人员对求职者实施违法行为,当本单位工作人员在招聘过程中性骚扰他人时,用人单位应当对其行为负责。当然,基于求职者和本单位劳动者两者之间身份上的差别,对于在这两种情况下用人单位的法定义务和法律责任,劳动法应当作出不同规定。

(2)在用人单位管理下从事劳动的没有建立劳动关系的劳动者

根据现行劳动法的规定,童工、超过退休年龄的劳动者和实

---

① 《就业促进法》第62条规定:"违反本法规定,实施就业歧视的,劳动者可以向人民法院提起诉讼。"

习学生均无法与用人单位建立劳动关系,但这些人员同样会在用人单位从事劳动。如果将用人单位对劳动者的法律责任局限在“劳动关系”之内,那么以上人员在提供劳动的过程中遭受性骚扰时无法追究用人单位的责任。但是以上人员均是在用人单位的管理下从事劳动,其遭受的性骚扰仍然存在“与工作相关”的可能性。

童工和超过退休年龄的劳动者在用人单位从事劳动,除年龄之外,其与本单位其他劳动者在劳动内容上并没有实质差别,显然不能将其排除在保护范围之外。按照教育法的规定,在校学生的实习属于教学环节,是按照教学计划的安排应当完成的学习任务①,进行实习的在校学生并不与实习单位建立劳动关系。即此时的实习学生并非实习单位的劳动者,但与实习单位的其他劳动者一样,其亦在该单位的指挥下在其“工作场所”内从事劳动。就实习劳动的环境来看,实习学生和实习单位的在职劳动者之间并无实质区别,劳动法应当将这些劳动者纳入保护范围。我国台湾地区的立法变化亦表明,为保护实习学生的权益,用人单位应当对实习生遭受的性骚扰侵害负责。②

劳务派遣用工模式下的劳动关系与传统意义上的劳动关系

---

① 参见《教育法》第48条。2016年4月11日,教育部、财政部、人力资源社会保障部、安全监管总局、保监会联合印发的《职业学校学生实习管理规定》中明确规定“职业学校学生实习”,是指实施全日制学历教育的中等职业学校和高等职业学校学生按照专业培养目标要求和人才培养方案安排,由职业学校安排或者经职业学校批准自行到企(事)业等单位进行专业技能培养的实践性教育教学活动。普通高等学校的学生实习同样是高等学校教学内容的组成部分。

② 我国台湾地区的“性别平等工作法”开始并没有将实习学生纳入保护范围,在法律实施后,实务上出现了相关争议。2014年该法修订时,将实习学生纳入了保护范围。参见侯岳宏编著:《性别工作平等法——判决与解释令汇编》,元照出版有限公司2016年版,第5—6页。

存在很大差别。在传统的劳动关系中,劳动者与一个用人单位建立劳动关系,签订劳动合同,并在该用人单位的指挥下利用其提供的劳动场所和生产资料进行劳动,劳动成果归属该用人单位,劳动者根据自己的劳动成果从该用人单位领取工资报酬,并由该用人单位保护劳动者在劳动过程中的生命安全和身体健康。在劳务派遣用工模式下,派遣单位在招聘劳动者之后,将其派到用工单位从事劳动。按照《劳动合同法》的规定,劳务派遣单位具有用人单位的地位,劳务派遣单位和被派遣劳动者签订劳动合同。但是作为劳务派遣单位的用人单位与传统的用人单位又存在差别,劳动者实际是在用工单位的指挥和管理下,在用工单位的工作场所从事劳动。在用工单位发生性骚扰行为后,让派遣单位进行调查处理显然存在一定困难,“要派单位若不配合,即便派遣事业单位优先考量派遣劳工之权益保障,仍难针对派遣劳工之性骚扰申诉采取立即有效之纠正与补救措施”[①]。由于被派遣劳动者的工作任务主要在用工单位监督下完成,用工单位具有实际的“用工权”,被派遣劳动者实际处于用工单位的直接管理之下,在用工单位提供的劳动环境中从事劳动,并根据劳动情况取得劳动报酬,核心层面上的“劳动合同”内容其实是在用工单位与被派遣劳动者之间完成的,用工单位在很多情况下分担了用人单位(劳务派遣单位)的权利和义务,因此,用工单位对被派遣劳动者遭受性骚扰承担法律责任具有合理性和可操作性,“在性骚扰防治责任等事宜,与劳务提供工作场所及劳务指挥监督有其关联性,在此情形下,要派公司也是最有可能对于职场性骚扰进行防

---

① 郑津津:《劳动派遣关系中之雇主性骚扰防治责任》,载《月旦裁判时报》2014年第30期。

治,故有必要使其负担雇主责任”[①]。

2. 劳动场所的扩张

《女职工劳动保护特别规定》规定了对“劳动场所”的性骚扰,用人单位有防治义务。但是女性劳动者遭受的性骚扰不一定发生在劳动场所中。虽然理论研究中出现了“工作环境”或“劳动环境”的概念,并通过“工作场所”的扩大解释可以将“工作场所”从用人单位的场所扩充到非用人单位的所在地,如可以将与客户见面之处解释为“工作场所”,司法实践中通过将“工作场所”解释为“用人单位能够对从事日常生产经营活动进行有效管理的区域和职工为完成某项特定生产经营活动所涉及的相关区域”,从而“将完成本职工作所应当经过或可能经过的区域确定为工作场所”,“工作场所适当的延伸也应当视为工作场所,如单位提供的工间休息的场所等”[②],但是以上解释仍然局限在特定的物理空间。随着产业类型的变化、用工形式的发展和科学技术的进步,劳动者的工作场所已经不再局限于用人单位的“物理场所”,尤其是随着网络技术的发展,“工作场所虚拟化”现象的出现和加剧,网络虚拟空间等的“虚拟场所”发生风险无法通过有形的“工作场所”进行合理解释,以有形的工作场所来概括职业风险的发生范围愈加显得力不从心。2019年《关于消除劳动世界中的暴力和骚扰的公约》不仅将“工作场所”拓展到“在工人领取薪酬、

---

① 侯岳宏:《有关性平、就歧、女性夜间工作等之要派机构视同雇主之责任》,载《台湾法学杂志》第243期。

② 参见江苏省高级人民法院发布的《工伤认定行政案件审理指南》,四川省高级人民法院《关于审理工伤认定行政案件若干问题的意见》,吉林省高级人民法院、吉林省劳动和社会保障厅《关于处理工伤认定行政案件若干问题的意见》,福建省高级人民法院《关于审理工伤认定劳动保障行政案件若干问题的指导意见(试行)》,北京市高级人民法院《关于审理工伤认定行政案件若干问题的意见(试行)》。

工间休息或就餐、或使用卫生、洗涤和更衣设施的场所”,“在与工作有关的出行、旅行、培训及活动或社交活动期间”和“上下班通勤”的公共场所,以及“雇主提供的住所”,并明确规定“与工作相关的通讯”也属于适用范围,体现出国际劳工标准对科技发展带来的工作形式变化的回应。通过电话、互联网通信工具实施的性骚扰,如通过电话、短信、微信、邮件等途径发送的性骚扰信息(语音、文字、图片等)也应纳入“与工作相关”性骚扰的防治范围。

三、用人单位的义务和法律责任:我国的立法和司法实践分析

我国现行法律规定禁止对女性的性骚扰行为,行为人依法应当承担相应的法律责任。对于劳动者在工作中遭遇的性骚扰行为,虽然相关法律规定中明确用人单位有采取相关措施预防和制止性骚扰行为的义务,但是用人单位防治性骚扰的义务规定内容笼统,缺乏可执行性,用人单位法律责任的规定则为空白;司法实践中劳动者要求用人单位承担法律责任的诉求因“于法无据”也很难得到法院的支持。

(一)立法的发展变化

分析我国法律关于性骚扰规定中用人单位义务和法律责任内容的发展变化,可以发现,立法者希望用人单位承担性骚扰规制义务,并承担相应的法律责任,但是用人单位防治性骚扰的义务和法律责任的性质、边界并没有在法律中清晰明确。《妇女权益保障法(修正案)》的草案中曾规定“用人单位应当采取措施防止工作场所性骚扰”,但是鉴于性骚扰是否限于工作场所,用人单位采取什么防范措施,情况都比较复杂,草案的修改中删去了关于用人单位的内

容,法律最终表述为“禁止对妇女实施性骚扰。受害妇女有权向单位和有关机关投诉”。同时将法律责任修改为“违反本法规定,对妇女实施性骚扰或者家庭暴力,构成违反治安管理行为的,受害人可以提请公安机关对违法行为人依法给予行政处罚,也可以依法向人民法院提起民事诉讼”。[①] 在劳动法领域,《劳动法》和《劳动合同法》中并没有涉及性骚扰的专门条款;2012 年出台的《女职工劳动保护特别规定》虽然明确了在劳动场所,用人单位有预防和制止对女职工性骚扰的义务,但仍然没有规定用人单位履行这一义务的具体措施以及违反该义务时应当承担的法律责任。因此,用人单位具体的义务范围和法律责任规定仍然缺失。

有些地方性法规试图明确用人单位的具体义务和法律责任。如有的地方性法规要求用人单位加强工作场所的防范措施;接到性骚扰投诉后及时处理;在处理时依法保护女职工的个人隐私。[②] 也有的地方性法规注意到用人单位的各种不同情况,要求用人单位结合本单位工作、生产、劳动特点采取措施预防和制止性骚扰。[③] 地方性立法中比较有特色的是江苏和深圳的立法。江苏立法通过列举方式规定了用人单位的义务:“(一)制定禁止劳动场所性骚扰的规章制度;(二)开展预防和制止性骚扰的教育培训活动;(三)提供免受性骚扰的工作环境;(四)畅通投诉渠

---

① 参见 2005 年 8 月 23 日全国人大法律委员会《关于〈中华人民共和国妇女权益保障法修正案(草案)〉审议结果的报告》。

② 参见《武汉市女职工劳动保护办法》(2015 年发布,2016 年修改),《广东省实施〈女职工劳动保护特别规定〉办法》(2016 年发布),《山东省女职工劳动保护办法》(2019 年发布),《湖南省女职工劳动保护特别规定》(2019 年发布)。

③ 参见《安徽省女职工劳动保护特别规定》(2016 年发布),《浙江省女职工劳动保护办法》(2017 年发布),《江西省女职工劳动保护特别规定》(2017 年发布,2019 年修改),《陕西省实施女职工劳动保护特别规定》(2018 年发布),《河南省女职工劳动保护特别规定》(2018 年发布)。

道,及时处理并保护当事人隐私;(五)预防和制止对女职工性骚扰的其他措施。"[1]深圳经济特区的地方性法规中关于"市性别平等促进工作机构应当定期发布反性骚扰行为指南,指导国家机关、企业事业单位、社会团体以及其他组织预防、制止性骚扰"的规定使得用人单位采取的性骚扰措施有了具体的依据和标准。同时,深圳经济特区的地方性法规还赋予用人单位对职工进行反性骚扰教育的义务。[2] 但是很遗憾,以上规定仍然对用人单位的法律责任语焉不详。

2020年颁布的《民法典》明确了性骚扰的判断标准,并规定了"机关、企业、学校等单位应当采取合理的预防、受理投诉、调查处置等措施,防止和制止利用职权、从属关系等实施性骚扰"。相较于此前的立法,《民法典》的这一条文内容是我国目前对于性骚扰最新和最全面的规定,但是通过这一条文仍然无法对劳动关系中用人单位的义务和法律责任给出清晰结论。一方面,这一用人单位的义务是一种"倡导性"的"不真正义务",并不对应法律责任,以上单位是否承担侵权责任仍然需要通过过错原则判断[3];另

---

① 《江苏省女职工劳动保护特别规定》(2018年发布)第19条。

② 参见《深圳经济特区性别平等促进条例》(2012年发布,2019年修正)第22、23条。

③ 王利明教授在国务院新闻办就民法典及其实施有关情况举行的吹风会上回答记者提问时认为:"有关承担性骚扰的赔偿责任,首先还是由行为人来承担这个责任,谁实施了这个行为,谁就要对他的行为负责,这是我们说为自己行为负责的一个基本的规则,也是侵权责任法奉行的基本原则。但是,这也不是说这些单位就没有任何责任,这里面还是要根据过错来确定,就看这些单位是不是因为它们的过错,对损害的发生真正产生了一定的作用,这些单位的不作为行为,和损害后果之间具有因果联系,这些都是法官在认定单位应不应该承担责任的时候应该考虑的一些基本因素,特别是要考虑它是不是有过错,这个过错对损害的发生是不是产生了作用,而不能简单地说这些单位现在没有建立一个投诉机制,现在不完善,那就要赔偿,这样考(转下页)

一方面,这一条文回避了非从属关系情况下发生性骚扰的单位义务问题。由此,用人单位义务的法律规定仍然具有局限性。

相对于民法关注行为人和受害人之间的权利义务和法律责任,劳动法对于性骚扰的规定则主要集中在用人单位的义务和法律责任的承担。无论是从性别就业平等的保护出发,还是基于用人单位对劳动者的保护义务,当本单位劳动者遭受性骚扰侵害,用人单位对此承担法律责任均具有合理性,但是用人单位承担法律责任的理论基础和责任形式,用人单位和行为人之间法律责任的关系等方面仍然存在可争论之处。保护劳动者权益是劳动法的宗旨,但是并不意味着当女性劳动者受到性骚扰伤害后,用人单位必然承担法律责任。

(二)司法实践分析

虽然性骚扰在一定程度上是社会热点问题,但进入司法程序的案件数量并不多,笔者在无讼网上仅查阅到有效的涉嫌性骚扰民事案件 139 件。[①] 从案件类型分析,涉嫌性骚扰的民事案件可

(接上页)虑恐怕就有点太宽泛了。即使它没有建立投诉机制,但是它对损害后果的发生还不能说起到了作用,所以还不能根据这一点就让它承担赔偿责任。法律要求它建立这个机制,目的是要起到防范作用,最终怎么认定,还是要根据过错来判断。”参见《国务院新闻办就民法典及其实施有关情况举行吹风会》,载 http://www.gov.cn/xinwen/2020-07/31/content_5531620.htm,访问日期:2020 年 12 月 31 日。

① 参见无讼网(https://www.itslaw.com/bj)。案件集中收集的截止时间为 2019 年 7 月。有效案件的收集标准为:性骚扰为案件的主要案情或争议焦点。对于判决书中虽然出现“性骚扰”一词,但性骚扰并不是案件的焦点问题,并且在案情中也没有展开的案件不予收集。2020 年 12 月,笔者在无讼网上对性骚扰案件进行了二次查询,案件数量虽然有少量增加,但案件类型并没有变化,鉴于案件数量的变化不影响本书的定性分析,故没有再对案件数量进行调整。

以分为两类：一类是民事侵权案件，另一类是劳动争议案件。[①]一般民事侵权案件主要以名誉权纠纷作为案由[②]，被告为疑似性骚扰行为人，在认定有性骚扰行为发生时，法院判决被告承担民事侵权责任，具体的民事责任形式主要有赔礼道歉、损害赔偿（包括精神损害赔偿）等。劳动争议案件则表现为因性骚扰产生的劳动合同解除争议。[③] 此种情形的劳动争议又可以分为两种情况：一是用人单位与行为人解除劳动合同的争议；二是受害人与用人单位解除劳动合同的争议。具体情况如表 1 显示。

表 1　性骚扰案件分析

案件分类	争议焦点	法院判决的情况
用人单位与疑似性骚扰行为人解除劳动合同争议	1. 性骚扰行为是否存在； 2. 因性骚扰行为，用人单位以严重违反规章制度为由解除劳动合同是否合法。	1.现有证据不能证明性骚扰发生或行为人的行为虽有不当，但不构成性骚扰，用人单位违法解除劳动合同，应当支付经济赔偿或劳动合同继续履行； 2. 性骚扰行为存在，用人单位解除劳动合同合法，不支付经济赔偿。

① 2018 年 12 月，最高人民法院发布《关于增加民事案件案由的通知》将“性骚扰责任纠纷”列为新增案由之一。但该案由被列在“教育”项下，因此性骚扰仍然不能成为劳动案件的立案案由。另外，该通知中同时新增的另一个案由为“平等就业权纠纷”。虽然理论上“性骚扰”与“性别就业平等”紧密联系，但是两者并不等同，这一案由下是否包括“性骚扰”纠纷仍有待观察。在此之前，性骚扰案件多作为“人格权”中的侵权行为案件进行审理。

② 在名誉权纠纷之外，有案件因为疑似性骚扰行为发生后，受害人（或其亲属）和行为人之间发生扭打等情况，进而产生身体损害，以人身权、健康权或一般人格权纠纷为案由立案。

③ 由于法律规定中没有明确用人单位的法律责任，因此迄今为止，并没有劳动者因性骚扰行为发生向法院起诉要求用人单位直接承担法律责任的劳动争议案件发生。为准确起见，在无讼网查询之外，以“性骚扰”为关键词，笔者在中国裁判文书网（http://wenshu.court.gov.cn）的民事案件中也进行了查询，截至 2020 年 12 月，尚没有发现关于用人单位因性骚扰行为发生承担法律责任的劳动争议案件。

（续表）

案件分类	争议焦点	法院判决的情况
疑似性骚扰行为的受害人与用人单位解除劳动合同争议	1. 性骚扰行为是否存在；2. 劳动者主张因性骚扰行为而被迫解除劳动合同，用人单位是否应当支付经济补偿。	1. 因性骚扰行为被迫辞职，证据不足，劳动合同解除因劳动者自身原因，用人单位无须支付经济补偿；2. 性骚扰的问题不属于劳动争议纠纷的审理范围，不予审理。

通过分析以上案件可以发现，在用人单位与涉嫌性骚扰行为人解除劳动合同的案件中，由于用人单位内部劳动规章制度中规定禁止性骚扰行为，当性骚扰行为发生，用人单位通常以“严重违反规章制度”为由与行为人解除劳动合同。由此，用人单位与行为人之间产生解除劳动合同的争议，此时案件的争议焦点不仅是性骚扰行为是否发生，争议的核心问题更在于性骚扰行为发生是否构成“严重违反规章制度”，虽然性骚扰行为是案件发生的导火索，但是案件的争议问题转化为用人单位规章制度的制定是否合理合法。

从相关案件判决内容分析，很多企业都在内部规章制度中规定“禁止性骚扰”，并将性骚扰作为严重违反本单位规章制度的情形之一，从而在发生性骚扰行为之后，以此为由与涉嫌性骚扰的劳动者解除劳动合同；法院在审理中一方面要认定案件中争议的行为是否构成性骚扰，另一方面要确认单位内部规章制度是否合法。疑似性骚扰行为的受害人与用人单位解除劳动合同争议，主要分为两种情况：一是劳动者以遭受性骚扰被迫单方解除劳动合同为由主张用人单位支付经济补偿金；二是在用人单位以某种情形解除劳动合同后，劳动者认为劳动合同解除的实际原因与性骚扰相关，诉求用人单位支付经济补偿金或违法解除劳动合同的经济赔偿。在这两种情况的案件中，劳动者（受害人）并不要求用人单位因性骚扰行为而承担法律责任。在个别案件中，虽然有劳动者提出有关性骚扰的诉求,但法院认为,性骚扰的问题不属于劳动争议纠纷的审理范围,不予审理;劳动者可直接向用人单位投诉或者另循途径解决。[①]

四、以职业风险为基础构建用人单位性骚扰防治义务和法律责任体系

如何规制性骚扰,不同国家和地区的具体做法不同,有单独立法,也有在相关法律规定中作出规定。没有单独立法的国家和地区,在劳动法、反歧视法、刑法等法律规定中对性骚扰作出规定。性骚扰发生,行为人承担相应的法律责任是毋庸置疑的,用人单位防治性骚扰的义务和因违反义务需要承担法律责任也已经为很多国家和地区承认。用人单位有保护劳动者的义务,与工作相关的性骚扰侵犯了劳动者的工作环境安全权,因此用人单位需要为此负责。劳动者因工作遭受性骚扰行为的侵犯,行为人应当承担第一层次的法律责任,用人单位则应当承担第二层次的法律责任;就直接因果关系而言,用人单位承担法律责任不在于性骚扰行为的发生,而在于其违反了相应的法律义务。传统理论认为,用人单位此时承担法律责任基于用人单位对劳动者的保护义务。劳动关系的从属性要求用人单位有保护劳动者权利的义

① 参见四川省雅安市名山区人民法院(2018)川1803民初897号民事判决书;广东省增城市人民法院(2015)穗增法民一初字第94号民事判决书;广东省广州市中级人民法院(2015)穗中法民一终字第2384号民事判决书;上海市虹口区人民法院(2018)沪0109民初27277号民事判决书;上海市第二中级人民法院(2018)沪02民终11484号民事判决书。

务，包括对劳动者的生命与身体健康、人格权益和财产权益的保护[①]；这一保护义务可具体化为工作环境安全的保证义务[②]。而工作环境安全的保证义务，也即用人单位的职业风险防治义务。

（一）性骚扰：来自“人”的职业风险

职业风险，也可以称为劳动风险和工作风险，通常是指从业者在所从事的工作/劳动中可能遭受伤害的风险。[③] 按照来源，可以将职业风险分为来源于物的风险和来源于人的风险两类。传统上，职业安全卫生法关注的主要是机械设备等造成的事故伤害

---

① 参见台湾“劳动法学会”编：《劳动基准法释义——施行二十年之回顾与展望》，新学林出版股份有限公司2005年版，第127页。

② 雇主实际上应承担提供劳工适当、安全、无害之工作场所与环境，以保护劳工之生命、身体健康等重大利益免受危害之义务。参见黄程贯等：《劳动、社会与法》，元照出版有限公司2011年版，第14页；侯岳宏等：《性别工作平等法精选判决评释》，元照出版有限公司2014年版，第145页。

③ 在我国法律文本中，劳动风险的概念更为常用，相应的作为劳动风险防治的法律体系也就被称为“劳动安全卫生”法律制度；劳动者享有的权利也被命名为“劳动安全卫生权利”（参见《劳动法》《劳动合同法》《社会保险法》《工伤保险条例》等法律法规的相关条文规定）；而在理论研究和日常生活中，“职业”“工作”和“劳动”则都被使用，在一定程度上并没有严格意义的区分。如在《劳动与社会保障法学》编写组编写的《劳动与社会保障法学》这一被广泛使用的教材中，就劳动者权利而言，使用的是“劳动安全卫生权”，将这一权利概括为“劳动者享有的在劳动过程中保护其生命安全和身体健康的权利”。在劳动基准法律制度一章中则使用了“职业安全健康制度”的概念，并将职业安全制度和职业健康制度概括为“国家以保护劳动者和协调社会生产秩序、预防和解决职工在职业活动过程中发生各种伤亡事故为目的所建立的一系列法律规范标准体系”和“国家为了保护劳动者在劳动过程中的身体健康，防止有毒有害物质的危害和防止职业病的发生而制定的法律规范及操作规范”。在工伤保险一章，则将工伤保险和职业灾害保险并列，定义为“劳动者在工作中因遭受事故伤害或者患职业病而致伤、致病、致死时依法所享受的一种社会保险”。参见《劳动与社会保障法学》编写组：《劳动与社会保障法学》（第2版），高等教育出版社2018年版，第37、173、174、249页。

和工作场所有毒有害物质所引起的职业风险的防治，工伤保险法也以补偿工作中的事故伤害和职业病给劳动者带来的经济损失为主要内容。但劳动者的工作场所中不仅有“物”（生产资料），也有“人”。女性劳动者遭受的性骚扰即为典型的来自“人”的职业风险伤害。与工作相关的性骚扰，使女性劳动者对就业产生恐惧，甚至放弃就业，由此进一步加剧了女性劳动者的就业困难和就业领域的性别不平等。

在将劳动法所调整的性骚扰界定为“与工作相关”的性骚扰时，无论行为人是否为本单位员工，也无论行为人在本单位的职务高低，与工作相关的性骚扰行为的发生，均使女性劳动者处于职业风险之中。如上所述，劳动法规制性骚扰的核心是性骚扰的发生侵犯了女性的就业权利，尽管基于性别因素产生的性骚扰对就业性别平等造成了侵犯，但在具体表现上，与工作相关的性骚扰造成了女性工作的“不安全”，将其列入“职业风险防治”的范畴更具有直观性。在性骚扰发生时，行为人向受害人承担法律责任不是劳动法规制的内容。作为调整劳动关系的法律，劳动法需要对用人单位的权利义务和法律责任作出规定。从我国劳动法的理论和实践出发，从职业风险防治角度确定用人单位的性骚扰防治义务来保护劳动者，更具合理性和可行性。

与造成伤害的“物”（生产资料）由用人单位提供不同，“人”的伤害对于用人单位而言具有不可控性，特别是性骚扰伤害来自第三方人员时，更不可控。但是劳动者因此受到的伤害却又是与职业相关，如何让传统上适用于“物的伤害”的职业风险防治法律原则和法律规则适用于“人”的伤害，在职业风险防治法学理论的基础上制定适用于性骚扰的法律规定，是劳动法面临的新的课题，也是新的难题。互联网技术的发展，更是加剧了这一问题的复杂性。

（二）“二分法”的弊端和纳入职业风险规制的立法经验

美国法律将性骚扰分为利益交换性骚扰和敌意环境性骚扰两种类型。这种性骚扰的“二分法”在世界范围内具有广泛影响。从美国法律传统和社会实际出发，美国法中两种类型的性骚扰的判断标准和雇主法律责任承担不同。性骚扰的“二分法”在理论上为美国女性主义法学者凯瑟琳·麦金农所倡导。麦金农认为，性骚扰是性别歧视的一种情形，是女性在劳动力市场的弱者地位的体现。1986 年美国最高法院在米歇尔·文森性骚扰案（Mechelle Vinson's Sexual Harassment Case）的判决中确认性骚扰属于违反人权法案的性别歧视行为。该案确立了美国性骚扰的司法判断基本标准：只有在该行为足够“严重或普遍”以改变受到骚扰的妇女的雇佣条件，产生了对其敌意和虐待的工作环境的情况下，这一性骚扰行为才构成违反人权法案禁止的性别歧视。在利益交换性骚扰情况下，美国最高法院通过代理理论确认了雇主责任，认为管理人员作为雇主的代理人，其代表雇主对雇员行使管理和指挥权，雇主要为作为其代理人的管理人员的管理或指挥权的错误行使或滥用负责。敌意环境性骚扰则与妇女工作环境的性质和质量相关，当雇主纵容或容忍持续出现的性评论、性接触或其他类型的骚扰行为，该行为足够严重或普遍以至于改变女性雇佣条件时，雇主有义务对“敌意环境性骚扰”负责。敌意环境既是客观的，也是主观的。就客观而言，以“理性人”为判断标准，即任何理性人均认为其是敌意的，则构成“敌意环境性骚扰”；就主观而言，则取决于受害人的态度。性骚扰行为发生的频率和严重程度，行为的具体表现形式（肢体行为还是语言），受害人的态度（本人是否觉得因该行为受到侮辱），行为人和受害人之间的关系（同级别的同事还是管理者与被管理者），其他工人是否参与了性骚扰，受害者的数量（是否仅为一人）和性骚扰行为是否不合理地影响了受害人的后续工作，从而改变了她的雇佣条件等均构成了判断“敌意环境性骚扰”的因素。[①] 对于利益交换性骚扰，是以双方当事人的身份地位作为判断标准，表面上看雇主对高级管理人员承担“绝对责任”，即不能通过所谓的履行了事先防范和事后救济措施而免责；而对于敌意环境性骚扰，雇主可以通过举证证明履行了相应义务而减轻或免除法律责任。[②] 但其实这种“绝对责任”的承担仍然有条件限制，或者说雇主仍然可以进行抗辩：让雇主承担法律责任时，需要证明性骚扰是管理人员作为雇主代理人时的行为，在管理人员的行为不是行使雇主的管理权利或超出了管理权限行使管理权利的情况下，管理人员的行为不能被视为雇主的行为，雇主对此不承担法律责任。

笔者认为，美国的分类具有一定的合理性，但是从我国的实际情况出发，与工作相关的性骚扰立法并不必然要借鉴这一做法。首先，高级管理人员对下属的性骚扰并不一定表现为明显的利益交换，如果其并没有以给予工作利益为条件对下属进行性骚扰，仅仅是基于其管理者的身份，此时很难与“敌意环境性骚扰”相区分。[③] 其次，我国劳动法并没有区分高级管理人员和普通员工，二者适用统一的法律规则，高级管理人员同样是用人单位的劳动者，与用人单位签订劳动合同，其“劳动者身份”与本单位其

---

① See Raymond F. Gregory, Unwelcome and Unlawful: Sexual Harassment in the American Workplace, Cornell University Press, 2004, pp. 8-18.

② 参见焦兴铠：《劳工法制之最新发展趋势——美国劳工法论文集（二）》，月旦出版社股份有限公司 1997 年版，第 374 页。

③ 这一点从我国现行的司法实践也可得到佐证，在笔者收集整理的相关案件中，行为人具有管理者身份的性骚扰案件中并没有明确的“利益交换”，更多表现为受害人潜在的对工作前景的担忧；占比更多的案件仅表明发生在“同事”之间，并没有突出管理者的身份。

他劳动者并无本质差异。当劳动法没有对劳动者分层规范作出统一规定时,在性骚扰的规制中确认高级管理人员的特殊规定并非明智之举。虽然有研究成果探讨企业高级管理人员的身份地位和法律规制的原则,但是这种讨论仍然存在于理论研究层面,并没有形成确定的法律规则。①

将与工作相关的性骚扰作为职业风险加以防治,明确确立与工作相关性骚扰的防治措施和用人单位的法定义务,将违反法定义务作为用人单位承担法律责任的前提,能够使用人单位明确其义务和责任之所在,避免出现推诿,更有利于劳动者权益的保护。对此,欧盟法提供了有益的经验可供我国立法借鉴。在欧盟法中,性骚扰不仅作为性别歧视的一种形式被规定在性别平等法中,与工作相关的性骚扰作为新类型的职业风险被纳入职业安全和卫生法的调整范围,与其他职业风险的防治一样,雇主有义务采取措施降低或消除性骚扰风险。"利益交换性骚扰"强调行为人的身份,而不是行为发生的时间和地点,但无论这种利益交换具体体现为岗位或职位的维持和晋升,还是其他工作利益的获得,对于受害人而言,都是一种"职业风险"。无论性骚扰是来自上级管理人员还是普通同事,也无论性骚扰行为是否影响受害人得到职业训练或雇用机会、继续雇用、职位升迁、工资报酬或其他雇用决定,这些行为都导致了贬低、敌意或羞辱性的"工作环境"

---

① 我国著名劳动法学者董保华教授很早就提出了"劳动者分层保护"的观点,也有研究成果探讨企业高级管理人员的身份地位和法律规制的原则,但是这种讨论仍然停留在理论研究层面,并没有形成确定的法律规则。参见董保华:《和谐劳动关系的思辨》,载《上海师范大学学报(哲学社会科学版)》2007 年第 2 期;李凌云:《委任关系与劳动关系的三种状态》,载董保华主编:《劳动合同研究》,中国劳动社会保障出版社 2005 年版,第 78—96 页;王天玉:《经理雇佣合同与委任合同之分辨》,载《中国法学》2016 年 3 期;王天玉:《劳动法分类调整模式的宪法依据》,载《当代法学》2018 年第 2 期。

的产生。无论雇员是高级雇员还是普通雇员，作为雇员工作中出现的错误行为，雇主有义务对性骚扰行为进行处理，就像处理雇员其他的错误行为一样。对于受害人，性骚扰是对其职业安全和卫生的一种风险，雇主有义务采取措施降低和消除这种风险，如同对待其他职业风险一样。欧盟法确立了雇主防治职业风险的一般义务，这些一般义务对于性骚扰的防治同样适用。在一般义务之外，就性骚扰的规制，欧盟法还专门规定了雇主防治性骚扰的义务，包括将禁止性骚扰行为规定在雇主的规章制度之中，并将这一规定告知雇员，建立投诉和调查机构（或专门人员）；在疑似性骚扰行为发生后，及时全面进行调查，并根据调查结果进行相应的处理。[①] 在违反法定防治义务时，雇主要承担相应的法律责任。

（三）与工作相关的性骚扰的可控性分析

用人单位义务的设立和法律责任的承担应当考虑社会的实际情况，既要保护劳动者的权利，也不能将其绝对化。将本单位劳动者遭受性骚扰侵害全部归结为用人单位未尽到防治职业风险发生的义务，从而要求用人单位承担法律责任，可能会加重用人单位的负担。虽然用人单位有能力事先防范性骚扰，在疑似此类事件发生后，也最能通过所设立的内部机制处理此种纠纷，采取措施纠正行为人行为并负担赔偿责任。[②] 但是正如在社会生活中，即使有政府执法机构的存在也不能完全避免违法行为的发生一样，让用人单位保证工作环境的绝对安全，杜绝一切职业风险的

---

① See 92/131/EEC: Commission Recommendation of 27 November 1991 on the Protection of the Dignity of Women and Men at Work.

② 参见焦兴铠：《雇主知悉离职员工于在职期间遭受性骚扰》，载侯岳宏等：《性别工作平等法精选判决评释》，元照出版有限公司 2014 年版，第 155—164 页。

存在，并对与工作有关的性骚扰行为完全负责未免牵强。用人单位法律责任的承担应当与用人单位对性骚扰的“可控性”联系起来。

所谓性骚扰的“可控性”是指用人单位预测性骚扰发生，并有能力防止及采取补救措施的可能性。[①] 通常情形下，用人单位对本单位劳动者和工作场所有管理权，因此用人单位对于发生在有形工作场所内部的来自本单位劳动者的性骚扰具有很强的可控性；而对于发生在工作场所之外的性骚扰，特别是当性骚扰行为人为本单位外部人员，并且发生于虚拟场所（如网络上的语言骚扰）时，对于用人单位而言，本单位工作人员遭遇性骚扰相对“不可控”。基于用人单位对发生性骚扰行为的“控制程度”，其法律责任需要区分不同情况进行认定：对来自用人单位工作人员的性骚扰，用人单位在实际知悉或被推定知悉这类事件后，即应负担法律责任，除非能证明已采取立即而合适之纠正措施。[②] 如果这类事件发生在非受雇者，诸如主顾、一般顾客、售货员或承包商

---

① 2016年国务院安委会办公室发布了《标本兼治遏制重特大事故工作指南》，提出“安全风险管控”概念，指出“通过实施制度、技术、工程、管理等措施，有效防控各类安全风险”，从而降低风险损害。与工作相关性骚扰的发生可以视作用人单位在生产经营过程中的一种风险。通过企业内部建立相应措施可以降低性骚扰行为等发生的风险，即发生这一行为虽然不能完全避免，但是发生这一行为的风险并非完全脱离企业的控制。因此，通过采取措施在多大程度上能够防范这一风险可以视作企业对发生这一风险的控制程度的大小。借鉴此种表述，本书中将用人单位在多大程度上能够管控性骚扰行为的发生，或者说用人单位对是否发生性骚扰的控制程度称为性骚扰的“可控性”。

② 司法实践中，已有法官在判决中表示，用人单位的义务并不意味着在用人单位发生的一切违法事项均属于用人单位未提供劳动保护、劳动条件或有违背预防和制止对女职工性骚扰的义务的情形，若违法人的行为是用人单位无法预料和控制的，不能将用人单位的义务绝对化，在用人单位已经采取必要措施之后，可以免除其相应的法律责任。参见浙江省杭州市滨江区人民法院（2014）杭滨民初字第1173号民事判决书。由于目前我国法律中并没有用人单位对于性骚扰的法律责任规定，该案中用人单位的法律责任表现为无须支付解除劳动合同的经济补偿。

等,或甚至完全不相干的一般公众进入工作场所性骚扰受雇者之情形,则应权衡雇主对这类事件之掌控程度来作决定。①

就国际立法经验而言,《关于消除劳动世界中的暴力和骚扰的公约》要求雇主采取与其掌控程度相称的适当步骤来预防劳动世界中的暴力和骚扰,在合理可行的情况下制定关于暴力和骚扰的工作场所政策。《关于消除劳动世界中的暴力和骚扰的建议书》则明确,"工人和雇主的权利与责任"是成员国应在其法律和法规中作出的规定。显然,依据国际劳工标准的要求,各成员国应当通过立法或制定相应的政策要求雇主对暴力和骚扰负责,但《关于消除劳动世界中的暴力和骚扰的公约》和《关于消除劳动世界中的暴力和骚扰的建议书》要求雇主对暴力和骚扰负责时均明确"控制程度"这一前提条件。劳动者权利的保护在很大程度上依赖于用人单位义务的履行和法律责任的承担。虽然劳动法作为保护劳动者权益的"宪章",以保护劳动者为核心,但是在具体的法律规定中也不能过分加重用人单位的负担,当"用人单位不能承受之重"时,法律规定有停留在纸面上的危险,不仅法律的权威性受到损害,劳动者权益也无法得到真正的保护。因此,防治骚扰和暴力的劳动法律规定应当合理设计用人单位的义务和法律责任,既要使用人单位承担保护劳动者平等就业和提供安全工作环境的义务,切实保护劳动者权益,也不能使消除与防止暴力和骚扰成为用人单位的过度负担,导致法律规定形同虚设。

(四)用人单位防治性骚扰的义务

在我国目前司法实践中,因工作原因遭受性骚扰的劳动者不能

---

① 参见焦兴铠:《雇主对职场性骚扰之防治义务》,载《月旦法学杂志》2013 年第 222 期。

通过劳动争议仲裁或诉讼途径追究用人单位法律责任的直接原因在于,我国现行立法中没有用人单位防治性骚扰义务的具体规定。在确定用人单位承担法律责任基于性骚扰的发生“与工作相关”这一前提之后,用人单位的防治义务成为用人单位承担法律责任的直接原因。用人单位防治性骚扰的义务可以从受害人的保护和行为人的处罚两个方面分析:用人单位既有义务采取措施保护本单位劳动者免受暴力和骚扰,也有义务对有暴力和骚扰行为的本单位劳动者进行处罚。[①]

1. 义务主体的分类

我国劳动法中对于用人单位义务的规定基本是统一的,没有区分用人单位的规模,而用人单位本身有各种不同的情况,不仅有各种类型、各种规模的企业,还包括个体工商户、国家机关、事业单位等,不同单位的性骚扰防治义务也应有所区别。

中小企业、小微企业已经成为我国劳动者就业的重要途径,对于那些从业人数很少的中小企业、小微企业[②]而言,如果要求其建立专门的性骚扰处理部门,不仅会加重企业负担,也不现实。在立法中可以采取一般和特殊相结合的方式,原则上规定所有用人单位均应当禁止性骚扰行为发生,并建立相应的防范和救济措施;对于从业人数达到一定数量的用人单位规定专门的措施,那些从业人数未达标准的企业等用人单位,法律中不规定具体措施,但应当要求其根据本单位具体情况采取适当措施防范性骚扰。

除根据用人单位的不同规模确定不同义务之外,用人单位的

---

① 用人单位对有暴力和骚扰行为的本单位劳动者进行处罚是其用人权利(用人管理权利)的体现,但是这一处罚也是其履行保护劳动者平等就业和工作环境安全义务的措施和手段。从这一角度看,本书认为这种处罚也可以视为用人单位的义务。

② 从业人数多少是确定企业类型的一个重要指标,参见国家统计局2017年发布的《统计上大中小微型企业划分办法(2017)》。

类型也是确立具体防治义务的重要因素。相对于生产型用人单位,服务型用人单位的劳动者在工作中更多地接触第三方人员,此类用人单位应当设立相应的措施和程序处理来自第三方人员的性骚扰;国家机关工作人员具有更强的层级关系,因此其防治义务中要特别注意防治上级对下级的性骚扰。

2. 用人单位一般防治义务

根据国际劳工组织的相关研究,在其选取的80个样本国家中,有32个国家要求雇主对性骚扰承担责任,采取措施预防或保护工人免遭性骚扰。虽然各国所要求采取的措施各不相同,但很多国家要求雇主采纳包括说明工人和管理方的权利义务和概述控告机制的性骚扰政策,并张贴在工作场所的醒目位置;在工作场所强制开展关于性骚扰的培训也是很多工作场所的共同特点;一些国家针对特定部门或职业安全卫生法律规定保护劳动者免受身体暴力;有65个国家有要求雇主承担一般关照义务,在立法中采取措施保护工人在工作场所的安全与卫生。①

从我国现行法律规定分析,《妇女权益保障法》规定了单位接受遭受性骚扰妇女投诉的义务,《民法典》规定单位应当采取合理措施防止和制止利用职权、从属关系等实施性骚扰的义务;《女职工劳动保护特别规定》中规定了用人单位防治劳动场所性骚扰的义务。但是以上这些笼统的"防治义务"如何具体化,相应法律规定语焉不详。

考察其他国家和地区的立法经验可以发现,虽然各国和地区对于雇主的性骚扰防治义务的规定并不完全相同,但也有共

① See ILO, Ending Violence and Harassment Against Women and Men in the World of Work, Report V(1), International Labour Conference, 107th Session, 2018.

性,法律通常要求雇主事先制定性骚扰防治措施、申诉及惩戒办法,在知悉性骚扰发生时,采取有效的纠正和补救措施等。[①] 这些立法经验对于我国的立法具有重要的参考价值,但显然,我国的法律规定并不能直接照搬照抄某一种具体做法,特别需要避免立法先例中已经出现的不足和缺憾。对于用人单位的防治暴力和骚扰权利义务,立法应当从全局出发,系统性地构建法律框架。具体而言,法律应当规定用人单位建立相应的内部防治措施,保障受害劳动者有效的内部投诉和求助途径畅通便捷;接受有关行政部门的培训、指导和检查;赋予用人单位对行为人的惩戒权利。中华全国总工会在其编撰的《促进工作场所性别平等指导手册》中认为,用人单位应采取的预防和制止职场暴力和性骚扰的措施包括:将禁止职场暴力和性骚扰明确写入规章制度,并在规章制度中明确对职场暴力和性骚扰实施者的惩戒措施和及时采取补救措施;创建有利于预防职场暴力和性骚扰的工作环境;持续性宣传、教育和培训;设置处理机构并明确职责;明确处理程序;对投诉或举报事件及时进行调查核实,在用人单位规章制度中明确对职场暴力和性骚扰实施者的惩戒措施和及时采取补救措施等。以上措施可以为立法所借鉴和吸收。

(五)用人单位的法律责任体系构建

因性骚扰行为的发生,用人单位对受到侵害的本单位劳动

---

① 参见田思路、贾秀芬:《日本劳动法研究》,中国社会科学出版社2013年版,第83—91页;卢杰锋:《美国职场性骚扰雇主责任的判例法分析》,载《妇女研究论丛》2016年第2期。

者,应当依法承担法律责任。考察其他国家和地区的立法例[①],用人单位的民事责任形式主要表现为损害赔偿责任;行政责任的主要形式表现为罚款、责令整改等。[②] 我国法律规定中涉及用人单位的法律责任内容尚不明确。

1. 用人单位义务的履行与法律责任之间的关系

如前所述,用人单位承担法律责任的原因在于义务的违反而非性骚扰行为的发生,即用人单位是否承担法律责任具有一定的阻却理由,在用人单位能够证明其履行了事先预防和事后补救义务时,可以依法减轻或免除法律责任。[③] 而如何判定用人单位是否履行义务,需要考量多种因素。一般而言,用人单位是否依法建立相应的防范机制,在"知悉疑似性骚扰行为发生后是否立即采取有效措施"是判断其是否履行相应义务并是否免除法律责任的重要条件,"机关、学校、团体或事业单位于受理性骚扰申诉案件时","即时设身处地主动关怀,启动所设置之处理机制,并采取适当解决之措施,以免被性骚扰者长期处于具敌意性、胁迫性或

---

① 有学者从女性主义政策的角度,比较美国和欧洲反性骚扰的法律和政策后,认为我国大部分的事业单位、国家机关和国有企业都有能力来执行反性骚扰政策,且作为责任主体来提供培训、监督和民事赔偿。但大量中小企业力有不逮。因此可以发挥政府的主导作用和利用现有不同层级的劳动争议调解机构会同工会、相关社会组织一起协商解决,即借鉴欧洲的制度安排并部分借鉴美国经验,适度引入经济赔偿机制,否则很容易陷入执行不力的局面。参见郦菁:《比较视野中的反性骚扰政策——话语建构、政策过程与中国政策制定》,载《妇女研究论丛》2018 年第 3 期。

② 参见田思路、贾秀芬:《日本劳动法研究》,中国社会科学出版社 2013 年版,第 83—91 页。

③ 参见郭玲惠:《性别歧视与损害赔偿初探》,载《万国法律》2002 年第 125 期;刘志鹏:《职场性骚扰与雇主之举证免责》,载侯岳宏等:《性别工作平等法精选判决评释》,元照出版有限公司 2014 年版,第 175—185 页。

冒犯性之工作环境"[①]为采取了立即有效的措施。

从前述性骚扰"可控性"观点出发,我国的立法可以通过骚扰者是否为用人单位劳动者来区分用人单位的法律责任。对于本单位劳动者的性骚扰,无论行为人是高级管理人员还是普通员工,法律对用人单位履行防范和救济义务有更高的要求;对于来自单位外部人员的加害行为,则应当充分考量用人单位对这一损害行为发生的"可控"程度,确定用人单位是否承担法律责任。司法实践中的一些裁判规则可以为立法所借鉴和吸收,如很多用人单位已经将"禁止性骚扰"写入本单位的规章制度,通过将"性骚扰"规定为严重违反规章制度的情形,在证实性骚扰存在的情形下,用人单位的这种规定通常被法院认可,从而认定用人单位据此与行为人解除劳动合同合法。这在一定程度上体现了事先预防和事后救济措施的一个设立途径和方法,立法可将这一现行的企业做法规定为用人单位的法定义务,即在用人单位内部规章制度中对性骚扰作出规定,并通过设立具体的规则指引,细化规章制度的相应内容。再比如,在疑似遭受性骚扰的本单位劳动者投诉后,用人单位应当把疑似行为人调离原岗位,从而与受害人隔离,避免双方再次单独接触,也可以被视为一种类型的补救措施,以上措施均应通过法律规定予以固定。在法律明确规定用人单位的防范和补救义务的前提下,根据义务的履行情况,用人单位承担相应的法律责任。

2. 用人单位法律责任的内外有别

按照用人单位、行为人和受害人之间的关系,用人单位承担法律责任的情形可以分为三类:一是在同一单位工作的人员之间

① 侯岳宏编著:《性别工作平等法——判决与解释令汇编》,元照出版有限公司2016年版,第13页。

发生性骚扰的情形下,用人单位应当承担的法律责任;二是劳动者受到来自第三方的侵害,与劳动者建立劳动关系的用人单位应当承担的法律责任;三是第三方人员受到来自劳动者的侵害,与劳动者建立劳动关系的用人单位应当承担的法律责任。

在以上第一种情形和第二种情形下,虽然劳动者面临的是来自单位内外不同人员的侵害,用人单位仍需要对本单位劳动者承担相应的法律责任。用人单位对受到本单位工作人员性骚扰侵害的劳动者应当尽到保护义务并承担相应的法律责任是劳动法设立用人单位法律责任的核心内容。但是在现今的社会环境下,劳动者除受到本单位工作人员的性骚扰侵害之外,来自第三方人员的侵害也并不鲜见,特别是对于服务性行业而言,劳动者的工作任务就是服务于客户或顾客,因此具有受到第三方人员侵害的可能性增多。对于这样的工作环境,相关行业的用人单位在从业(营业)之初就应当有充分的认知,防治性骚扰的义务自然包括防治来自第三方人员性骚扰,因此在劳动者遭受侵害时,用人单位按照其对自身义务的违反程度承担相应的法律责任是法律的应有之义。对于这种来自内外不同人员的性骚扰,用人单位对本单位的受害劳动者法律责任的承担并不存在实质性差异。

第一种情形和第三种情形的差别在于加害一方为用人单位的工作人员,但是受害人不同,此时用人单位的法律责任存在非常明显的内外差别。在第一种情形下,用人单位对本单位的受害劳动者承担法律责任。防治性骚扰是全社会的共同义务,所有社会组织均依法负有防治性骚扰的义务,作为社会成员的用人单位当然不例外。但是用人单位具有的这一“社会性的防治义务”与“劳动法防治义务”存在差别。对于前者,用人单位在保护本单位劳动者免受性骚扰侵害之外,有义务约束本单位工作人员的行为,防治本单位劳动者对第三方造成损害,并依法承担相应的法律责任,但是这种法律责任并非劳动法责任。用人单位工作人员性骚扰第三方工作人员的法律责任,完全符合民法中雇主替代责任的要求,通过民事侵权法律规定即可解决。根据《民法典》的规定,用人单位对履行本单位工作任务的工作人员侵害第三方权益的,应当承担侵权责任。这种情形可以视为用人单位法律责任"内外有别"的情形之一,此种"内外有别"体现的是不同法律部门之间的差异。

当劳动法将保护范围扩展到没有和用人单位建立劳动关系的求职者、童工、超龄劳动者和实习学生时,用人单位(招聘单位/实习单位)亦负有保护其不受性骚扰伤害的义务。而用人单位对于以上人员承担的法律责任和对本单位劳动者承担的法律责任之间的差别才真正体现的是劳动法中用人单位"内外有别"的法律责任。对于求职劳动者,用人单位(招聘单位)既应当依法为本单位招聘人员的加害行为负责,承担民事侵权责任,也应当依法为损害劳动者的平等就业权利承担法律责任。在有证据证明劳动者因性骚扰而失去就业机会(未被该单位录用)时,用人单位应当录用该劳动者;如果无法录用或录用不可能时,用人单位应当对劳动者进行赔偿,这种赔偿并非用人单位对本单位工作人员侵权的替代责任,而应当是劳动法规定的特殊赔偿责任。对于没有与用人单位建立劳动关系的童工、超龄劳动者和实习学生,用人单位(实习单位)在承担民事侵权责任之外,亦应该为没有提供安全的工作(实习)环境负责,但是与对求职者承担的法律责任不同,此时用人单位并没有侵害童工、超龄劳动者和实习学生的平等就业权,其劳动法责任可以通过类比工伤保险的方式体现。

3. 用人单位的法律责任形式

在理论研究中,有学者以民事侵权责任为视角,分别从替代责任和独立责任两个角度论证用人单位对性骚扰承担的法律责任。[①] 但是这种民事侵权责任类型的划分是否套用在劳动关系领域,则需要进一步研究。理论上对于雇主责任的研究必然涉及雇佣关系和劳动关系之间的区别与联系。由于我国劳动关系自身发展和立法规制的特殊性,在理解"雇主责任"时需要考虑到我国立法中对劳动关系和雇佣关系的区分。从我国的实际情况出发,在侵权责任法框架下讨论雇主责任具有一定局限性。《民法典》对用人单位(雇主)侵权责任的规定表现为两个方面:一是"用人单位的工作人员因执行工作任务造成他人损害的,由用人单位承担侵权责任"。二是"个人之间形成劳务关系,提供劳务一方因劳务造成他人损害的,由接受劳务一方承担侵权责任"。如何理解在第一种情形下,"他人"的含义?更具体而言,本单位的劳动者是否属于法条中的"他人"?无论这一问题的回答如何,均存在可供讨论之处:如果是肯定回答,则将受害的本单位劳动者等同于第三方人员,显然本单位劳动者和第三方人员有身份的差异,与客户、顾客等第三方人员不同,行为人侵犯的是内部人员,是"对内侵权",对于这种侵权,是否应有不同的处理方式?如果是否定回答,那么被侵犯的本单位劳动者是否只能要求行为人承担责任?或者说,在此时,受害人是否有权追究用人单位的法律责任?第二种情形的适用范围显然不属于劳动关系,"个人"的措辞表明其适用的是私人雇佣的情形,由于我国劳动关系和雇佣关系在法律规定中有明显区别,因此其并不能适用于用人单位和劳动者之间没有建立劳动关系的情形。

根据《民法典》"用人单位承担侵权责任后,可以向有故意或

---

① 参见夏利民、郭辉:《职场性骚扰雇主替代责任说质疑》,载《河北法学》2012年第3期;李妍:《职场性骚扰雇主责任形态分析》,载《社会科学家》2011年第6期;曹艳春:《雇主替代责任研究》,法律出版社2008年版,第232—266页。

者重大过失的工作人员追偿”的规定,可以发现,此时用人单位的侵权责任是行为人的“替代责任”,即其并不是用人单位本身直接承担的“侵权责任”。即使将“本单位劳动者”包含在上述规定的“他人”范围内,此时所保护的也是“民事权益”,而不是“劳动权益”,用人单位仅作为行为人的“单位”承担侵权责任,这与劳动法确认用人单位防治性骚扰的立法基础不符。可见,民事法律中关于民事侵权责任的规定并不能实现劳动法保护劳动者劳动权利的目的。

劳动法规定用人单位承担法律责任,其直接原因不是受害人民事权利中的人格权受到侵害,而是因为性骚扰行为的发生损害了劳动者的就业权利。因此,在劳动法视域中,用人单位的法律责任并非民事侵权责任中的“替代责任”,而是因违反劳动法所承担的“独立责任”。用人单位未履行或未全部履行法定的性骚扰防治义务,从而导致劳动者受到性骚扰行为的侵害,其应当向劳动者承担独立的法律责任。行为人对受害人已经承担法律责任不能成为用人单位的免责理由,同样,用人单位赔偿责任的承担也不能减免行为人的民事责任。行为人的民事责任来源于性骚扰这一侵权行为的发生;而用人单位承担劳动法责任的直接原因是对职业风险防治义务的违反,两者产生的原因不同,各自独立,行为人的民事责任和用人单位的劳动法责任并行不悖。

用人单位未履行或未全部履行暴力和骚扰防治义务,从而导致劳动者的劳动权利受到侵害,其向劳动者承担的法律责任更应当体现为对劳动关系的保护。当劳动者因遭受性骚扰提出辞职时,用人单位应当依法向劳动者支付解除劳动合同的经济补偿金。但是如果将用人单位的法律责任仅局限在此,仍然不能有效保护劳动者权益,劳动法有必要设立特定的法律责任形式以保护受害劳动者的合法权益,如恢复劳动关系[1]、继续履行劳动合同、调整工作岗位等。

当法律将“禁止性骚扰”、建立防范和救济措施规定为用人单位义务之后,用人单位的这一义务就具有了公法义务性质,违反该义务,其应当承担行政责任。劳动行政部门有权对用人单位执行劳动法律的情况进行监督检查,对违反劳动法的用人单位进行行政处罚。借鉴境外的立法经验,用人单位此时承担行政责任的形式可以包括罚款、责令改正、警告。对于劳动者权益保护而言,用人单位承担行政责任具有重要的意义,有利于在整体上形成劳动者权益保护的环境。

五、将性骚扰伤害纳入工伤保险覆盖范围

工伤保险制度建立之初,劳动者所从事的劳动以机器化大工业生产为主,因机械设备等用人单位所提供的生产资料造成的伤害成为工伤的核心内容。而随着产业的发展和升级换代,劳动者的工作环境发生了很大变化,除来自物质的伤害外,来自人的伤害也逐渐成为工作场所存在的危险而被逐步认识和承认。如此,对于劳动者生命安全和身体健康的保护不应当局限于生产资料等物质造成的伤害;来自人的伤害同样应当成为工伤保险制度考虑的内容。劳动

---

① 在美国的司法实践中,复职是一种常见的救济措施;当复职不可取时,法院会判令支付预付工资作为替代方式救济受害者。预付工资的时间计算是从法院作出判决或者陪审团作出裁决之日起,至法院认为受害者可以再次就业的合理时间止。法院通常会综合考虑受害者的年龄、技能、当时的劳动力市场状况以及争议涉及的相关职位等因素,以确定预付工资的具体数额。原被告双方通过邀请专家证人出庭,向法官或者陪审团说明合理的预付工资的具体数额,这是美国司法实践中是较为常见的做法。参见卢杰锋:《职场性骚扰受害者的法律救济:基于美国法的研究》,载《中华女子学院学报》2020 年第 1 期。

者所遭受的性骚扰伤害与工作相关(在工作中发生或因工作产生),将这种伤害纳入工伤保险的保护范围顺应时代的发展要求,具有合理性。

(一)性骚扰造成的身体伤害应纳入工伤保险覆盖范围

《关于消除劳动世界中的暴力和骚扰的公约》认为,各成员国应当采取具有包容性、综合性和社会性别敏感性的方式来预防和消除劳动世界中的暴力和骚扰,其中,保证受害人获得补救是这一方式的组成部分。《关于消除劳动世界中的暴力和骚扰的建议书》进一步明确规定对受害人应当给予适当赔偿、医疗护理与治疗及心理支持;在因社会心理、身体或任何其他伤害或疾病而导致丧失工作能力的情况下,受害人应获得补偿。以上规定对劳动者遭受包括性骚扰在内的暴力和骚扰伤害后的经济补偿进行了明确。工伤保险制度是上述性骚扰经济补偿的一个合理选项。就工伤的本质而言,工伤是劳动者在工作过程中受到的伤害。与工作相关的性骚扰属于用人单位在生产经营中的一种风险,也是劳动者在工作中受到的伤害,将其纳入工伤保障范围与工伤保险制度建立的目的并行不悖。从他国的立法来看,已经有国家根据法律的明确要求或法院的解释,向因与工作相关的包括性骚扰在内的暴力或骚扰伤害的工人提供工伤保险(如澳大利亚、西班牙和加拿大);更多的国家虽然列出的可获赔偿伤害来源模糊不清或未对获得赔偿作出定义,但也向因暴力和骚扰受伤的工人提供工伤保险。[①]

根据《工伤保险条例》中“在工作时间和工作场所内,因履行

---

① See ILO, Ending Violence and Harassment Against Women and Men in the World of Work, Report V(1), International Labour Conference, 107th Session, 2018.

工作职责受到暴力等意外伤害”,“因工外出期间,由于工作原因受到伤害”,皆可认定为工伤的规定,性骚扰造成可见的身体伤害在一定程度上存在被认定为工伤的可能性。当然以上规定在立法之初并没有将性骚扰伤害考虑在内,更多的考量是“暴力”伤害或“事故”伤害。在立法本意上,将“在工作时间和工作场所内,因履行工作职责受到暴力等意外伤害”认定为工伤有着严格的时间、地点和“履行工作职责”的原因限制;“因工外出期间,由于工作原因受到伤害”在实践中更多关注的是“物质伤害”而非“人的伤害”。虽然可以将性骚扰伤害解释为暴力伤害的一种,或者将暴力伤害扩张解释为包括性骚扰伤害在内,但是在性骚扰伤害中,受害人受到伤害“来源于工作”或“因工作产生”,与“履行工作职责”并不完全等同,因此以上规定并不能将与工作相关的性骚扰伤害完全包括。将性骚扰造成的身体伤害纳入工伤可以有两个途径:一是将现行法律规定中的“在工作时间和工作场所内,因履行工作职责受到暴力等意外伤害”扩张为“因工作原因受到暴力等意外伤害”,强调暴力伤害与工作相关,在工作中发生或因工作而起,但伤害发生并不局限在工作时间和工作场所;二是可以明确将与工作相关的性骚扰伤害规定为工伤。

(二)性骚扰造成的精神伤害应纳入工伤保险覆盖范围

在身体伤害之外,因性骚扰造成的精神伤害(精神疾病)能否纳入工伤保险覆盖范围的问题则更为复杂。1964年《工伤事故和职业病津贴公约》对“工伤事故”采取了开放性定义,《工伤事故和职业病津贴建议书》将“职业活动中的其他危害中而引起的疾病”规定为“职业病”,使职业病的范围从“工作中接触有毒有害物质而患病”向因其他危害患病扩展,从而为将精神疾病纳入“工伤事故和职业病”打开了方便之门。1981年《职业安全和卫生及工作环境公约》虽然仍然主要关注来自“工作的物质要素”伤害,但是该公约将与工作有关的“健康”一词解释为“不仅指没有疾病或并非体弱,也包括与工作安全和卫生直接有关的影响健康的身心因素”,也为将性骚扰造成的精神伤害纳入保护范围留存了解释空间;与此同时,《工伤事故和职业病津贴建议书》将“防止一切因劳动条件造成、有害健康的身心紧张”规定在“成员国应制定的有关职业安全、职业卫生及工作环境的国家政策”之内。1985 年《职业卫生设施公约》及《职业卫生设施建议书》均要求“建立和保持安全卫生的工作环境所必需的条件,这种环境将有利于对工作最适宜的身体和精神健康状况”,“根据工人的身体和精神健康状况,使工作适合其能力”;2006 年《促进职业安全与卫生框架公约》及《促进职业安全与卫生框架建议书》已经不再强调“物质伤害”,而注重对保护“工作环境安全”规则的设立。[①] 但是以上国际劳工标准并没有明确回答精神疾病或精神伤害能否纳入“职业病”的范畴。这一问题直到 2010 年才得到回应:国际劳工组织 2002 年通过的《职业病名单建议书》所附的职业病目录在 2010 年修订时加入了“创伤后应激障碍”和“其他精神和行为障碍”(条件是经科学认定或以适合于国情与国家惯例的方法确定工作活动中接触有害因素与工人所患的精神和行为障碍之间存在直接的关联),这一修改使得将遭受性骚扰的精神损害纳入职业病范围有了可能的依据。

现阶段我国法律中认定为工伤的伤害更多地表现为“身体上

---

① See ILO, Ending Violence and Harassment Against Women and Men in the World of Work, Report V(1), International Labour Conference, 107th Session, 2018. 国际劳工组织对将暴力和骚扰造成的伤害纳入工伤范围也持肯定意见,并对相关国际劳工标准进行了有利于将暴力和骚扰伤害认定为工伤的倾向性解读,但国际劳工组织专家委员会并没有处理任何因暴力和骚扰引起的疾病问题。

的物理性伤害”，精神伤害通常作为外伤的结果而不是一种单独的工伤伤害。2006 年 11 月 2 日劳动和社会保障部、卫生部发布的《劳动能力鉴定　职工工伤与职业病致残等级》的国家标准中取消了 1996 年标准中关于人格障碍与人格改变的表述，增加了“与工伤、职业病相关的精神障碍的认定”的表述内容。在这一版本的国家标准中，“心理障碍”是工伤事故造成的肢体伤害的一种后果，“器官缺损或功能障碍的基础上虽不造成医疗依赖，但却导致心理障碍或减损伤残者的生活质量”，并非指作为单独工伤伤情的“心理障碍”。依赖标准的附录 A 中明确了与工伤、职业病相关的精神障碍的认定：精神障碍的发病基础需有工伤、职业病的存在；起病时间需与工伤、职业病发生相一致；应随着工伤、职业病的改善和缓解而恢复正常；并无证据提示精神障碍的发病有其他原因（如强阳性家族病史）。该标准的附录 C 中特别指出精神分裂症和躁郁症均为内源性精神病，发病主要决定于病人自身的生物学素质。在工伤或职业病过程中伴发的内源性精神病不应与工伤或职业病直接所致的精神病相混淆。精神分裂症和躁郁症不属于工伤或职业病性精神病。2014 年国家质量监督检验检疫总局和中国标准化管理委员会发布《劳动能力鉴定　职工工伤与职业病致残等级》的新国家标准代替了 2006 年的标准。这一新的国家标准删除了总则中心理障碍的描述，附录中关于精神疾病的内容没有变化。司法实践中，虽然法院认为精神疾病也属于职工受到事故伤害的范畴，但是其仍然停留在“事故伤害”层面。[①]

《职业病防治法》中规定职业病为“企业、事业单位和个体经济组织等用人单位的劳动者在职业活动中，因接触粉尘、放射性

① 参见苏州市姑苏区人民法院（2016）苏 0508 行初 2 号行政判决书。

物质和其他有毒、有害因素而引起的疾病”。国务院卫生行政部门公布的职业病目录中也没有将精神疾病纳入职业病[1],因此性骚扰所造成的精神伤害尚无法作为职业病纳入工伤保险的覆盖范围。从他国的立法经验来看,将性骚扰的精神伤害纳入职业病具有一定的可行性。为了更为周延地保护劳动者的劳动权利,我国法律规定可以参考国际劳工标准,适当扩张职业病的范围,将符合条件的性骚扰精神伤害认定为职业病。

---

① 现行的《职业病分类和目录》是2013年12月23日由国家卫生和计划生育委员会、人力资源和社会保障部、国家安全生产监督管理局、中华全国总工会印发的,共列出职业性尘肺病及其他呼吸系统疾病、职业性皮肤病、职业病眼病、职业性耳鼻喉口腔疾病、职业性化学中毒、物理因素所致职业病、职业性放射性疾病、职业性传染病、职业性肿瘤和其他职业病十大类职业病,所有职业病均为身体伤害。

结束语

女性劳动者权益保护：法律的能与不能

就业领域的男女平等和对女性劳动者权益的保护在现行法律规定中均已经明确。女性享有平等的劳动权利早已写入宪法,《妇女权益保障法》明确女性拥有和男性平等的劳动权利和社会保障权利,《劳动法》等劳动领域的专门法律中更是随处可见男女就业平等的法律条文,甚至法律中还规定了女性劳动者享有很多“劳动特权”。但是就业领域的性别歧视仍然广泛存在。无情的现实生活告诉女性,在就业领域争取与男性劳动者平等的就业权利仍然道阻且长。2020 年席卷全球的新冠肺炎疫情使得“几十年来各国在性别平等和妇女权利取得的有限进展存在着被逆转的风险”①。因疫情防控产生的子女照顾和家务劳动需求的增加,进一步暴露了就业性别平等的“脆弱性”。在一定程度上,女性作为社会劳动的“劳动力补充”,“家庭照顾仍然是女性主要责任”的观念仍然在社会中流行,社会性别的刻板印象并没有实质性的改变。女性劳动者仍然是劳动力市场上的弱者。

---

① 参见《联合国秘书长:将妇女和女孩置于 2019 冠状病毒大流行恢复行动的中心》,载 https://news.un.org/zh/story/2020/04/1054712,访问日期:2020 年 12 月 31 日。

一、性别刻板印象消除中的法律局限性

在当代社会,就业性别平等和反对就业性别歧视是理论上的共识,“由于性别就像种族和民族一样,完全是由出生这一偶然事件决定的不可改变的特征,因此,因性别而对某一性别的人施加特殊的资格限制,看来违背了我们制度的基本理念:法律责任与个人责任存在某种联系。使性别区别于诸如智力或身体残疾等无可争议的类别并将性别与公认的可疑标准联系起来的东西,乃在于性别特征与个人干一番事业或为社会做贡献的能力往往无关”[①]。包括劳动法在内的相关法律规定中,性别平等原则也得到了贯彻,但是就业领域中性别不平等的现象仍然比比皆是,就业性别平等观念并没有完全为社会公众所认可。

现实生活中,“男主外,女主内”的性别刻板印象依然根深蒂固。“女性回归家庭”或“干得好不如嫁得好”的观念一直在社会中广泛存在。有研究发现,当前无论男性还是女性,大部分认同女性的传统家庭角色,认为妇女对家庭的投入和照料是其在婚姻生活中必须履行的职责。[②] 在一个仍然将女性视为家庭照顾者或家庭责任的主要承担者的社会中,女性不放弃就业,会面临家庭和工作之间的冲突。来自外在的指责和内心的愧疚,让女性劳动者承受着巨大的身心压力,在面对“家庭阻碍工作”的困境时,女性无法摆脱“回归家庭”的被动选择。另外,“男主外”的社会性

① 〔美〕保罗·布莱斯特等编著:《宪法决策的过程:案例与材料》(下册),陆符嘉等译,中国政法大学出版社 2002 年版,第 971 页。

② 参见李静雅:《社会性别意识的构成及影响因素分析:以福建省厦门市的调查为例》,载《人口与经济》2012 年第 3 期。

别观念不断视“加班”为敬业[1]，放弃家庭生活的“奋斗者”可敬[2]的所谓“职场文化”被固化。迫于“男性挣钱养家”的社会压力，男性劳动者在面对家庭成为“工作的负担”或“职业发展的障碍”时，也会放弃承担家庭责任，将工作视为优先甚至是唯一的选择。在这种社会情形下，法律中的就业性别平等可能仅是“停留在纸面上的平等”，性别平等权利不仅为男性所忽视，女性可能也放弃了性别平等的追求。例如，2020年年初，因为新冠肺炎疫情的影响，北京市人力资源和社会保障局、北京市教育委员会发布了《关于因防控疫情推迟开学企业职工看护未成年子女期间工资待遇问题的通知》，该通知中规定每户家庭可有一名职工在家看护未成年子女，视为因政府实施隔离措施或采取其他紧急措施导致不能提供正常劳动的情形，这期间的工资待遇由职工所属企业按出勤照发。尽管通知中采用了职工这一没有性别区分的概念，没有将居家看护孩子的主体限定为母亲（女性），但是在实际生活中，基于“男主外，女主内”和女性更多承担家庭照顾责任的社会现实，在家看护者仍然以女职工（母亲）为主，而由此产生的就业影响，也主要由女性承担。

面对男女社会性别的刻板印象，“即使法律始终强调公民应做到男女平等，但这并不意味着社会公众能够按照法律中传达的

---

① 如“996工作制”，参见《人民日报：崇尚奋斗，不等于强制996》，载http://m.people.cn/n4/2019/0414/c203-12578693.html，访问日期：2020年12月31日；《风波再起40余家互联网公司被指实行“996工作制”》，载http://china.cnr.cn/xwwgf/20190405/t20190405_524568985.shtml，访问日期：2020年12月31日。

② 参见刘天放：《“奋斗者协议”涉嫌违法保障员工权益当给力》，载http://views.ce.cn/view/ent/202009/05/t20200905_35679834.shtml，访问日期：2020年12月31日；庄从周：《法院为何判定〈奋斗者协议〉有效？专家：合理有依据》，载https://www.51ldb.com/shsldb/dc/content/0175fcf36b0ec00128a787f8f563fc62.html，访问日期：2020年12月31日。

精神真正改变自身对待男女问题的态度。法律法规无法让男女平等价值观根植于人们的内心,并转化为实际行动。法律政策只能从规则上、原则上约束公民行为,却不能具有针对性、说服力地提高公民的自觉性”[①]。只有当整个社会打破性别刻板印象,性别平等观念深入人心时,就业性别平等才有真正实现的可能。因此,法律对于就业性别平等的实现具有局限性,仅有法律规定仍然不能实现完全意义上的性别平等,社会观念的变革才是实现性别平等的决定性因素。当然,承认法律的局限性,并不意味着否认包括劳动法在内的法律在促进性别平等中的重要作用。法律具有引导社会主体行为的功能,性别平等立法对于社会生活中两性平等观念的形成和巩固具有重要的推动作用。

二、法律的完善、协调和整合

法律在就业领域性别平等的实现过程中具有自身的局限性,但是不能由此陷入“法律无用”的悲观境地。传统的社会性别观念在一定程度上阻挠了性别平等立法的实施,但是如果没有法律的保障,性别平等更是无从谈起。对于性别平等的实现和女性权益的保护,法律的作用不能被忽视,并且应该更为强调。

法律作为上层建筑,其反映社会经济基础的需求,在规范社会公众行为的同时,指引着人们的行为,也在引导和影响人们的观念。法律中规定就业性别平等是通过法律手段保护女性就业权利的第一步。实现就业性别平等,保护女性劳动权益亦应当从理论走向现实,从法律文本走向法律实践,通过法律制度的设

① 刘利群:《从法律政策到文化自觉:大众传媒在男女平等价值观确立中的作用》,载《妇女研究论丛》2014 年第 3 期。

计，为女性建立平等就业的社会氛围。

劳动法中对于就业平等和劳动权利平等的条文如何能够得到贯彻执行，可以从内外两个方面反思和完善：就外在而言，一是加强法律的整体性考量，将性别视角纳入包括劳动法在内的整体法律体系之中，在整体提升女性地位和实现法律平等的基础上，就业领域的性别平等实现是应有之义；二是加强性别平等法律的宣传，法律规定要让更多人了解，让性别平等的理念深入人心，从而逐渐改变社会观念中性别的刻板印象。就内在而言，则需要对劳动法本身进行审视和反思，在立法中贯彻性别平等理念的同时，改变"为平等而平等""为保护而保护"，特别是"男权立法思维"和"女性需要保护"观念的破除①，增强法律的可行性。

在承认劳动法对促进就业性别平等和女性劳动者权益保护具有决定性作用的同时，也应当明确，劳动领域的性别平等并非仅通过劳动法的调整就能实现，仅有劳动法是不足够的。女性在就业领域中的地位，是女性在社会生活中地位的缩影，与社会生活中的其他领域紧密联系，相互影响。就业性别平等与政治、经济、文化、家庭等领域的性别平等相互影响，相互促进。就业性别平等的实现需要不同法律部门之间的相互配合，共同发挥作用。劳动法之外的其他相关法律也会涉及劳动领域的性别平等。如《妇女权益保障法》作为妇女权益保护的基本立法，其条文对女性

① 立法者从传统的社会性别规范视角出发，认为"男强女弱"，突出和强调了男女生理差异，其后果反而可能导致女性处于不利处境或受到歧视。因为传统的社会和文化赋予男女两性不同的群体特征和行为方式，是一种以男性价值和经历为标准而形成的社会规范，并逐渐被国家和法律所认可，导致女性在政治、经济、文化和家庭领域被边缘化或处于从属地位。可以说，性别规范和对性别差异的认识，是性别角色社会化的结果。参见张慧强：《对我国男女不同龄退休政策的社会性别分析》，载《中华女子学院学报》2012 年第 6 期。

就业作出了规定;《社会保险法》及相关法律规定中也有生育保险的内容。以上不同的法律规定从各自不同的角度对女性劳动者的权益保护进行了规定,并可能对用人单位设定新的法定义务。由于不同法律调整的侧重点和所依据的原则存在差异,这些规定与劳动法产生了各种各样的矛盾。如何协调这些矛盾,整合相应的法律规则,也是包括劳动法在内的所有相关法律规定在修订、完善或制定新的法律规定时应当充分考虑的问题。对于劳动关系中的权利义务,其他法律规定应当充分尊重劳动法的专业权威。

作为保护劳动者权益的基本法律,面对科技发展给劳动用工模式带来的挑战,劳动法自身也需要改革,以进一步促进就业平等,保护女性劳动者的权益。随着用工模式的丰富,如何运用劳动法更好地保护劳动者权益是各国和地区普遍遇到的问题,扩充劳动法的调整范围成为从国际劳工标准到各国和地区劳动立法的一个趋势。但是劳动法仍然是以调整劳动关系为核心,无论发展中的劳动关系如何"非典型",其仍然要满足劳动关系的基本标准,劳动法调整范围的扩张仍然应当坚守"劳动关系"这一核心,对于劳动关系之外的"类劳动关系"或"准劳动关系"或提供劳动但尚无法构成劳动关系的劳动者,可以通过特殊规定适用劳动法的某些劳动基准或劳动者权利保护的某些规定,而不应将所有提供劳动的劳动者均纳入劳动法所调整的"劳动关系"。盲目的扩张势必会引起劳动法整体的不适,使得劳动法面目模糊,从而失去或淡化其保护劳动者的本质。

附录一

女职工劳动保护地方立法中经期内容汇总

（2012年《女职工劳动保护特别规定》发布后）

序号	地方立法名称	经期规定
1	《山西省女职工劳动保护条例》（2015年发布）	**第十条** 用人单位应当为在职女职工每人每月发放不低于三十元的卫生费。所需费用，企业从职工福利费中列支；机关事业单位按现行财政负担政策列入预算。 **第十一条** 经本人提出，用人单位应当给予经期女职工下列保护： （一）从事国家规定的高处、低温、冷水作业和第三级以上体力劳动强度作业的，暂时安排其他合适工作； （二）从事连续四个小时以上站立劳动的，安排二十分钟工间休息； （三）医疗机构证明患有痛经或者经量过多的，给予一至二日的休息。
2	《安徽省女职工劳动保护特别规定》（2016年发布）	**第十四条** 女职工因月经过多或者痛经不能正常上班，申请休息的，用人单位根据医疗机构证明，安排其休息1至2天。 用人单位应当给予女职工特殊卫生保护，向女职工发放必要的卫生用品。

（续表）

序号	地方立法名称	经期规定
3	《宁夏回族自治区女职工劳动保护办法》(2016年发布)	**第九条** 用人单位应当给予经期女职工下列保护： (一)向女职工每人每月发放不低于35元的卫生保健费。 (二)连续站立劳动4小时以上的,每2小时安排20分钟工间休息。 (三)患有重度痛经或者经量过多的女职工不能坚持正常工作的,可以给予1至2天的休假。
4	《河北省女职工劳动保护特别规定》(2016年发布)	**第七条** 用人单位应当给予经期女职工下列劳动保护： (一)不安排经期禁忌从事的劳动； (二)从事连续四个小时以上站立劳动的,经本人申请,为其安排适当的工间休息； (三)经医疗机构证明患有重度痛经不能正常工作的,给予一至两天的休息。 用人单位为在岗女职工每人每月发放三十元卫生费或者相应的卫生用品。省人民政府应当根据社会经济发展、物价上涨和职工工资水平的提高相应调整发放标准。
5	《广东省实施〈女职工劳动保护特别规定〉办法》(2016年发布)	**第八条** 从事连续4个小时以上立位作业的女职工,月经期间经本人申请,用人单位应当为其安排适当的工间休息。 用人单位每月可以向女职工发放必要的卫生用品或者劳动保护卫生费。
6	《浙江省女职工劳动保护办法》(2017年发布)	**第十一条** 经本人提出,用人单位应当给予经期女职工下列保护： (一)不得安排其从事国家规定的经期禁忌从事的劳动； (二)经医疗机构证明患有重度痛经或者经量过多的,给予1至2天的带薪休息。

（续表）

序号	地方立法名称	经期规定
7	《陕西省实施女职工劳动保护特别规定》（2018 年发布）	**第十条**　女职工因患重度痛经或月经量过多不能正常工作的，经二级以上医疗机构证明，用人单位给予 1 至 2 天的休息时间。 用人单位可以向在职女职工每人每月发放必要的卫生用品或者卫生护理费。
8	《江苏省女职工劳动保护特别规定》（2018 年发布）	**第九条**　用人单位应当给予经期女职工下列保护： （一）不得安排国家规定的经期禁忌从事的劳动，应当暂时调做其他工作，或者休息 1 至 2 天； （二）对其他工种的女职工，月经过多或者因痛经不能坚持工作的，经医疗机构证明，安排休息 1 至 2 天。 有条件的用人单位，可以每月发放一定的卫生用品或者费用。
9	《河南省女职工劳动保护特别规定》（2018 年发布）	**第九条**　经本人提出，用人单位应当给予经期女职工下列劳动保护： （一）不得安排其从事国家规定的经期禁忌从事的劳动，暂时安排其他合适工作； （二）从事连续站立劳动的，每 2 个小时安排 10 分钟工间休息； （三）患有痛经或者经量过多的，给予 1 至 2 天的休息时间。 用人单位应当为在职女职工每人每月发放不低于 35 元的卫生费。所需费用，企业从职工福利费中列支；机关事业单位按现行财政负担政策列入预算。
10	《山东省女职工劳动保护办法》（2019 年发布）	**第九条**　用人单位应当按照下列规定对经期女职工给予保护： （一）不安排国家规定的经期禁忌从事的劳动； （二）长久站立、行走劳动的，适当安排其工间休息； （三）经医疗机构诊断证明痛经或者月经过多，申请休息的，按照国家有关病假的规定执行。

（续表）

序号	地方立法名称	经期规定
11	《江西省女职工劳动保护特别规定》（2019年修改）	**第八条** 对从事低温、冷水、野外流动、建筑作业和三级以上高处作业、三级以上体力劳动强度作业的女职工，用人单位在其月经期间应当调整安排其他劳动或者安排休息二至三天。在月经期休息期间，工资和福利待遇不变。 其他工种的女职工在月经期间坚持劳动有困难的，用人单位应当给予照顾。 **第九条** 用人单位应当对在职女职工按照每人每月不低于三十元的标准发放经期护理费或者护理用品，机关事业单位按照现行负担政策列支，企业可以在职工福利费中列支。经期护理费的标准由省人力资源和社会保障部门会同有关部门根据本省经济发展状况和居民生活水平适时作出调整。
12	《湖南省女职工劳动保护特别规定》（2019年发布）	**第六条** 用人单位给予经期女职工下列保护： （一）不得安排其从事国家规定的经期禁忌从事的劳动； （二）所从事劳动需2个小时以上连续站立的，用人单位应当为其安排适当的工间休息时间。 用人单位为在职女职工按照每人每月不低于30元的标准发放卫生费。所需费用，企业可以从职工福利费中列支，机关事业单位按现行财政负担政策列入预算。卫生费的标准由省人力资源社会保障部门会同财政部门根据本省经济发展状况和居民生活水平适时提出调整方案，报省人民政府批准后执行。
13	《福建省女职工劳动保护条例》（2020年发布）	**第九条第二款** 从事连续四个小时以上站立劳动的女职工在月经期间，经本人提出，用人单位应当视具体情况安排其适当的工间休息。 **第九条第四款** 有条件的用人单位，可以每月向女职工发放卫生用品或者费用。

（续表）

序号	地方立法名称	经期规定
14	《辽宁省女职工劳动保护办法》(2020年发布)	**第五条**　用人单位应当给予经期女职工下列劳动保护： (一)不得安排从事国家规定的经期禁忌从事的劳动； (二)从事连续站立劳动的，每2个小时安排至少10分钟工间休息； (三)经医疗机构或者妇幼保健机构确诊患有重度痛经或者经量过多的，给予1至2日的适当休息。

附录二
女职工劳动保护地方立法中更年期内容汇总

（2012年《女职工劳动保护特别规定》发布后）

序号	地方立法名称	更年期规定
1	《山西省女职工劳动保护条例》（2015年发布）	**第十九条** 经二级以上医疗机构确诊为更年期综合症的女职工，经治疗效果仍不显著，本人提出不能适应原劳动岗位的，用人单位应当安排其他适合的劳动岗位。
2	《安徽省女职工劳动保护特别规定》（2016年发布）	**第十五条** 女职工更年期综合症症状严重，不能适应原岗位工作，申请减轻工作量或者调整工作岗位的，用人单位根据医疗机构证明和实际情况给予适当安排。
3	《宁夏回族自治区女职工劳动保护办法》（2016年发布）	**第十七条** 女职工因更年期综合症不能适应原劳动岗位的，用人单位根据医疗机构证明可以适当减轻其劳动量或者安排其他适宜的劳动岗位。
4	《河北省女职工劳动保护特别规定》（2016年发布）	**第十三条** 女职工经医疗机构确诊为重度更年期综合征不能正常工作的，可以适当减轻其劳动量，或者经双方协商调整其到合适的岗位。

（续表）

序号	地方立法名称	更年期规定
5	《广东省实施〈女职工劳动保护特别规定〉办法》（2016年发布）	**第十九条** 女职工经二级以上医疗机构确诊为更年期综合症，且不适应原劳动岗位的，经本人申请，用人单位应当适当减轻其劳动量，或者协商安排其他合适的岗位。
6	《江苏省女职工劳动保护特别规定》（2018年发布）	**第十八条** 女职工更年期综合症症状严重，不能适应原岗位工作，申请减轻劳动量或者调整工作岗位的，用人单位应当根据医疗机构证明和实际情况给予适当安排。
7	《河南省女职工劳动保护特别规定》（2018年发布）	**第十五条** 经二级以上医疗机构确诊为更年期综合症的女职工，本人提出不能适应原劳动岗位的，用人单位可以适当减轻其劳动量，或者经双方协商安排其他合适的岗位。
8	《山东省女职工劳动保护办法》（2019年发布）	**第十六条** 女职工经医疗机构诊断为围绝经期综合征不能适应原安排的劳动，申请调整工作岗位的，用人单位应当安排其能够适应的其他劳动。
9	《江西省女职工劳动保护特别规定》（2019年修改）	**第十八条** 女职工更年期综合症症状严重不能适应原岗位工作时，经本人申请，用人单位可以根据医疗机构的证明和当事人的实际情况，适当减轻其劳动量或者合理调整其工作岗位。
10	《福建省女职工劳动保护条例》（2020年发布）	**第十一条** 由县级以上的医疗机构或者妇幼保健机构诊断患有更年期综合症的女职工，经治疗效果仍不显著，且不能适应原劳动岗位的，经本人申请，双方协商同意，用人单位为其暂时安排适宜的工作。
11	《辽宁省女职工劳动保护办法》（2020年发布）	**第十一条** 女职工更年期综合症症状严重，不能适应原岗位工作，申请减轻工作量或者调整工作岗位的，用人单位可以根据医疗机构或者妇幼保健机构诊断和实际情况给予适当安排。

附录三

女职工劳动保护地方立法中孕期和哺乳期内容汇总

（2012 年《女职工劳动保护特别规定》发布后）

序号	地方立法名称	孕期和哺乳期规定
1	《山西省女职工劳动保护条例》（2015年发布）	**第十三条**　用人单位应当给予孕期女职工下列保护： （一）在劳动时间内进行产前检查，所需时间计入劳动时间； （二）经本人提出，不能适应原劳动岗位的，予以减轻劳动量或者安排其他能够适应的岗位； （三）需要休息的，经用人单位指定医疗机构证明，准予休息； （四）对怀孕三个月以内和七个月以上的，不得延长劳动时间或者安排夜班劳动，并每日安排一小时以上工间休息；有劳动定额的，减轻相应的劳动量； （五）不得安排孕期禁忌从事的劳动。 **第十五条**　女职工产假期满，经本人申请，用人单位批准，可以请哺乳假至婴儿满一周岁，请假期间的待遇由双方协商确定；产假期满上班的，用人单位应当给予一至二周的适应时间。

（续表）

序号	地方立法名称	孕期和哺乳期规定
		第十六条 用人单位应当给予哺乳未满一周岁婴儿的女职工下列保护： （一）在每日劳动时间内安排一小时哺乳时间，生育多胞胎的，每多哺乳一个婴儿每日增加一小时哺乳时间，哺乳时间不包括往返路途时间； （二）不得延长劳动时间或者安排夜班劳动； （三）不得安排哺乳期禁忌从事的劳动。 **第十七条** 婴儿满一周岁，经用人单位指定的医疗机构确诊为体弱儿的，可以适当延长该女职工的哺乳期，但最长不超过六个月。
2	《安徽省女职工劳动保护特别规定》（2016年发布）	**第八条** 对怀孕的女职工，用人单位应当给予下列劳动保护： （一）不安排其从事国家规定的孕期禁忌从事的劳动； （二）将其在劳动时间内按规定进行的产前检查时间，计入劳动时间； （三）对不能适应原劳动的，适当减轻其劳动量，或者经本人提出，为其调整适宜的劳动岗位； （四）对怀孕不满3个月且妊娠反应严重，或者怀孕7个月以上的，在每天的劳动时间内安排其休息1小时； （五）对怀孕7个月以上的，不得延长其劳动时间，不安排其从事夜班劳动。 **第十二条** 女职工哺乳未满1周岁婴儿的，用人单位应当给予下列劳动保护： （一）不延长其劳动时间，不安排其从事夜班劳动。 （二）实行工作量定额的，相应减少其工作量。 （三）在每天的劳动时间内为其安排1小时哺乳时间；生育多胞胎的，每多哺乳1个婴儿，每天增加1小时哺乳时间。 前款规定的哺乳时间可以一次使用，也可以分开使用。哺乳时间和在本单位内为哺乳往返途中的时间，计入劳动时间。

（续表）

序号	地方立法名称	孕期和哺乳期规定
3	《宁夏回族自治区女职工劳动保护办法》（2016年发布）	**第十一条** 用人单位应当给予孕期女职工下列保护： （一）在劳动时间内按照规定进行产前检查的，所需检查时间计入劳动时间。 （二）对不适宜原劳动岗位的，根据医疗机构证明，适当减轻劳动量或者安排其他适宜的劳动岗位。 （三）对怀孕不满3个月且妊娠反应严重的，在劳动时间内安排一定的休息时间。 （四）对怀孕7个月以上的女职工，不得延长劳动时间或者安排夜班劳动，并在劳动时间内安排一定的休息时间；有劳动定额的，适当减少劳动量。 **第十五条** 用人单位应当给予哺乳（含人工喂养）未满1周岁婴儿的女职工下列保护： （一）不得延长劳动时间或者安排夜班劳动。 （二）在每天的劳动时间内安排1小时哺乳时间；生育多胞胎的，每多哺乳1个婴儿每天增加1小时哺乳时间。每天哺乳时间可以合并使用，也可以分次使用。哺乳时间不包含因哺乳往返路途时间。实行劳动定额的，相应减少工作量。 （三）对距离用人单位较远无法回家哺乳的女职工，经本人提出，产假后的哺乳时间可以折算成一定天数，与产假合并使用或者单独使用。 哺乳期满1年后，经医疗机构确诊为体弱儿需要延长哺乳期的，可以延长不超过6个月的哺乳期。 **第十六条** 经女职工申请，用人单位可以给予其哺乳假至婴儿满1周岁，请假期间的待遇执行企业女职工权益保护专项集体合同、工资集体合同确定的待遇标准；未签订企业女职工权益保护专项集体合同、工资集体合同的，待遇标准由双方协商确定。 哺乳假期满上班的，用人单位可以给予女职工1至2周的适应时间。

（续表）

序号	地方立法名称	孕期和哺乳期规定
4	《河北省女职工劳动保护特别规定》（2016年发布）	**第八条** 用人单位应当给予孕期女职工下列劳动保护： （一）不安排孕期禁忌从事的劳动； （二）在劳动时间内进行产前检查，所需时间计入劳动时间； （三）不能适应原劳动岗位的，根据医疗机构的证明，予以减轻劳动量或者安排其他能够适应的劳动； （四）对经医疗机构诊断需要保胎休息的，准予休息； （五）对怀孕七个月以上的，不延长劳动时间或者安排夜班劳动，并在劳动时间内安排一定的休息时间；有劳动定额的，减轻相应的劳动量；从事立位作业的女职工应当在其工作场所设置休息座位。 对有两次以上自然流产史现无子女的女职工，经本人申请应当暂时调离可能导致流产的劳动岗位。 **第十一条** 用人单位应当给予哺乳期女职工下列劳动保护： （一）不安排哺乳期禁忌从事的劳动； （二）对哺乳未满一周岁婴儿的，不延长劳动时间或者安排夜班劳动； （三）在每天的劳动时间内为哺乳期女职工安排一小时哺乳时间。生育多胞胎的，每多哺乳一个婴儿每天增加一小时哺乳时间。哺乳时间可以一次使用，也可以分次使用或者折合成一定天数使用； （四）产假期满，经本人申请，用人单位批准，哺乳期可以休假至婴儿满一周岁，请假期间的待遇由双方协商确定； （五）婴儿满一周岁后，经医疗机构确诊为体弱儿的，可以适当延长该女职工的哺乳期，但最长不超过六个月。

（续表）

序号	地方立法名称	孕期和哺乳期规定
5	《广东省实施〈女职工劳动保护特别规定〉办法》（2016年发布）	**第十条**　在女职工怀孕期间，用人单位应当遵守以下规定： （一）女职工不能适应原劳动岗位的，应当根据医疗机构的证明，予以减轻劳动量或者安排其他能够适应的岗位。 （二）女职工经医疗机构诊断确需保胎休息的，保胎休息的时间按照病假处理。 （三）女职工怀孕7个月以上的，每天安排1小时工间休息，工间休息时间视同其正常劳动并支付正常工作时间的工资，并不得安排其延长工作时间或者从事夜班劳动；对从事立位作业的女职工，还应在其工作场所设休息座位。 （四）女职工在劳动时间内按照规定进行产前检查的，所需时间视同其正常劳动并支付正常工作时间的工资。 **第十五条**　女职工产假期满上班，用人单位应当给予1至2周的适应时间。 **第十六条**　女职工产假期满，确有实际困难的，经本人申请，用人单位批准，可以请哺乳假至婴儿1周岁。哺乳假期间的工资待遇由双方协商决定。 **第十七条**　对哺乳未满1周岁婴儿的女职工，用人单位不得延长劳动时间或者安排夜班劳动。 用人单位应当在每天的劳动时间内为哺乳期女职工安排1小时哺乳时间；女职工生育多胞胎的，每多哺乳1个婴儿每天增加1小时哺乳时间。哺乳时间和在本单位内为哺乳往返途中的时间，视同其正常劳动并支付正常工作时间的工资。
6	《浙江省女职工劳动保护办法》（2017年发布）	**第十二条**　用人单位应当给予孕期女职工下列保护： （一）在劳动时间内进行产前检查的，所需时间计入其劳动时间；

（续表）

序号	地方立法名称	孕期和哺乳期规定
		（二）实行劳动定额的，适当减少其劳动量； （三）根据医疗机构的证明，对不能适应原劳动的，予以减轻其劳动量或者暂时安排其他能够适应的劳动； （四）怀孕不满3个月且妊娠反应严重，或者怀孕7个月以上的，在每天的劳动时间内安排不少于1个小时的休息时间，不得延长其劳动时间或者安排其从事夜班劳动； （五）不得安排其从事国家规定的孕期禁忌从事的劳动。 **第十三条** 女职工有流产先兆、习惯性流产史或者其他特殊情况，经医疗机构证明，本人提出休息的，用人单位应当予以适当安排。 **第十九条** 对哺乳未满1周岁婴儿的女职工，用人单位应当给予下列保护： （一）在每天的劳动时间内安排不少于1个小时的哺乳时间；生育多胞胎的，每多哺乳1个婴儿，增加1个小时的哺乳时间； （二）不得延长其劳动时间或者安排其从事夜班劳动； （三）实行劳动定额的，适当减少其劳动量； （四）不得安排其从事国家规定的哺乳期禁忌从事的劳动。哺乳时间和在本单位内为哺乳往返途中的时间，计入劳动时间。
7	《陕西省实施女职工劳动保护特别规定》（2018年发布）	**第十一条** 对有两次以上流产史、现无子女且准备生育的女职工，不适合在原工作岗位工作的，女职工提出申请后，根据二级以上医疗机构证明，经协商一致，用人单位可以给女职工调整适当工作岗位。 **第十二条** 用人单位对怀孕的女职工应当给予下列劳动保护： （一）有劳动定额的，减轻相应的劳动量；

（续表）

序号	地方立法名称	孕期和哺乳期规定
		（二）对孕期不能适应原岗位劳动的，用人单位根据二级以上医疗机构证明，应当予以减少劳动量或者经本人同意暂时调整其至能够适应的劳动岗位； （三）怀孕不满3个月且妊娠反应严重，或者怀孕7个月以上的，不得延长其劳动时间或者安排其从事夜班劳动，在每天的劳动时间内安排其不少于1小时的休息时间，从事立位作业的女职工应当在其工作场所设置休息座位； （四）在劳动时间内按照规定进行产前检查的，所需时间计入劳动时间。 **第十三条**　怀孕的女职工有流产先兆或者习惯性流产史的，根据二级以上医疗机构证明，用人单位可以依据本人申请适当安排保胎休息。符合国家生育规定的，保胎休息的时间按照病假处理。 **第十五条**　女职工哺乳未满1周岁婴儿的，用人单位应当给予下列劳动保护： （一）不得延长劳动时间或者安排夜班劳动； （二）有劳动定额的，减轻相应的劳动量； （三）在每天的劳动时间内为其安排1小时哺乳时间，生育多胞胎的，每多哺乳1个婴儿，每天增加1小时哺乳时间。哺乳时间可以一次使用，也可以分开使用，哺乳时间计入劳动时间； （四）法律法规规定的其他哺乳假。
8	《江苏省女职工劳动保护特别规定》（2018年发布）	**第十条**　用人单位安排已婚待孕女职工从事国家规定的孕期禁忌从事的劳动，应当征得女职工同意。 **第十一条**　用人单位应当给予孕期女职工下列保护： （一）不得安排国家规定的孕期禁忌从事的劳动； （二）不能适应原劳动的，应当根据医疗机构的证明，予以减轻劳动量或者安排其他能够适应的岗位；

（续表）

序号	地方立法名称	孕期和哺乳期规定
		（三）在劳动时间内进行产前检查的，所需时间计入劳动时间； （四）怀孕不满3个月和7个月以上的，不得延长劳动时间或者安排夜班劳动，并每日安排不少于1小时工间休息； （五）怀孕不满3个月需要保胎休息或者怀孕7个月以上且上班确有困难的，应当根据医疗机构的证明安排其休息。 前款第三项、第四项情形下有劳动定额的，减少相应的劳动量；第五项情形下休息期间的工资按照劳动合同或者集体合同约定计发，但不得低于当地最低工资标准的80%。 女职工怀孕后，经本人申请，用人单位同意安排其在孕期休息的，休息期间的工资由双方协商确定，劳动合同或者集体合同另有约定的，从其约定。 **第十六条** 用人单位应当给予哺乳未满1周岁婴儿的女职工下列保护： （一）不得安排国家规定的哺乳期禁忌从事的劳动； （二）不得延长劳动时间或者安排夜班劳动； （三）实行劳动定额的，减少相应劳动量； （四）每日劳动时间内应当安排不少于1小时的哺乳时间；生育多胞胎的，每多哺乳1个婴儿，每天增加1小时哺乳时间。 哺乳时间以及在本单位内哺乳往返途中时间计入劳动时间。 **第十七条** 经本人申请，用人单位批准，女职工可以休不超过6个月的哺乳假，待遇不得低于当地最低工资标准的80%，超过6个月的，待遇由双方协商确定。
9	《河南省女职工劳动保护特别规定》（2018年发布）	**第十条** 用人单位应当给予孕期女职工下列劳动保护： （一）不得安排其从事国家规定的孕期禁忌从事的劳动，暂时安排其他合适工作；

（续表）

序号	地方立法名称	孕期和哺乳期规定
		（二）不能适应原岗位工作的，予以减轻劳动量或者暂时安排其他能够适应的岗位； （三）有流产先兆或者习惯性流产史的，根据二级以上医疗机构的证明，适当安排保胎休息或者暂时调离有可能直接或者间接导致流产的岗位； （四）怀孕不满 3 个月且妊娠反应严重，或者怀孕 7 个月以上的，不得延长其劳动时间或者安排其从事夜班劳动，并在每日劳动时间内安排不少于 1 小时的休息时间； （五）在劳动时间内进行产前检查的，所需时间计入劳动时间。 **第十三条**　用人单位应当给予哺乳未满 1 周岁婴儿的女职工下列劳动保护： （一）不得安排其从事国家规定的哺乳期禁忌从事的劳动，暂时安排其他合适工作； （二）不得延长劳动时间或者安排夜班劳动； （三）在每天劳动时间内安排 1 小时哺乳时间；生育多胞胎的，每多哺乳 1 个婴儿每天增加 1 小时哺乳时间。 婴儿满 1 周岁，经二级以上医疗机构确诊为体弱儿的，经本人提出，可以适当延长该女职工的哺乳期，但最长不超过 6 个月。
10	《山东省女职工劳动保护办法》（2019 年发布）	**第十条**　待孕女职工提出申请，用人单位可以按照国家规定的孕期禁忌从事的劳动范围给予保护。 **第十一条**　用人单位应当按照下列规定对孕期女职工给予保护： （一）不安排国家规定的孕期禁忌从事的劳动； （二）不能适应原安排的劳动的，根据医疗机构诊断证明减轻其劳动量或者安排其他能够适应的劳动； （三）在劳动时间内进行产前检查的，将其所需时间计入劳动时间；

(续表)

序号	地方立法名称	孕期和哺乳期规定
		(四)怀孕不满3个月并且妊娠反应剧烈的,在劳动时间内安排其一定的休息时间; (五)怀孕7个月以上的,不延长其劳动时间或者安排其夜班劳动,每天在劳动时间内安排其休息不少于1小时。 孕期女职工上班确有困难申请离岗休息的,可以与用人单位协商。 **第十五条** 女职工哺乳未满1周岁婴儿的,用人单位不得安排其从事国家规定的哺乳期禁忌从事的劳动,不得延长其劳动时间或者安排其夜班劳动。 用人单位应当在每天的劳动时间内为哺乳期女职工安排1小时哺乳时间;女职工生育多胞胎的,每多哺乳1个婴儿每天增加1小时哺乳时间。 女职工每天的哺乳时间可以一次或者两次使用,哺乳时间不包括必要的往返路途时间;女职工从事有定额考核的劳动的,用人单位应当扣除其哺乳时间相应的劳动定额。
11	《江西省女职工劳动保护特别规定》(2019年修改)	**第十条** 用人单位应当给予孕期女职工下列劳动保护: (一)不安排其从事国家规定的孕期禁忌从事的劳动; (二)在孕期不能适应原劳动的,根据医疗机构的证明,用人单位应当予以减轻劳动量;或者经本人提出,为其安排其他能够适应的劳动岗位; (三)对怀孕不满三个月且妊娠反应严重,或者怀孕七个月以上的,用人单位不得延长其劳动时间、不安排夜班劳动,并根据其工作性质和劳动强度安排每天不少于半个小时的工间休息时间;有劳动定额的,减轻相应的劳动量; (四)怀孕女职工在劳动时间内进行产前检查,所需时间计入劳动时间。

（续表）

序号	地方立法名称	孕期和哺乳期规定
		第十五条　对哺乳未满一周岁婴儿的女职工，用人单位应当给予下列劳动保护： （一）不得延长其劳动时间，不安排其夜班劳动； （二）有劳动定额的，减轻相应的劳动量； （三）在每天的劳动时间内为其安排一小时哺乳时间；生育多胞胎的，每多哺乳一个婴儿每天增加一小时哺乳时间； （四）不得安排哺乳期禁忌从事的劳动。 前款规定的哺乳时间可以一次使用，也可以分开使用。哺乳时间计入劳动时间。 婴儿满一周岁，经用人单位指定的医疗机构确诊为体弱儿的，可以适当延长该女职工的哺乳期，但最长不超过六个月。
12	《湖南省女职工劳动保护特别规定》（2019年发布）	**第七条**　用人单位给予孕期女职工下列劳动保护： （一）不得安排其从事国家规定的孕期禁忌从事的劳动； （二）对不能适应现岗位的，根据二级以上医疗机构的证明予以减轻劳动量； （三）对怀孕不满3个月且妊娠反应严重的，可以根据其工作性质和劳动强度在劳动时间内安排适当的休息时间； （四）对怀孕7个月以上的，不得延长其劳动时间或者安排夜班劳动，并根据其工作性质和劳动强度在劳动时间内安排适当的休息时间；有劳动定额的，适当减轻劳动定额； （五）对经二级以上医疗机构诊断确需保胎休息的，保胎休息时间按照病假处理； （六）对在劳动时间内进行产前检查的，所需时间计入劳动时间。 **第十一条**　用人单位给予哺乳未满1周岁婴儿的女职工下列劳动保护： （一）不得安排其从事国家规定的哺乳期禁忌从事的劳动；

（续表）

序号	地方立法名称	孕期和哺乳期规定
		（二）不得延长劳动时间或者安排夜班劳动； （三）有劳动定额的，相应减少其劳动定额； （四）在每天的劳动时间内安排1小时哺乳时间；生育多胞胎的，每多哺乳1个婴儿每天增加1小时哺乳时间。 前款第（四）项规定的哺乳时间可一次使用，也可分开使用。对距离用人单位较远无法回家哺乳的，经本人申请，产假后的哺乳时间可以折算成一定天数，与产假合并使用或者单独使用。 产假期满，经本人申请，用人单位批准，可以请假至婴儿1周岁，请假期间的待遇由双方协商确定。
13	《福建省女职工劳动保护条例》（2020年发布）	**第九条第三款** 女职工在孕期不能适应原劳动岗位的，经本人申请并出具县级以上医疗机构的证明，用人单位应当予以减轻劳动量或者安排其他能够适应的岗位。 **第十条** 女职工怀孕不满三个月、七个月以上以及在哺乳期内的，用人单位每天应当在工作时间内安排其一小时的休息或者哺乳时间，多胞胎生育的，每多哺乳一个婴儿每天增加一小时哺乳时间，并不得安排其延长工作时间和夜班劳动。在劳动时间内进行必要的产前检查、休息或者哺乳时间视为劳动时间。 **第十四条第一款** 女职工产假期满，经本人申请、用人单位同意，可以请哺乳假至婴儿满一周岁。哺乳假期间的工资由双方协商确定，不得低于生育津贴的百分之六十，且不得低于当地最低工资标准。
14	《辽宁省女职工劳动保护办法》（2020年发布）	**第六条** 用人单位应当给予孕期女职工下列劳动保护： （一）不得安排从事国家规定的孕期禁忌从事的劳动；

(续表)

序号	地方立法名称	孕期和哺乳期规定
		(二)在劳动时间内进行产前检查,所需时间计入劳动时间; (三)不能适应原岗位工作的,予以减轻劳动量或者暂时安排其他能够适应的岗位; (四)怀孕不满3个月且妊娠反应严重,或者怀孕7个月以上的,不得延长其劳动时间或者安排其从事夜班劳动,并在每日劳动时间内安排不少于1小时的休息时间。 经本人提出,用人单位对已婚待孕女职工可以参照孕期禁忌从事的劳动范围予以保护。 **第七条** 女职工有先兆流产症状或者有习惯性流产史,本人提出保胎休息的,用人单位应当根据医疗机构或者妇幼保健机构的诊断和单位实际情况适当安排。 **第九条** 用人单位应当给予哺乳(含人工喂养)未满1周岁婴儿的女职工下列劳动保护: (一)不得安排从事国家规定的哺乳期禁忌从事的劳动,不得延长劳动时间或者安排夜班劳动; (二)在每天劳动时间内安排1小时哺乳时间;生育多胞胎的,每多哺乳1个婴儿每天增加1小时哺乳时间;每天哺乳时间可以合并使用,也可以分次使用;哺乳时间不包含必要的往返路途时间;实行劳动定额的,相应减少工作量。 婴儿满1周岁,经医疗机构或者妇幼保健机构确诊为体弱儿,需要延长哺乳的,可以延长不超过6个月的哺乳期。

附录四
老年人护理假地方立法汇总

序号	地方立法名称	护理假规定
1	《福建省老年人权益保障条例》(2017年发布)	**第二十七条第二款**　独生子女的父母年满六十周岁,患病住院治疗期间,用人单位应当支持其子女进行护理照料,并给予每年累计不超过十天的护理时间,护理期间工资福利待遇不变。
2	《海南省实施〈中华人民共和国老年人权益保障法〉若干规定》(2017年修正)	**第二十四条第一款**　在国家提倡一对夫妻生育一个子女期间,自愿终身只生育一个子女家庭的老年人患病住院治疗期间,用人单位应当支持其子女进行护理照料,并给予每年累计不超过十五天的护理时间,护理期间工资福利待遇不变。
3	《黑龙江省老年人权益保障条例》(2017年发布)	**第十二条第三款**　老年人患病住院期间,子女所在单位应当给予其陪护假。独生子女的陪护假每年累计二十日,非独生子女的陪护假每年累计十日。陪护期间工资福利待遇不变。
4	《重庆市老年人权益保障条例》(2017年发布)	**第三十条**　老年人是独生子女父母的,患病住院治疗且需要二级以上护理时,用人单位应当支持其子女进行护理照料,并给予每年累计不超过十天的护理时间,护理期间工资福利待遇不变。

（续表）

序号	地方立法名称	护理假规定
5	《四川省老年人权益保障条例》（2018年发布）	**第三十条** 老年人患病住院期间不能自理的，其子女所在用人单位应当给予独生子女每年累计不超过十五日的护理照料时间，给予非独生子女每年累计不超过七日的护理照料时间。 用人单位应当依法通过集体协商或者制定规章制度等形式确定护理照料时间。护理照料期间工资福利待遇不变。
6	《河南省老年人权益保障条例》（2018年发布）	**第二十九条第二款** 领取独生子女父母光荣证的老年人住院治疗期间，其子女所在单位应当给予每年累计不少于二十日的护理假，护理假期间视为出勤。
7	《河北省老年人权益保障条例》（2018年发布）	**第二十六条** 老年人患病住院期间，子女所在单位应当支持其护理照料老年人，给予适当陪护时间。
8	《内蒙古自治区老年人权益保障条例》（2018年发布）	**第十五条** 用人单位应当按照国家有关规定保障赡养人探亲休假的权利。 老年人患病住院及生活不能自理的，赡养人所在单位应当给予赡养人陪护时间；赡养人为独生子女的，其所在单位应当给予每年累计二十日的陪护假。
9	《宁夏回族自治区老年人权益保障条例》（2018年发布）	**第十四条第二款** 老年人患病住院期间，子女所在单位应当给予陪护假。独生子女的陪护假每年累计不超过十五日，非独生子女的陪护假每年累计不超过七日。陪护假期间工资福利待遇不变。
10	《云南省老年人权益保障条例》（2019年发布）	**第二十四条** 老年人患病住院治疗期间，其子女的用人单位应当支持护理照料，给予独生子女每年累计20天、非独生子女每年累计10天的护理时间，护理期间享受与正常工作期间相同的工资待遇。

（续表）

序号	地方立法名称	护理假规定
11	《广西壮族自治区实施〈中华人民共和国老年人权益保障法〉办法》（2019年修正）	**第二十二条第二款**　独生子女父母年满六十周岁的，患病住院期间，用人单位应当给予其子女每年累计不超过十五天的护理假。护理期间的工资、津贴、补贴和奖金，其用人单位不得扣减。
12	《湖北省实施〈中华人民共和国老年人权益保障法〉办法》（2019年修正）	**第十一条第二款**　用人单位应当按照国家有关规定保障赡养人、扶养人探亲休假的权利。 **第十一条第三款**　对赡养人、扶养人照顾失能或者患病住院老年人的，用人单位应当提供便利，并给予每年累计不少于十天的护理时间；对独生子女照顾失能或者患病住院老年人的，每年护理时间应当累计不少于十五天。
13	《广东省老年人权益保障条例》（2020年修正）	**第二十七条第一款**　独生子女父母六十周岁以上的，患病住院期间，独生子女所在单位应当对其护理照料父母给予必要照顾。
14	《甘肃省养老服务条例》（2020年发布）	**第二十三条**　老年人患病住院治疗期间，子女所在单位应当给予陪护假。

附录五
陪产假地方立法汇总

（2015年《人口与计划生育法》修正后）

序号	地方立法名称	陪产假规定
1	《浙江省人口与计划生育条例》（2016年修正）	**第三十条** 2016年1月1日以后符合法律、法规规定生育子女的夫妻，可以获得下列福利待遇： …… （二）男方享受十五天护理假，工资、奖金和其他福利待遇照发。
2	《天津市人口与计划生育条例》（2016年修正）	**第二十二条** 符合法律、法规规定生育子女的，男方所在单位给予七日护理假……
3	《安徽省人口与计划生育条例》（2016年修正）	**第三十七条** 对符合本条例规定生育子女的夫妻，国家机关、社会团体、企业事业单位应当给予以下奖励： …… （二）男方享受十天护理假；夫妻异地生活的，护理假为二十天。 职工在前款规定的产假、护理假期间，享受其在职在岗的工资、奖金、福利待遇。

（续表）

序号	地方立法名称	陪产假规定
4	《山西省人口和计划生育条例》(2016年修正)	**第二十五条第一款** ……符合本条例规定生育子女的,女方在享受国家和本省规定产假的基础上,奖励延长产假60日,男方享受护理假15日。婚假、产假、护理假期间,享受与在岗人员同等的待遇。
5	《山东省人口与计划生育条例》(2016年修正)	**第二十五条** 符合法律和本条例规定生育子女的夫妻,除国家规定的产假外,增加产假六十日,并给予男方护理假七日。增加的产假、护理假,视为出勤,工资照发,福利待遇不变。
6	《四川省人口与计划生育条例》(2016年修正)	**第二十六条** 符合本条例规定生育子女的夫妻,除法律、法规规定外,延长女方生育假60天,给予男方护理假20天。生育假、护理假视为出勤,工资福利待遇不变。
7	《上海市人口与计划生育条例》(2016年修正)	**第三十一条第二款** 符合法律法规规定生育的夫妻,女方除享受国家规定的产假外,还可以再享受生育假三十天,男方享受配偶陪产假十天。生育假享受产假同等待遇,配偶陪产假期间的工资,按照本人正常出勤应得的工资发给。
8	《北京市人口与计划生育条例》(2016年修正)	**第十八条第一款** 机关、企业事业单位、社会团体和其他组织的女职工,按规定生育的,除享受国家规定的产假外,享受生育奖励假三十天,其配偶享受陪产假十五天。女职工及其配偶休假期间,机关、企业事业单位、社会团体和其他组织不得降低其工资、予以辞退、与其解除劳动或者聘用合同。
9	《河北省人口与计划生育条例》(2016年修正)	**第二十八条** 依法办理结婚登记的公民,除享受国家规定的婚假外,延长婚假十五天;符合法律法规规定生育子女的夫妻,除享受国家规定的产假外,延长产假六十天,并给予配偶护理假十五天。延长婚、产假期间,享受正常婚、产假待遇。

（续表）

序号	地方立法名称	陪产假规定
		第二十九条　对计划生育受术者，按规定给予节育假；接受绝育手术确需其配偶护理的，其配偶享受七至十天的护理假。国家工作人员、企业职工在上述假期内，视为全勤；农村居民可以由所在乡（镇）人民政府给予适当补助。
10	《江苏省人口与计划生育条例》（2016年修正）	**第二十七条第二款**　自2016年1月1日起，符合本条例规定生育子女的夫妻，女方在享受国家规定产假的基础上，延长产假三十天，男方享受护理假十五天。 **第二十七条第三款**　前两款规定的假期视为出勤，在规定假期内照发工资，不影响福利待遇，国家法定休假日不计入前两款规定的假期。
11	《湖南省人口与计划生育条例》（2016年修正）	**第二十一条**　符合法定生育条件的夫妻，女方除享受国家规定的产假外增加产假六十天，男方享受护理假二十天。增加的产假、护理假视为出勤。
12	《吉林省人口与计划生育条例》（2016年修正）	**第四十一条第一款**　符合法律、法规规定结婚、生育的夫妻，按照下列规定给予奖励或者福利待遇： …… （二）女职工凭生育情况证明增加产假六十天，同时给予男方护理假十五天； …… （四）职工在享受婚假、产假、护理假期间，按其正常工作对待，工资、奖金照发，其他福利待遇不变。
13	《重庆市人口与计划生育条例》（2016年发布）	**第二十六条第四款**　符合法律法规规定生育的女职工产假期间，男方所在单位应当给予护理假十五日，护理假期间享受在岗职工同等待遇。

（续表）

序号	地方立法名称	陪产假规定
		第二十七条 职工接受计划生育手术的，享受国家规定的假期，计划生育手术假期视为工作时间。计划生育手术住院期间确需护理的，根据手术单位建议，给予其配偶护理假，护理假视为工作时间。
14	《甘肃省人口与计划生育条例》（2016年修正）	**第十九条第二款** 符合本条例规定生育子女的，女方享受产假180天；男方享受护理假30天。 **第十九条第三款** 职工在婚假、产假、护理假期间，其工资、奖金、福利待遇不变。
15	《陕西省人口与计划生育条例》（2016年发布）	**第四十八条第二款** 职工合法生育子女的，在法定产假的基础上增加产假六十天，同时给予男方护理假十五天，夫妻异地居住的给予男方护理假二十天。女职工参加孕前检查的，在法定产假的基础上增加产假十天。 **第四十八条第四款** 职工在婚假、产假、护理假期间按出勤对待，享受相应的工资、福利待遇。 **第五十六条第二款** 夫妻一方接受节育手术期间，经施术单位证明，确需另一方护理的，给予五天护理假。
16	《新疆维吾尔自治区人口与计划生育条例》（2017年修正）	**第二十六条** ……女职工符合规定生育子女的，除国家规定的产假外，增加产假六十天，给予男方护理假十五天。婚假、产假、护理假期间，工资、奖金照发。
17	《福建省人口与计划生育条例》（2017年修正）	**第四十一条第一款** 依法办理结婚登记的夫妻享受婚假十五日；符合本条例生育子女的夫妻，女方产假延长为一百五十八日至一百八十日，男方照顾假为十五日。婚假、产假、照顾假期间，工资照发，不影响晋升。

（续表）

序号	地方立法名称	陪产假规定
18	《贵州省人口与计划生育条例》(2018年修正)	**第五十五条**　……符合政策生育的,除享受国家规定的产假外,女方增加产假60天,男方享受护理假15天;接受节育手术的,按照规定享受休假。在享受以上规定假期间的工资照发,福利待遇不变,不影响考勤、考核和晋级、晋职、提薪。
19	《江西省人口与计划生育条例》(2018年修正)	**第四十三条**　符合法律、行政法规和本条例规定生育的夫妻,除享受国家规定的假期外,增加产假六十日,并给予男方护理假十五日。假期工资和奖金照发,福利待遇不变。 **第四十四条第三款**　施行节育手术确需护理的,经手术单位证明,给其配偶护理假,视为出勤。
20	《黑龙江省人口与计划生育条例》(2018年修正)	**第三十九条第二款**　符合本条例规定生育子女的,女方享受产假一百八十日,假期工资照发,不影响聘任、工资调整、职级晋升;男方享受护理假十五日,特殊情况可以参照医疗单位意见适当延长,护理假期间工资照发。
21	《海南省人口与计划生育条例》(2018年修正)	**第四十四条**　符合本条例规定生育子女的夫妻,享受下列奖励与优待: (一)属机关、社会团体、企业事业组织工作人员的,女职工除享受国家规定的产假外,增加产假三个月,给予男方护理假十五日。婚假、产假、护理假期间,工资照发,享受全勤待遇…… **第四十九条第三款**　机关、社会团体、企业事业组织工作人员施行绝育手术,需要配偶护理的,经施行手术的单位证明,给予配偶护理假七日;需要其他人员护理的,有关单位应予批准。配偶或者其他人员在护理期间工资照发,并享受全勤待遇。
22	《辽宁省人口与计划生育条例》(2018年修正)	**第二十五条**　……符合本条例规定生育的夫妻,除享受国家规定的产假外,增加产假60日,配偶享有护理假15日。休假期间工资照发,福利待遇不变。

（续表）

序号	地方立法名称	陪产假规定
23	《云南省人口与计划生育条例》（2018年修正）	**第二十二条**　……符合法律、法规规定生育子女的，除按照国务院《女职工劳动保护特别规定》休假外，女方延长生育假60天，男方给予护理假30天。
24	《内蒙古自治区人口与计划生育条例》（2019年修正）	**第三十六条**　……符合本条例规定生育子女的夫妻，女方除享受国家规定的产假外，再增加产假六十日，并给予男方护理假二十五日。休假期间的工资、福利等待遇不变。
25	《青海省人口与计划生育条例》（2020年修正）	**第十六条**　……符合本条例规定生育子女的夫妻，除享受国家规定的假期外，延长女方产假六十日，给予男方看护假十五日…… 在前款规定假期内按出全勤发工资，不影响调资、晋级、福利待遇和评奖。
26	《广东省人口与计划生育条例》（2020年修正）	**第三十条**　符合法律、法规规定生育子女的夫妻，女方享受八十日的奖励假，男方享受十五日的陪产假。在规定假期内照发工资，不影响福利待遇和全勤评奖。
27	《湖北省人口与计划生育条例》（2020年修正）	**第三十一条第一款**　对符合法律法规规定生育的妇女，除享受国家规定的产假外，增加产假30天，其配偶享受15天护理假；产假和护理假视同出勤，工资、奖金照发。
28	《广西壮族自治区人口和计划生育条例》（2020年修正）	**第二十五条第一款**　符合法律、法规规定生育子女的夫妻，除享受国家规定的假期外，女方增加产假五十日，同时给予男方护理假二十五日。休假期间的工资、津贴、补贴和奖金，其工作单位不得扣减。
29	《宁夏回族自治区人口与计划生育条例》（2021年修正）	**第三十七条**　对符合法律、法规规定生育的产妇，除享受国家规定的产假外，增加产假60天，并给予其配偶25天护理假；产假和护理假视同出勤，工资、奖金照发。

参考文献

一、著作类

1. 张文显:《当代西方法哲学》,吉林大学出版社1987年版。

2. 胡锦光、韩大元:《当代人权保障制度》,中国政法大学出版社1993年版。

3. 沈宗灵、黄枬森主编:《西方人权学说(下)》,四川人民出版社1994年版。

4. 王铁崖主编:《国际法》,法律出版社1995年版。

5. 焦兴铠:《劳工法制之最新发展趋势——美国劳工法论文集(二)》,月旦出版社股份有限公司1997年版。

6. 程燎原、王人博:《赢得神圣——权利及其救济通论》(第2版),山东人民出版社1998年版。

7. 陈舜:《权利及其维护——一种交易成本观点》,中国政法大学出版社1999年版。

8. 谢鹏程:《基本法律价值》,山东人民出版社2000年版。

9. 张文显:《法哲学范畴研究》(修订版),中国政法大学出版社2001年版。

10. 王泽鉴:《民法总则》(增订版),中国政法大学出版社2001年版。

11. 韩大元、林来梵、郑贤君:《宪法学专题研究》,中国人民大学出版社2004年版。

12. 张千帆主编:《宪法学》,法律出版社2004年版。

13. "在国际劳工组织成员中提高社会性别主流化能力"中国项目组:《提高社会性别主流化能力指导手册》,中国社会出版社2004年版。

14. 台湾"劳动法学会"编:《劳动基准法释义——实行二十年之回顾与展望》,新学林出版股份有限公司2005年版。

15. 张抗私:《劳动力市场性别歧视问题研究》,东北财经大学出版社2005年版。

16. 李薇薇、Lisa Stearns主编:《禁止就业歧视:国际标准和国内实践》,法律出版社2006年版。

17. 周安平:《性别与法律——性别平等的法律进路》,法律出版社2007年版。

18. 曹艳春:《雇主替代责任研究》,法律出版社2008年版。

19. 李傲:《性别平等的法律保障》,中国社会科学出版社2009年版。

20. 闵冬潮:《全球化与理论旅行:跨国女性主义的知识生产》,天津人民出版社2009年版。

21. 罗豪才、宋功德:《软法亦法:公共治理呼唤软法之治》,法律出版社2009年版。

22. 费孝通:《乡土中国　生育制度　乡土重建》,商务印书馆2011年版。

23. 黄程贯等:《劳动、社会与法》,元照出版有限公司2011年版。

24. 饶志静:《英国反就业性别歧视法研究》,法律出版社 2011 年版。

25. 刘小楠主编:《反就业歧视的策略与方法》,法律出版社 2011 年版。

26. 李薇薇:《反歧视法原理》,法律出版社 2012 年版。

27. 田思路、贾秀芬:《日本劳动法研究》,中国社会科学出版社 2013 年版。

28. 侯岳宏等:《性别工作平等法精选判决评释》,元照出版有限公司 2014 年版。

29. 刘利群、刘梦主编:《中国性别平等推进的理论与实践——纪念第四次世界妇女大会二十周年》,当代中国出版社 2015 年版。

30. 李英桃、王海媚:《性别平等的可持续发展》,社会科学文献出版社 2016 年版。

31. 李雄:《平等就业权法律保障制度研究》,法律出版社 2016 年版。

32. 侯岳宏编著:《性别工作平等法——判决与解释令汇编》,元照出版有限公司 2016 年版。

33. 阎天:《川上行舟——平权改革与法治变迁》,清华大学出版社 2016 年版。

34. 郑秉文主编:《中国养老金发展报告 2017——长期护理保险试点探索与制度选择》,经济管理出版社 2017 年版。

35. 杨立新:《侵权责任法》(第 3 版),法律出版社 2018 年版。

36. 刘亚玫、杜洁主编:《新发展理念下的妇女发展与性别平等》,社会科学文献出版社 2018 年版。

37.《劳动与社会保障法学》编写组:《劳动与社会保障法学》(第 2 版),高等教育出版社 2018 年版。

38. 陈晖:《性别平等与妇女发展:理论与实证》,中国民主法制出版社 2018 年版。

39. 郑玉敏:《中国女性平等工作权立法研究》,中国政法大学出版社 2018 年版。

40. 王歌雅主编:《性别与法律》,黑龙江大学出版社 2018 年版。

41. 薛宁兰:《社会性别与妇女权利》(第 2 版),社会科学文献出版社 2018 年版。

42. 畅引婷:《社会性别秩序的重建——当代中国妇女发展路径的探索与实践》,人民出版社 2019 年版。

43. 传化慈善基金会公益研究院“中国卡车司机调研课题组”:《中国卡车司机调查报告 No.3——物流商 · 装卸工 · 女性卡车司机》,社会科学文献出版社 2019 年版。

44. 郝娟:《低生育率背景下女性劳动供给的实证分析》,中国社会科学出版社 2019 年版。

45. 田思路主编:《外国劳动法学》,北京大学出版社 2019 年版。

46. 谢玉华、覃亚洲:《劳动关系协调与外部企业社会责任》,中国工人出版社 2019 年版。

47. 乔健主编:《中国劳动关系报告(2019)》,社会科学文献出版社 2019 年版。

48. 刘小楠主编:《社会性别与人权教程》,中国政法大学出版社 2019 年版。

49. 黄薇主编:《中华人民共和国民法典侵权责任编释义》,法律出版社 2020 年版。

二、论文类

1. 奔骥:《关于“第四次工业革命”或“第三次浪潮”的学术动向》,载《内蒙古社会科学》1984 年第 1 期。

2.〔美〕华·惠·罗斯托、杜敏:《第五次大周期高涨与第四次工业革命》,载《国际经济评论》1984 年第 8 期。

3. 许俊伦:《论赋权立法与授权立法》,载《法律科学(西北政法学院学报)》1992 年第 6 期。

4. 喻权域:《世界人权约法与当前的人权论争》,载《时事报告》1994 年第 12 期。

5. 冯媛:《“赋权”、“权能”或“引爆”——求解“Women Empowerment”》,载《妇女研究论丛》1996 年第 1 期。

6.〔日〕星野英一:《私法中的人——以民法财产法为中心》,王闯译,载梁慧星主编:《民商法论丛》(第 8 卷),法律出版社 1997 年版。

7. 郭道晖:《对行政许可是“赋权”行为的质疑——关于享有与行使权利的一点法理思考》,载《法学》1997 年第 11 期。

8. 陈驰:《人权概念的法哲学思考》,载《四川师范大学学报(哲学社会科学版)》1999 年第 2 期。

9. 金福海、杨飞:《宪法劳动权之重新解释》,载《山西大学学报(哲学社会科学版)》2002 年第 3 期。

10. 熊进光:《对生育权的法律思考》,载《甘肃政法学院学报》2002 年第 6 期。

11. 朱建忠:《论罪犯的生育权》,载《山西高等学校社会科学学报》2002 年第 11 期。

12. 汤擎:《单身女性生育权与代际平等——评〈吉林省人口

与计划生育条例〉第30条第2款的非合理性》,载《法学》2002年第12期。

13. 郭玲惠:《性别歧视与损害赔偿初探》,载《万国法律》2002年第125期。

14. 刘志刚:《单身女性生育权的合法性——兼与汤擎同志商榷》,载《法学》2003年第2期。

15. 张伟:《从吉林省"独身女性可生育子女"谈对公民生育权的法律保护》,载《河北法学》2003年第3期。

16. 李婕:《由独身女子生育权引发的思考》,载《河北法学》2003年第3期。

17. 陈树强:《增权:社会工作理论与实践的新视角》,载《社会学研究》2003年第5期。

18. 寇学军:《关于死刑犯生育权问题研究》,载《河北法学》2003年第5期。

19. 陈祥健:《质疑单身女性生育权》,载《法学杂志》2003年第5期。

20. 芮卫东:《生育控制的法律分析——兼论单身女性的生育权》,载《人口与计划生育》2003年第8期。

21. 周佩英:《更年期综合征定义及相关概念》,载《中国社区医师》2003年第8期。

22. 李炳安:《公民劳动权初论》,载《湖北师范学院学报(哲学社会科学版)》2004年第1期。

23. 武秀英:《对生育权的法理阐释》,载《山东社会科学》2004年第1期。

24. 叶静漪、魏倩:《〈经济、社会和文化权利国际公约〉与劳动权的保护》,载《北京大学学报(哲学社会科学版)》2004年第2期。

25. 郭道晖:《人权的本性与价值位阶》,载《政法论坛》2004年第2期。

26. 许建宇:《劳动权的位阶与权利(力)冲突》,载《浙江大学学报(人文社会科学版)》2005年第1期。

27. 〔芬〕凯塔琳娜·佛罗斯特尔:《实质平等和非歧视法》,中国—欧盟人权网络秘书处译,载《环球法律评论》2005年第1期。

28. 莫纪宏、李岩:《人权概念的制度分析》,载《法学杂志》2005年第1期。

29. 万霞:《国际法中的"软法"现象探析》,载《外交学院学报》2005年第1期。

30. 樊丽君:《生育权性质的法理分析及夫妻生育权冲突解决原则》,载《北京化工大学学报(社会科学版)》2005年第4期。

31. 叶传星:《人权概念的理论分歧解析》,载《法学家》2005年第6期。

32. 李宏军、李汉忠、郭应禄:《对男性更年期综合征的再认识》,载《中华医学杂志》2005年第26期。

33. 李凌云:《委任关系与劳动关系的三种状态》,载董保华主编:《劳动合同研究》,中国劳动社会保障出版社2005年版。

34. 许建宇:《社会法视野中的劳动权——作为社会权的劳动权之基本范畴解析》,载林嘉主编:《劳动法评论》(第1卷),中国人民大学出版社2005年版。

35. 陈霞明:《平等权与间接歧视》,载《武汉科技大学学报(社会科学版)》2006年第1期。

36. 罗豪才、毕洪海:《通过软法的治理》,载《法学家》2006年第1期。

37. 周婧:《试论宪法劳动权的双重性格》,载《南京农业大学学报(社会科学版)》2006年第2期。

38. 赵海林、金钊:《充权:弱势群体社会支持的新视角——基于青少年社区矫正的研究》,载《山东社会科学》2006 年第 2 期。

39. 姜明安:《软法的兴起与软法之治》,载《中国法学》2006 年第 2 期。

40. 董保华:《企业社会责任与企业办社会》,载《上海师范大学学报(哲学社会科学版)》2006 年第 5 期。

41. 张雯、Linda Duxbury、李立:《中国员工"工作/生活平衡"的理论框架》,载《现代管理科学》2006 年第 5 期。

42. 王恒涛:《性骚扰立法研究》,载《环球法律评论》2006 年第 5 期。

43. 闫东玲:《浅论社会性别主流化与社会性别预算》,载《妇女研究论丛》2007 年第 1 期。

44. 关今华、李佳:《人权概念复杂性探析》,载《法律科学(西北政法学院学报)》2007 年第 1 期。

45. 刘春燕、杨罗观翠:《社会性别主流化:香港推动社会性别平等的经验及启示》,载《妇女研究论丛》2007 年第 1 期。

46. 王晓丹:《从法社会的观点论女性主义立法行动——女性主义法学在台湾的实践及其法律多元主义的面貌》,载《东吴法律学报》2007 年第 19 卷第 1 期。

47. 李斌、韩廉、王红燕:《社会性别主流化:中国妇女就业立法新阶段》,载《江西师范大学学报(哲学社会科学版)》2007 年第 2 期。

48. 董保华:《和谐劳动关系的思辨》,载《上海师范大学学报(哲学社会科学版)》2007 年第 2 期。

49. 张作华、徐小娟:《生育权的性别冲突与男性生育权的实现》,载《法律科学(西北政法学院学报)》2007 年第 2 期。

50. 陈静熔:《间接歧视的悖论及其破解》,载《法学家》2007

年第3期。

51. 徐钢、方立新:《论劳动权在我国宪法上的定位》,载《浙江大学学报(人文社会科学版)》2007年第4期。

52. 徐强胜:《赋权型的现代企业法》,载《河南省政法管理干部学院学报》2007年第4期。

53. 邢玉霞:《生育权在现代生殖方式中的行使范围》,载《法学杂志》2007年第5期。

54. 刘梅君:《超越保护与限制的女性主义争辩》,载《政大劳动学报》2007年第21期。

55. 张晓明、朱霞:《论平等的法治含义——以就业平等权为例》,载《华南理工大学学报(社会科学版)》2008年第1期。

56. 苏杨、尹德挺:《我国基本国策的实施机制:面临问题及政策建议》,载《改革》2008年第2期。

57. 李小年:《夫妻生育权若干法律问题探讨》,载《学习与探索》2008年第2期。

58. 胡玉鸿:《平等概念的法理思考》,载《求是学刊》2008年第3期。

59. 王锴:《论我国宪法上的劳动权与劳动义务》,载《法学家》2008年第4期。

60. 贾敬华:《罪犯生育权的性质和权源分析》,载《法学杂志》2008年第6期。

61. 王广彬:《社会法上的社会权》,载《中国政法大学学报》2009年第1期。

62. 王漫天、任荣明、胡贵毅:《有中国特色的企业办社会与企业社会责任》,载《生产力研究》2009年第1期。

63. 金怡:《"限权"与"赋权"——从警察检查公民住所谈起》,载《北京人民警察学院学报》2009年第2期。

64. 王旭霞:《夫妻生育权的实现与救济》,载《甘肃政法学院学报》2009 年第 2 期。

65. 谢宝富、刘庆志:《比较视阈下的劳动权谱系》,载《国家行政学院学报》2009 年第 3 期。

66. 吕佳龄:《“偶然”还是“必然”——从青年劳工维权者的从业路径看草根维权力量的兴起》,载《青年研究》2009 年第 3 期。

67. 郑尚元:《企业员工退休金请求权及权利塑造》,载《清华法学》2009 年第 6 期。

68. “工作场所中的性骚扰研究”课题组:《工作场所中的性骚扰:多重权力和身份关系的不平等——对 20 个案例的调查和分析》,载《妇女研究论丛》2009 年第 6 期。

69. 陈玉玲:《论生育权的权利属性及其侵权责任》,载《上海政法学院学报(法治论丛)》2009 年第 6 期。

70. 邢玉霞:《现代婚姻家庭中生育权冲突之法律救济》,载《法学杂志》2009 年第 7 期。

71. 华东政法大学生育权和人权课题组、何勤华:《关于生育权和人权的思考》,载《法学杂志》2009 年第 8 期。

72. 邓剑光:《我国劳动权的宪法保护及其完善》,载《广州大学学报(社会科学版)》2009 年第 9 期。

73. 马蔡琛、季仲赟:《推进社会性别预算的路径选择与保障机制——基于社会性别主流化视角的考察》,载《学术交流》2009 年第 10 期。

74. 陈秀萍:《死刑犯之生育权问题探微》,载《河北法学》2009 年第 11 期。

75. 陈素秋:《女性主义转移法律公、私界限之实践》,载《台湾社会研究季刊》2009 年第 76 期。

76. 秦国荣:《劳动权的权利属性及其内涵》,载《环球法律评论》2010 年第 1 期。

77. 王薇:《中国婚姻家庭法之社会性别主流化》,载《中共成都市委党校学报》2010 年第 1 期。

78. 李强、许松:《走向增权的妇女发展——西方妇女增权理论研究述评》,载《南京人口管理干部学院学报》2010 年第 3 期。

79. 曹瑞瑞、卢君:《从企业办社会到企业的社会责任》,载《管理现代化》2010 年第 3 期。

80. 李蕊佚:《服刑人员生育权研究》,载《法学评论》2010 年第 4 期。

81. 杨帆:《辅助生殖技术对生育权的冲击及立法调整》,载《法学杂志》2010 年第 4 期。

82. 薛长礼、杨慧丽:《工作场所性骚扰受害人劳动权保护的法理探析》,载《山西大学学报(哲学社会科学版)》2010 年第 5 期。

83. 朱晓喆、徐刚:《民法上生育权的表象与本质——对我国司法实务案例的解构研究》,载《法学研究》2010 年第 5 期。

84. 万广军、杨遂全:《论基因遗传权的保护——以单身女性生育权和死刑犯父母人身权为视角》,载《上海政法学院学报(法治论丛)》2010 年第 6 期。

85. 张伟:《社会性别主流化视角下的家政工社会与法律保护分析》,载《河北法学》2010 年第 8 期。

86. 马忆南:《夫妻生育权冲突解决模式》,载《法学》2010 年第 12 期。

87. 胡鞍钢:《世界正在开始第四次工业革命》,载《经济研究参考》2010 年第 18 期。

88. 杜万华、王林清:《〈关于审理劳动争议案件适用法律若干问题的解释(三)〉的理解与适用》,载《人民司法(应用)》2010 年第 19 期。

89. 刘伯红:《社会性别主流化的概念和特点》,载《现代妇女》2011 年第 1 期。

90. 王一飞:《男性更年期健康:争议与展望》,载《国际生殖健康/计划生育杂志》2011 年第 1 期。

91. 退休年龄问题研究课题组、刘伯红、郭砾等:《她/他们为什么赞成或反对同龄退休?——对选择退休年龄影响因素的实证研究》,载《妇女研究论丛》2011 年第 2 期。

92. 钟裕民:《公民问责权及其实现——以增权理论为视角》,载《广东行政学院学报》2011 年第 4 期。

93. 黄琴、明蕾:《加强对更年期患者的人文关怀和干预》,载《中国医学伦理学》2011 年第 5 期。

94. 幸颜静:《论生育权在私法领域的存在——兼解读婚姻法司法解释(三)第九条》,载《中华女子学院学报》2011 年第 5 期。

95. 魏虹:《赋权与规制:我国检察机关撤回起诉制度之构建》,载《法律科学(西北政法大学学报)》2011 年第 6 期。

96. 李妍:《职场性骚扰雇主责任形态分析》,载《社会科学家》2011 年第 6 期。

97. 第三期中国妇女社会地位调查课题组:《第三期中国妇女社会地位调查主要数据报告》,载《妇女研究论丛》2011 年第 6 期。

98. 江必新:《论软法效力——兼论法律效力之本源》,载《中外法学》2011 年第 6 期。

99. 周平:《配偶间生育权冲突之法律规制》,载《中南民族大学学报(人文社会科学版)》2011 年第 6 期。

100. 杨帆:《在押罪犯生育权问题研究》,载《中南民族大学学报(人文社会科学版)》2011 年第 6 期。

101. 罗杰:《社会性别主流化理念与我国反家暴立法》,载《河北法学》2012 年第 1 期。

102. 潘皞宇:《以生育权冲突理论为基础探寻夫妻间生育权的共有属性——兼评“婚姻法解释(三)”第九条》,载《法学评论》2012 年第 1 期。

103. 刘明辉:《中国退休年龄制度中的悖论》,载《中华女子学院学报》2012 年第 2 期。

104. 谢振东:《劳动权的人权属性研究》,载《南京航空航天大学学报(社会科学版)》2012 年第 3 期。

105. 李静雅:《社会性别意识的构成及影响因素分析:以福建省厦门市的调查为例》,载《人口与经济》2012 年第 3 期。

106. 夏利民、郭辉:《职场性骚扰雇主替代责任说质疑》,载《河北法学》2012 年第 3 期。

107. 邢玉霞:《从民事权利的角度辨析生育权的性质》,载《东岳论丛》2012 年第 3 期。

108. 杨遂全、钟凯:《从特殊群体生育权看代孕部分合法化》,载《社会科学研究》2012 年第 3 期。

109. 王欢欢:《环境法治的社会性别主流化研究——从环境法的自主性谈起》,载《武汉大学学报(哲学社会科学版)》2012 年第 4 期。

110. 郑净方:《人工生殖技术下夫妻生育权的契合与冲突》,载《河北法学》2012 年第 5 期。

111. 张慧强:《对我国男女不同龄退休政策的社会性别分析》,载《中华女子学院学报》2012 年第 6 期。

112. 夏利民:《我国弹性退休的制度的法理规制探讨》,载《法学杂志》2012 年第 11 期。

113. 金一虹:《社会转型中的中国工作母亲》,载《学海》2013年第2期。

114. 林熙:《发达国家弹性退休的机制分析与经验借鉴》,载《经济社会体制比较》2013年第2期。

115. 焦兴铠:《美国最高法院对工作场所性骚扰争议之最新判决:Crawford v. Nashville 一案之评析》,载《欧美研究》2013年第2期。

116. 项贤国:《宪法视阈下的劳动权及其法律保障机制研究》,载《中国劳动关系学院学报》2013年第3期。

117. 岳经纶、颜学勇:《工作—生活平衡:欧洲探索与中国观照》,载《公共行政评论》2013年第3期。

118. 刘云香、朱亚鹏:《中国的"工作—家庭"冲突:表现、特征与出路》,载《公共行政评论》2013年第3期。

119. 赛维·苏美尔:《斯堪的纳维亚与欧盟"工作—家庭协调"政策过程的批判性回顾》,载《公共行政评论》2013年第3期。

120. 李洪祥、张美玲、黄国丽:《也谈生育权——以社会性别视角为中心》,载《中华女子学院学报》2013年第4期。

121. 李炳安:《社会权——社会法的基石范畴》,载《温州大学学报(社会科学版)》2013年第4期。

122. 罗豪才、周强:《软法研究的多维思考》,载《中国法学》2013年第5期。

123. 杜洁:《国际有关社会性别主流化的理论观点述评——基于〈超越社会性别主流化〉专辑的讨论》,载《妇女研究论丛》2013年第6期。

124. 马强:《论生育权——以侵害生育权的民法保护为中心》,载《政治与法律》2013年第6期。

125. 刘作翔:《权利相对性理论及其争论——以法国若斯兰

的“权利滥用”理论为引据》,载《清华法学》2013 年第 6 期。

126.《“麦金农的平等理论:跨国与跨学科观点的对话”研讨会记录》,载《月旦法学杂志》2013 年第 10 期。

127. 蒋月:《企业女职工特殊劳动保护实施效果研究——以东南某省为例》,载《法治研究》2013 年第 12 期。

128. 黄志隆:《儿童照顾政策与福利体制的路径变迁:瑞典、德国与美国之比较》,载《东吴社会工作学报》2013 年第 25 期。

129. 焦兴铠:《雇主对职场性骚扰之防治义务》,载《月旦法学杂志》2013 年第 222 期。

130. 许怡:《社会服务走向赋权还是去权? ——赋权视角下对两类劳工服务组织的比较研究》,载《华东理工大学学报(社会科学版)》2014 年第 1 期。

131. 张海平:《关于“第四次工业革命”的探讨》,载《流体传动与控制》2014 年第 2 期。

132. 李景义、焦雪梅:《生育权的性质及法律规制》,载《甘肃社会科学》2014 年第 3 期。

133. 刘利群:《从法律政策到文化自觉:大众传媒在男女平等价值观确立中的作用》,载《妇女研究论丛》2014 年第 3 期。

134. 王德志:《论我国宪法劳动权的理论建构》,载《中国法学》2014 年第 3 期。

135. 何勤:《国际比较视域下工作家庭平衡问题研究》,载《中国人力资源开发》2014 年第 3 期。

136. 陈征:《社会抚养费制度与公民生育权的冲突及解决途径》,载《中国社会科学院研究生院学报》2014 年第 4 期。

137. 周永坤:《丈夫生育权的法理问题研究——兼评〈婚姻法解释(三)〉第九条》,载《法学》2014 年第 12 期。

138. 张文贞:《性别平等之内涵与定位》,载《台大法学论丛》

2014 年第 43 卷特刊。

139. 冯媛:《在敏感和脱敏之间前行》,载《台湾人权学刊》2015 年第 3 卷第 2 期。

140. 陶艳兰:《流行育儿杂志中的母职再现》,载《妇女研究论丛》2015 年第 3 期。

141. 宋健、周宇香:《中国已婚妇女生育状况对就业的影响——兼论经济支持和照料支持的调节作用》,载《妇女研究论丛》2015 年第 4 期。

142. 张再生、强馨元:《社会性别主流化进程中的公共政策困境与对策研究》,载《天津大学学报(社会科学版)》2015 年第 5 期。

143. 田开友、张金波:《社会抚养费法律性质之辨正》,载《湖南社会科学》2015 年第 6 期。

144. 林嘉:《退休年龄的法理分析及制度安排》,载《中国法学》2015 年第 6 期。

145. 孙奎立:《"赋权"理论及其本土化社会工作实践制约因素分析》,载《东岳论丛》2015 年第 8 期。

146. 邱本:《人权的新分类和新概括》,载《社会科学家》2015 年第 12 期。

147. 〔澳〕尼古拉斯 · 戴维斯:《五个维度理解第四次工业革命》,载《中国企业家》2015 年第 24 期。

148. 陈宜倩:《迈向一个积极对男性倡议的女性主义取径?》,载《女学学志:妇女与性别研究》2015 年第 36 期。

149. 卢杰锋:《美国职场性骚扰雇主责任的判例法分析》,载《妇女研究论丛》2016 年第 2 期。

150. 伏创宇:《社会抚养费征收裁量的检讨与重构》,载《中国青年社会科学》载 2016 年第 2 期。

151. 杨慧:《"全面两孩"政策下促进妇女平等就业的路径探

讨》,载《妇女研究论丛》2016 年 2 期。

152. 王天玉:《经理雇佣合同与委任合同之分辨》,载《中国法学》2016 年第 3 期。

153. 邱本、翟渊明:《论和谐权的内容和意义》,载《温州大学学报(社会科学版)》2016 年第 4 期。

154. 余军:《生育自由的保障与规制——美国与德国宪法对中国的启示》,载《武汉大学学报(哲学社会科学版)》2016 年第 5 期。

155. 秦奥蕾:《生育权、“计划生育”的宪法规定与合宪性转型》,载《政法论坛》2016 年第 5 期。

156. 王义:《“赋权增能”:社会组织成长路径的逻辑解析》,载《行政论坛》2016 年第 6 期。

157. 汪超:《推进社会性别主流化:国家治理、耦合逻辑与政府工具》,载《理论导刊》2016 年第 7 期。

158. 钟仁耀、马昂:《弹性退休年龄的国际经验及其启示》,载《社会科学》2016 年第 7 期。

159. 郭夏娟、杨麒君:《平等参与协商与女性赋权:过程与结果》,载《浙江社会科学》2016 年第 9 期。

160. 林东龙、刘蕙雯:《照顾男子气概与男性公务人员育婴留职经验》,载《女学学志:妇女与性别研究》2016 年第 39 期。

161. 邱本:《论和谐权的基础》,载《社会科学家》2017 年第 1 期。

162. 孙守纪、计红蕾:《名义账户制下的女性养老金权益——基于性别公平的视角》,载《妇女研究论丛》2017 年第 2 期。

163. 邱本:《论人权的代际划分》,载《辽宁大学学报(哲学社会科学版)》2017 年第 3 期。

164. 孙亚贤:《生育权保障视野下代孕的合法化研究》,载《西安电子科技大学学报(社会科学版)》2017 年第 3 期。

165. 沈国琴、田双铭:《二胎政策背景下非婚者生育权保障立法研究》,载《徐州工程学院学报(社会科学版)》2017 年第 3 期。

166. 杨慧:《全面二孩政策下生育对城镇女性就业的影响机理研究》,载《人口与经济》2017 年第 4 期。

167. 呙玉红、彭浩然:《中国城镇职工基本养老保险的性别不平等研究》,载《保险研究》2017 年第 6 期。

168. 甘霆浩:《法律赋权:理论、经验及其中国可能》,载《学术探索》2017 年第 10 期。

169. 李玉娥、栗志杰:《服刑人员生育权论要》,载《法律科学(西北政法大学学报)》2018 年第 1 期。

170. 黄京平:《黑恶势力利用“软暴力”犯罪的若干问题》,载《北京联合大学学报(人文社会科学版)》2018 年第 2 期。

171. 王天玉:《劳动法分类调整模式的宪法依据》,载《当代法学》2018 年第 2 期。

172. 杨可:《母职的经纪人化——教育市场化背景下的母职变迁》,载《妇女研究论丛》2018 年第 2 期。

173. 金舒衡:《社会福利和母职赋权——基于 OECD 国家的福利模式分类研究》,载《社会保障评论》2018 年第 3 期。

174. 卢建平:《软暴力犯罪的现象、特征与惩治对策》,载《中国刑事法杂志》2018 年第 3 期。

175. 郦菁:《比较视野中的反性骚扰政策——话语建构、政策过程与中国政策制定》,载《妇女研究论丛》2018 年第 3 期。

176. 唐文佩、吴苗:《男性更年期综合征:概念及其演变》,载《中国性科学》2018 年第 3 期。

177. 陈伯礼、金唤唤:《社会抚养费征收的正当性反思及建议》,载《河南财经政法大学学报》2018 年第 3 期。

178. 袁晓月:《浅析我国单身女性的生育权》,载《山东青年政治学院学报》2018 年第 4 期。

179. 朱晓飞:《性别公正的公益法实践——以“单身女性生育权”事件为例》,载《中华女子学院学报》2018 年第 5 期。

180. 朱继萍:《新时代中国社会权利发展及其法治化保障》,载《法律科学(西北政法大学学报)》2018 年第 5 期。

181. 华忆昕:《企业社会责任的责任性质与立法选择》,载《南京师大学报(社会科学版)》2018 年第 6 期。

182. 焦兴铠:《美国最高法院对就业歧视争议近期判决之研究(1992—2017)》,载《法令月刊》2018 年第 9 期。

183. 田思路:《工业 4.0 时代的从属劳动论》,载《法学评论》2019 年第 1 期。

184. 范继增、王璟玥:《反歧视抑或尊严:性骚扰概念全球移植下的困境与共识》,载《中德法学论坛》2019 年第 2 期。

185. 郑广怀、黄全仙:《工伤女工的赋权策略——基于 T 机构的个案研究》,载《社会工作》2019 年第 3 期。

186. 林嘉、陈靖远:《家庭护理假的法理分析与制度构建》,载《华东政法大学学报》2019 年第 4 期。

187. 马长山:《智慧社会背景下的“第四代人权”及其保障》,载《中国法学》2019 年第 5 期。

188. 黄桂霞:《女性生育权与劳动就业权的保障:一致与分歧》,载《妇女研究论丛》2019 年第 5 期。

189. 李亚楠、焦艳玲:《单身女性生育权“热诉求”下的“冷思考”》,载《中国医学伦理学》2019 年第 7 期。

190. 洪秀敏、朱文婷:《全面两孩政策下婴幼儿照护家庭支持体系的构建——基于育儿压力、母职困境与社会支持的调查分析》,载《教育学报》2020 年第 1 期。

191. 廖敬仪、周涛:《女性职业发展中的生育惩罚》,载《电子科技大学学报》2020 年第 1 期。

192. 卢杰锋:《职场性骚扰受害者的法律救济:基于美国法的研究》,载《中华女子学院学报》2020 年第 1 期。

193. 安超:《科学浪潮与养育焦虑:家庭教育的母职中心化和儿童的命运》,载《少年儿童研究》2020 年第 3 期。

194. 袁文全、张亚炜:《退休后再就业劳动权益保护的法治困境及制度回应——以积极老龄化为视域》,载《北京大学学报(哲学社会科学版)》2020 年第 5 期。

195. 莫纪宏:《生物安全法催生第四代人权观》,载《瞭望》2020 年第 9 期。

三、译著类

1.〔法〕卢梭:《论人类不平等的起源和基础》,李常山译,商务印书馆 1962 年版。

2.〔古希腊〕亚里士多德:《政治学》,吴寿彭译,商务印书馆 1965 年版。

3.〔美〕罗斯玛丽 · 帕特南 · 童:《女性主义思潮导论》,艾晓明等译,华中师范大学出版社 2002 年版。

4.〔美〕保罗 · 布莱斯特等编著:《宪法决策的过程:案例与材料》(下册),陆符嘉等译,中国政法大学出版社 2002 年版。

5.〔美〕凯瑟琳 · A. 麦金农:《迈向女性主义的国家理论》,曲广娣译,中国政法大学出版社 2007 年版。

6.〔美〕朱迪斯 · 巴特勒:《性别麻烦:女性主义与身份的颠覆》,宋素凤译,上海三联书店 2009 年版。

7.〔英〕理查德 · 威尔金森、〔英〕凯特 · 皮克特:《不平等的痛苦:收入差距如何导致社会问题》,安鹏译,新华出版社 2010 年版。

8.〔法〕西蒙娜·德·波伏瓦:《第二性Ⅱ》,郑克鲁译,上海译文出版社 2011 年版。

9.〔加〕凯瑟琳·励姵娥主编:《职场生态的新观念:职场欺凌的法律规制》,李满奎译,北京大学出版社 2014 年版。

10.〔英〕詹姆斯·格里芬:《论人权》,徐向东、刘明译,译林出版社 2015 年版。

11.〔日〕藤原洋:《第四次工业革命》,李斌瑛译,东方出版社 2015 年版。

12.〔德〕克劳斯·施瓦布:《第四次工业革命》,世界经济论坛北京代表处、李菁译,中信出版集团 2016 年版。

13.〔德〕莱斯利·雅各布斯:《寻求平等机会:平等主义正义的理论与实践》,刘宏斌、方秋明译,江苏人民出版社 2018 年版。

14.〔美〕琳达·赫什曼:《温柔的正义:美国最高法院大法官奥康纳和金斯伯格如何改变世界》,郭烁译,中国法制出版社 2018 年版。

15.〔美〕克劳斯·施瓦布、〔澳〕尼古拉斯·戴维斯:《第四次工业革命——行动路线图:打造创新型社会》,世界经济论坛北京代表处译,中信出版集团 2018 年版。

16.〔南非〕桑德拉·弗里德曼:《反歧视法》,杨雅云译,中国法制出版社 2019 年版。

17.〔美〕玛莎·A. 弗里曼、〔英〕克莉丝蒂娜·钦金、〔德〕贝亚特·鲁道夫主编:《〈消除对妇女一切形式歧视公约〉评注》(上、下),戴瑞君译,社会科学文献出版社 2020 年版。

18.〔英〕鲍勃·赫普尔:《平等法》(第 2 版),李满奎译,法律出版社 2020 年版。

四、英文文献

1. ILO, Decent Work and the Informal Economy, International Labour Conference 90th Session, Report VI, 2002.

2. ILO, The Scope of the Employment Relationship, International Labour Conference 91st Session, Report V, 2003.

3. Gregory, Raymond F., Unwelcome and Unlawful: Sexual Harassment in the American Workplace, Cornell University Press, 2004.

4. Hein, C., Reconciling Work and Family Responsibilities: Practical Ideas from Global Experience, Geneva, ILO, 2005.

5. ILO, Extending the Scope of Application of Labour Laws to the Informal Economy, Digest of Comments of the ILO's Supervisory Bodies Related to the Informal Economy, Geneva, 2010.

6. Hein, C., Cassirer, N., Workplace Solutions for Childcare, Geneva, International Labour Office, 2010.

7. Ross, Susan Deller, Women's Human Rights: The International and Comparative Law Casebook, University of Pennsylvania Press, 2011.

8. ILO, Equality at work: The Continuing Challenge-Global Report under the Follow-up to the ILO Declaration on Fundamental Principles and Rights at Work, Report of the Director-General International Labour Conrerence 100th Session, Report I(B), 2011.

9. G. G. Balandi, L. Calafà, L. Lerouge, C. Molina Navarrete, M. Peruzzi, M. Steinberg, C. E. Triomphe, V. van der Plancke, Organisational and Psychosocial Risks in Labour Law: A Comparative

Analysis, Working Papers di Olympus, 2012.

10. Eurofound (2013), Physical and Psychological Violence at the Workplace, Publications Office of the European Union, Luxembourg, 2013.

11. Stone, Katherine V. W. and Harry Arthurs, Rethinking Workplace Regulation: Beyond the Standard Contract of Employment, Russell Sage Foundation, 2013.

12. Lolc Lerouge, L. Camille Hdbert, The Law of Workplace Harassment of the United States, France, and the European Union: Comparative Analysis After the Adoption of France's New Sexual Harassment Law, Comp. Labor Law & Pol'y Journal, Vol. 35, 2013.

13. ILO, Maternity and Paternity at Work: Law and Practice Across the World, Geneva, 2014.

14. Eurofound, Maternity Leave Provisions in the EU Member States: Duration and Allowances, Publications Office of the European Union, Luxembourg, 2015.

15. Eurofound, Violence and Harassment in European Workplaces: Causes, Impacts and Policies, Dublin, 2015.

16. Eurofound, Promoting Uptake of Parental and Paternity Leave Among Fathers in the European Union, Publications Office of the European Union, Luxembourg, 2015.

17. Martin Oelz and Uma Rani, Domestic Work, Wages, and Gender Equality: Lessons from Developing Countries, International Labour Office, Research Department, Geneva, 2015.

18. ILO, Non-standard Employment Around the World: Understanding Challenges, Shaping Prospects, Geneva, 2016.

19. ILO, Women at Work: Trends 2016, Geneva, 2016.

20. ILO, Meeting of Experts on Violence Against Women and Men in the World of Work; Background Paper for Discussion at the Meeting of Experts on Violence Against Women and Men in the World of Work, Conditions of Work and Equality Department, Geneva, 2016.

21. Eurofound, Work-life Balance and Flexible Working Arrangements in the European Union, Dublin, 2017.

22. Lansky, Mark, Ghosh, Jayati, Me'da, Dominique, Rani, Uma, ILO, Women, Gender and Work (Vol. 2): Social Choices and Inequalities, International Labour Office, Geneva, 2017.

23. ILO, Gallup, Inc., Towards a Better Future for Women and Work: Voices of Women and Men, 2017.

24. ILO, Ending Violence and Harassment Against Women and Men in the World of Work, Report V(1), International Labour Conference, 107th Session, 2018.

25. Keith Patten, Law, Workplace Bullying and Moral Urgency, Industrial Law Journal, Vol. 47, No. 2, 2018.

26. Tequila J. Brooks, Undefined Rights: The Challenge of Using Evolving Labor Standards in U. S. and Canadian Free Trade Agreements to Improve Working Women's Lives, 39 Comp. Lab. L. &Pol'y J. 29, 2018.

27. ILO, Digital Labour Platforms and the Future of Work: Towards Decent Work in the Online World, Geneva, 2018.

28. ILO, World Employment and Social Outlook: Trends for Women 2018-Global Snapshot, Geneva, 2018.

29. ILO, Women and Men in the Informal Economy: a Statistical Picture (Third Edition), Geneva, 2018.

30. Eurofound Parental and Paternity Leave-Uptake by Fathers, Publications Office of the European Union, Luxembourg , 2019.

31. ILO, Work for a Brighter Future-Global Commission on the Future of Work, Geneva, 2019.

32. ILO, Extending Social Security and Facilitating Transition from the Informal to the Formal Economy: Lessons from International Experience, Issue Brief No. 1, 2019.

33. Committee of Experts on the Application of Conventions and Recommendations: Workers with Family Responsibilities Convention, 1981, General Observation, 2020.

34. Eurofound, Regulations to Address Work-life Balance in Digital Flexible Working Arrangements, New forms of Employment Series, Publications Office of the European Union, Luxembourg, 2020.

35. ILO, Report of the Committee of Experts on the Application of Conventions and Recommendations, Promoting Employment and Decent Work in a Changing Landscape, International Labour Conference, 109th Session, 2020.

主题词索引